幸福花田

胡 涛 主编

中国民族文化出版社

北 京

图书在版编目（CIP）数据

幸福花田 / 胡涛主编. -- 北京：中国民族文化出版社有限公司，2020.12（2025.6重印）
ISBN 978-7-5122-1428-6

Ⅰ．①幸⋯ Ⅱ．①胡⋯ Ⅲ．①小学教育－教学研究 Ⅳ．①G622.0

中国版本图书馆CIP数据核字(2020)第220016号

幸福花田

主　　编	胡　涛
责任编辑	江　泉
责任校对	李文学
出 版 者	中国民族文化出版社
地　　址	北京市东城区和平里北街14号
邮　　编	100013
联系电话	010-84250639　64211754（传真）
印　　装	三河市同力彩印有限公司
开　　本	700mm×1000mm　16开
印　　张	16
字　　数	186千
版　　次	2025年6月第1版第2次印刷
标准书号	ISBN 978-7-5122-1428-6
定　　价	56.00元

版权所有　侵权必究

编委会

主　编：胡　涛
副主编：封慧玲　阮　纳　何晓萌
编　委：毕研文　孟　玮　杨继水
　　　　　吴小洁　刘　帆　段洪峰

本书编写人员

　　　　张　敬　张　敏　吕　品　孙鲁雁
　　　　陈　峰　朱　琳　郭岩培　陈学莲
　　　　金　莉　吴文君　王广凯　王　剑
　　　　陈　楠　任　敏　翟雪琴　翟　甜
　　　　朱琪申　郭雪姣　韩　杨　井　杨
　　　　张清霞　刘小月　孟珊珊　魏凯玓
　　　　李雪凤　马凯燕　王莉莉　姜晓芳
　　　　胡艳荣

目 录
CONTENTS

幸福花田 ……………………………………………………………	1
幸福课程一　经典阅读课程 ……………………………………	**3**
"快乐读书吧"特色课程纲要……………………………陈学莲	4
经典诵读特色课程纲要……………………………………金　莉	11
读书写作双序并行特色课程纲要…………………………张清霞	18
儿童诗特色课程纲要………………………………………张　敬	24
"四叶草"海量阅读推广课程纲要………………………吴小洁	36
幸福课程二　古诗吟唱歌声嘹亮课程 ……………………………	**51**
古诗词吟诵特色课程纲要…………………………………井　杨	52
歌声嘹亮特色课程纲要……………………………………吴文君	63
幸福课程三　数学益智课程 ………………………………………	**67**
益智游戏特色课程纲要……………………………………刘　帆	68
益智课堂挑战独立钻石棋课程设计………………………陈　楠	74
幸福课程四　阳光大课间组合课程 ………………………………	**79**
花式跳绳特色课程…………………………………………王广凯	80
塑形健身特色课程纲要……………………………………翟雪琴	86
体育赛事小常识特色课程纲要……………………………任　敏	90
足球特色课程纲要…………………………………………朱琪申	96
幸福课程五　非遗剪纸课程 ………………………………………	**99**
水墨丹青套色剪纸特色课程纲要…………………………何晓萌	100
剪纸包装设计特色课程纲要………………………………王　剑	122
剪纸文创课程纲要…………………………………………韩　杨	132
幸福课程六　幸福心育课程 ………………………………………	**139**
绘本会心小剧场课程纲要…………………………………吕　品	140

《爱心树》绘本团体心理辅导方案设计……………………………… 段洪峰 148
绘本创意习作特色课程纲要…………………………………………… 孟珊珊 152

幸福课程七　　幸福微课程…………………………………………… 161
百科知识课程　花式主播范儿………………………………………… 162
Songbirds Phonics 英语绘本故事课程纲要…………………………… 孙鲁雁 180
中华文化英语颂特色课程纲要………………………………………… 陈　峰 188
"声临其境"英语情景剧与配音表演特色课程纲要………………… 郭岩培 198
English Drama Club 特色课程纲要…………………………………… 魏凯玓 211
翰墨书香书法课程纲要………………………………………………… 朱　琳 223
3D 打印设计特色课程纲要…………………………………………… 郭雪姣 228
把校园还给孩子………………………………………………………… 杨继水 233
幸福绽放——135 市级重点课题中期论证课程展示活动…………… 235
最好玩的课程都在这里
　　——济南市七里山小学打造特色教师专属课程………………… 刘晓旭 246

幸福花田

我有一颗种子
你有一颗种子
播种在校园这方
幸福花田

四季走过花田
有了春华秋实
师生走过花田
有了快乐体验
于是这一方
幸福花田
…………

经典阅读课程／绽放着／桃花灼灼／书香袅袅的花语
古诗吟唱歌声嘹亮课程／萦绕着／清泉幽兰／古韵古香的花语
数学益智课程／晕染着／雪地寒梅／智慧凝香的花语
阳光大课间组合课程／律动着／鸢尾传信／运动健康的花语
非遗剪纸课程／灵动着／盛夏青荷／幽香逸远的花语
幸福心育课程／温暖着／葵花向阳／心灵成长的花语
幸福微课程／飞点着／胭脂海棠／点点芬芳的花语

　　七大幸福教育课程，如同盛开的七种花语，诠释着孩子们幸福的童年，印证着老师们耕耘幸福花田的四季时光与汗水，可谓是百花齐放芬芳自来，蓬勃着我们七里山小学全体师生阳光自信、勤勉进取的精神。
　　经典阅读课程如三月桃花灼灼绽放着青年读书会与书有约，小书虫们的好书推荐，书香袅袅飘逸在师生的精神世界。古诗吟唱歌声嘹亮课程萦绕着

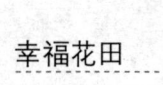

幸福花田

的古诗吟唱,在荷韵园古亭木桥之畔,回荡着孩子们生机盎然的礼赞文韵,歌声嘹亮唱响红色歌曲,向祖国母亲深情表白……数学益智课程,如雪地寒梅,经风霜、历磨炼,智慧凝香。引进训练学生思维的益智学具,推出汉诺塔、魔方等训练课程项目,挑战着孩子们勇气和智慧。阳光大课间组合课程,如优雅的鸢尾花,传递着孩子们运动与健康的好信息,节奏体语、节奏绳操等律动着孩子们轻盈的身形。非遗剪纸课程指尖上的中国风,吹开了盛夏的青荷,幽香逸远。剪纸社团的师生作品走上了市级非遗展示竞技舞台,喜获金奖、银奖、铜奖和优秀组织奖。幸福心育课程,如朵朵向阳而生的葵花,沐浴着缕缕阳光,滋养着孩子们健康向上的心灵,幸福成长。幸福微课程,百科大讲坛。年轻老师们说焦点时事,讲疫情与生活,如庭前胭脂海棠,吐露点点芬芳,唤起孩子们敏而善感之能,有效弥补家庭教育的缺失,成为师生战疫情、谈居家的心灵驿站……

幸福课程体验成就学生幸福成长

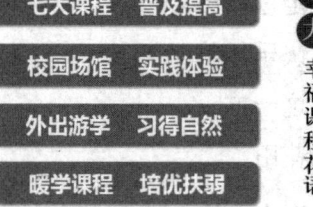

正如区教科室明亮主任点评我校135课题中期现场展示活动时所说:"非遗剪纸、古诗吟唱等课程以教师自身专业能力与美好气质的引领,美的情景转化美好体验,达成身心两健气质独特的学生培养目标,形成幸福教育最好的样态。"亦如区教研室赵霞主任点评:"幸福课程有深度、有品质,学术味道的研究让整个学校充满了生机,师生尽情绽放,点燃每个人的思想。"

师而为引,学而为生。师生徜徉幸福花田,播撒种子、勤耕不辍、经风沐雨、秋收冬藏……花海灿烂,师生采撷朵朵馨香,沉浸在温暖、自信、阳光、开心的美好体验中,收获着幸福和快乐。幸福教育的追求,在年轻教师读书论坛中绽放青春,在非遗剪纸、益智学具、文章诵读、古诗吟唱中让孩子们经历着童年学习生活经历的美好,印证着幸福教育的特质。

幸福课程一

经典阅读课程

绽放着
桃花灼灼
书香袅袅的花语

 幸福花田

"快乐读书吧"特色课程纲要

陈学莲

【课程开发前言】温儒敏教授曾言:"语文教学,最重要的是培养读书的种子"。曾经看过一个抖音短视频,一个父亲照顾小宝宝的法宝是给孩子播放手机视频,而自己则忙着玩游戏。这其实不是个别现象。当今社会,信息化不断发展,现代电子产品不仅仅占据了家长的业余时间,也抢占了青少年的课余时间。很多学生的文本阅读时间少之又少,甚至没有课外阅读时间。伴随他们课余生活的是电视剧、动画片,很多孩子手里握着手机,桌上摆着iPad。他们几乎没有时间进行课外阅读,也没有兴趣进行课外阅读。即使有一点时间来阅读,也是随意的、盲目的、没有人给予必要指导的。而且很多孩子多以漫画、幽默与笑话、脑筋急转弯等博取眼球、短时开心逗乐的作品为主要阅读内容,这对提高孩子的阅读能力效果甚微。因此,如何组织学生开展课外阅读,是摆在我们语文教师面前的一个重要课题。为培养这颗"读书的种子",拟开设课外阅读特色课程。

开发"快乐读书吧"这一课外阅读特色课程,基于以下两点:一是基于济南市市中区"海量阅读"活动的启发以及我校经典诵读和古诗文诵读活动的影响。我区多年来一直提倡学生诵读经典,海量阅读,让学生从小就开始广读博览,日积月累地增长语言文化知识。在班级中制造良好的课外阅读氛围,提高学生语文素养,拓宽学生的知识面,养成博览群书的好习惯,让他们在读书中体会到书的无穷魅力,并在读书实践活动中陶冶情操,获取真知,树立理想,让好书伴学生成长。因此确立了本特色课程。二是基于部编教材"快乐读书吧"这一课外阅读进课程新栏目的出现。2016年秋季开始,由教育部审定,小学阶段开始使用部编版语文教材。部编教材与以往的人教版教材相比,教材内容与编排发生了很大变化。部编教材除了精读课文和语文园地的自读课文,还把课外阅读"快乐读书吧"编进教材,纳入课程。"快乐读书吧"

是部编版语文课本中新增的一个板块。这是新教材的一大新亮点，是课内外阅读沟通的重要桥梁，体现了小学低年级课程标准"喜欢阅读，感受阅读的乐趣""向往美好的情境，关心自然和生命"的教学理念。为了激发学生的课外阅读兴趣，开展丰富多彩的课外阅读活动。"快乐读书吧"特色课程的拟名源自这一新栏目。

【课程理念】 普希金说："人的影响短暂而微弱，书的影响广泛而深远。"关于课外阅读，苏霍姆林斯基指出："课外阅读，用形象的话来说，既是思考的大船借以航行的帆，也是鼓帆前进的风。"

《全日制义务教育语文课程标准》对阅读教学的要求新增了背诵优秀诗文的篇数和课外阅读的数量标准，1—2年级背诵优秀诗文50篇（段），课外阅读总量不少于5万字，3—4年级背诵优秀诗文50篇（段），课外阅读的总量40万字，5—6年级背诵优秀诗文60篇（段），课外阅读总量不少于100万字。从新课程标准对学生课外阅读和背诵的要求可以看出，开展课外阅读，势在必行，作为语文教师，尤其是小学教师必须引导学生从低年级开始养成课外阅读的好习惯。

【课程目标】

1. 激发学生的阅读兴趣，点燃学生对课外阅读的渴望，培养爱读书的意识，初步感受阅读的乐趣。

2. 拓宽阅读视野，增加语文知识积累。鼓励学生海量阅读，引导学生进行课外阅读，拓宽学生的知识面，增加语文知识积累。不断增加阅读量，体验主动阅读、分享阅读的快乐。

3. 培养良好的阅读习惯。统筹安排，科学指导，在课外阅读过程中潜移默化地养成一种"自己要读"的好习惯。

【课程内容】

1. 背诵二年级《古诗文诵读》全册，古诗49首，词曲古文12篇。

2. 师生共读童话集《小鲤鱼跳龙门》《孤独的小螃蟹》《一只想飞的猫》《小狗的小房子》《歪脑袋木头桩》；推荐阅读《安徒生童话》《365夜故事》《十万个为什么》；绘本《逃家小兔》《猜猜我有多爱你》《我爸爸》《我妈妈》等。

3. 增设班级图书角，创建书香班级。定期举办"换书节"，引导学生交换自己的课外读物，在交流互动中进行阅读分享，利用学生的图书资源提

幸福花田

高阅读量。

4. 开展亲子阅读，创建书香家庭。提倡亲子阅读，让阅读真正走近孩子，走近父母，并渗透到他们的心灵。向家长发出阅读倡议，为家长推荐学生喜爱的课外阅读书目；构建读书交流的平台，定期开展"亲子阅读交流活动"，家长、孩子共谈家庭阅读的做法，交流学习的感受以及读书心得，在彼此的交流中分享读书的乐趣，增强阅读的兴趣，从而自觉养成良好的课外阅读习惯。

5. 多种渠道展示学生的读书成果：（1）开设"喜马拉雅"电台。全员参与"快乐读书吧"讲故事。把学生分成四个小组，每个小组负责一周的电台讲故事活动，每天有一人或两人负责在喜马拉雅电台播出故事。借助家委会的力量，请四位同学的家长为组长，负责协调组织读书吧的活动。（2）开展课前展示活动。利用课前几分钟时间，让学生轮流上台自由表达，把课外阅读的成果向同学展示。如讲一个故事，推荐一篇文章，背诵一首诗等。（3）开展读书交流活动。学生以小组为单位开展读书讨论活动，在阅读后互相启发、补充、修正，完善自读的体会和认识。交流阅读中的收获，解决阅读中遇到的疑问，培养学生提出问题，解决问题的能力。（4）组织学生开展竞赛、表演活动。开展古诗文诵读展示活动；读优美的文段，进行诵读比赛；读寓言、童话，进行表演等。

【课程实施】"快乐读书吧"课外阅读特色课程在小学义务教育阶段二年级开设，通过多种渠道、多种形式的课外阅读活动，努力提高学生的阅读能力，提高学生的语文素养。利用每天的早自习、午读书以及周五的大阅读时间，集中进行阅读，利用其他课余时间自主进行课外阅读，全体学生全员参与"快乐读书吧"课外阅读活动，每学期完成阅读量不少于5万字。通过该课程激发学生的课外阅读兴趣，拓宽阅读视野，增加知识积累，提高阅读理解能力，从而使学生养成主动阅读的习惯。

【课程评价】评价内容：

1. 评价阅读兴趣。主要评价学生的阅读积极性和自觉性，评价学生是否把课外阅读作为一种自觉自愿的行为，检查学生课外阅读的主观能动性。

2. 评价阅读积累。以"感人童话""有趣绘本""古典诗词"为主题；坚持"上不封顶下保底"的原则，规定课外阅读的图书文章篇目，明确数量要求，考查学生是否完成规定的阅读量。

3. 评价阅读习惯。整合学生、教师、家长这三方面的共同力量，从以下几个方面来评价学生是否养成了良好的阅读习惯：（1）是否每天进行课外阅读；（2）是否在课外阅读中勤动脑、多思考、多探究；（3）是否善于展示所读课外读物内容，主动与同学交流读书收获与感悟；（4）是否开展了亲子阅读活动。

评价形式：

1. 定期召开故事会，评选故事大王，举行阅读、朗读、演讲比赛。

2. 召开亲子读书汇报会和读书经验交流，评选"书香家庭"。请家长以口头或书面的形式交流亲子阅读的经验和收获。

3. 举办读书摘记卡展览评比会，让学生观摩，并以投票方式评选出最佳读书笔记。

4. 定期开展好"小书迷""读书之星"的评比表彰活动。学生每有效读完两本书，经班级检测合格后，就能得到"小书迷"奖状一张，每集齐五张"小书迷"奖状，也就是读完10本书，就能获得"读书之星"证书一张。

【课程研发价值与效能】阅读的目的是培养学生终身具有的阅读能力，而阅读能力的提高离不开广泛的阅读积累，开展课外阅读就是一条提高语文综合素质的有效途径。有计划地引导学生开展广泛的课外阅读，既可拓宽学生的阅读视野，又可增加学生的语文知识积累。

"快乐读书吧"特色课程有利于培养良好的阅读习惯，培养学生在课外阅读过程中潜移默化地养成一种"自己要读"的好习惯。通过本课程的实施，旨在营造良好的读书氛围，提高阅读能力，欣赏能力。让学生从小养成热爱书籍，博览群书的好习惯，让学生在本课程活动中体验到读书给自己带来的快乐。相信随着读书活动的不断深入，学生的精神面貌会发生悄悄的变化，学生的文学底蕴也会慢慢地厚实起来，而我们的学生也将在读书中求得知识，在读书中明了事理，在读书中学会做人！

快乐读书吧　亲子悟语

世界上的语言很多，而中国的汉语是最美的。当陈老师告诉我们班级要通过"喜马拉雅"电台组织"快乐读书吧"这个活动的时候，我就觉得这一

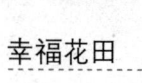

定是一个极富有教育意义又能锻炼小朋友能力的好活动,通过这几周的实践,听取孩子每天的反馈,我深深地觉得孩子在这个活动中真正得到了锻炼。

通过"快乐读书吧"的活动,孩子真正认识到了中国语文之美。孩子深深体会到语文不仅仅是课本上的文字,而是一个包含着"听、说、读、写"的完整系统,孩子们在这些好文章的浸染下,慢慢学会鉴赏,学会发现,然后在这个基础上进行创造,这真是一个有趣而又有意义的过程。

希望这样的活动能坚持办下去,让好的东西在孩子的心灵中生根发芽,最终长成参天大树!

——王意涵家长

首先,感谢陈老师提供了"快乐读书吧"线上互动分享的平台。

对于亲子阅读带来的变化,我的感受很深刻。"妈妈不懂我的感受",这是我经常听到孩子说的一句话。有时候我们总认为每天照顾孩子的起居生活,下班后还要陪她学习写作业,付出了很多,这样的话让我感到很委屈。慢慢地,我发现,孩子需要的不仅是生活的温饱和学习的监督,而是高质量走心的陪伴和用心的参与。

"快乐读书吧"阅读分享变成了增进我们亲子关系的"润滑剂"。四期的坚持,通过角色扮演用录制音频的方式进行分享,让更多的朋友通过声音了解我们的故事,陪伴我们一起前行,互相鼓励进步,让孩子变得越来越自信,亲子关系也越来越亲密。随着时间的推移孩子的阅读习惯从被动变主动,识字量迅速增加,理解能力也有了很大的提高,阅读时学会了联想,读起来越来越流利,平时的交流中也能很好地运用优美的词语和句子。

时光不语,静待花开。亲子阅读不是形式,而是亲情的实践。在孩子成长的路上,给自己也给孩子一些时间和空间,用心倾听孩子的心声,发现孩子身上的闪光点,引导和激发孩子的潜力,和他们一起去发现生活的美好,探索学习的乐趣,让"学习使我妈快乐"真正的转变为"学习使我变得快乐"!

——孙周一家长

自从我加入快乐读书吧以后，我就更加喜欢阅读了。在这里我能听到更多同学们读的有意思的绘本，也对身边的小伙伴有了更多了解！在陈老师的帮助和指导下，我知道如何可以更好地去理解和表达故事。

在读书的时候，我感觉和爸爸妈妈配合得越来越默契了，读书让我结识了更多故事的主人公，增长了知识，读书真快乐！

家长寄语：阅读是一件很幸福的事。每当捧起书本，家长和孩子一起坐到桌前，伴着温馨的灯光，开始又一次阅读的时候，感觉整个时光都静止在这最安静、最幸福的时刻。

倾听也是一件幸福的事。每当打开一位孩子的音频，静听他们那童真却又认真的声音，犹如看到一株株正在奋力拔节的小禾苗，让人惊喜又感动。

感谢老师为孩子们创造一个快乐读书的空间，孩子们，请在这最幸福的时光中，快乐读书吧，这将是你们快乐成长的起点和源泉，愿你们因阅读而成才，因阅读而幸福。

——李昊泽及家长

"快乐读书吧"活动已经进行了四个月有余，孩子的变化悄然发生：最让人欣喜的是，原来那个胆怯、羞于表达的小男孩正在慢慢改变，取而代之的是更能在日常生活中和学校课堂上积极、勇敢表达自己、说出自己想法的小男子汉。

孩子最显著的变化是在活动的坚持中，积累了不少的好词好句，词汇量在逐渐增大，理解力慢慢地增强，语言表达能力逐步提高。

人们常说"养成一个习惯只需21天"，"快乐读书吧"活动坚持下来，孩子的阅读兴趣变得浓郁了，由原来的被动读书转变为主动读书。为了能有更多的阅读时间，孩子提高了做作业的效率，改变了原来"不做作业，母慈子孝；一做作业，鸡飞狗跳"的家庭日常。

孩子的这些变化与收获，得益于陈老师用心良苦推进开展的"快乐读书吧"活动，通过这个活动，为我们搭建了亲子共读平台；阅读的种子已经种在了孩子的心田，假以时日，耐心地去灌溉，终有一天，小小的种子定能生

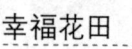

根发芽,爆发出勃勃的生机,启迪心灵,滋养智慧。

——袁琤轩家长

在"快乐读书吧"中,我听到了很多很多故事:有的故事非常有趣,让我捧腹大笑;有的故事十分感人,让我泪流满面。特别是跟妈妈一起读《小鲤鱼跳龙门》,妈妈可以扮演很多角色,一会儿是老奶奶,一会儿是螃蟹大叔,真是太有意思了!而且我的朗诵能力越来越好了,真喜欢"快乐读书吧"。

家长寄语:二年级二班的"快乐读书吧"在陈老师的精心策划下,在亲子共读中,就这样坚持下来了。它就像是一座桥梁,将家长与孩子,孩子与书籍巧妙地连接起来,引领孩子们"快乐阅读",听有趣的故事,增长智慧;听《跟爸爸一起散步》,感受温情。它给予孩子们成长最丰富的养料,也是亲子共读最努力的见证。感谢老师的辛苦付出,感谢为孩子们打开这扇通往文学世界的大门!

——刘明瓒及家长

经典诵读特色课程纲要

金 莉

【课程开发前言】中国的经典诗文经历了几千年的积累沉淀，思想内容上无不闪耀着灿烂的民族特色。为了让古老的智慧、经典的知识、脍炙人口的诗文，益学生之心智、怡学生之性情、培养学生之气质、滋养学生之人生。"中华古诗文经典诵读"课程开发研究是我校在执行国家和地方课程的同时，根据我校的优良传统和优势、学生的兴趣和需要，开发和选用适合学生的以经典古诗文为主的专属课程。在课程体验中传承优秀非物质文化，践行"为人生幸福奠基"的办学理念。利用每周五下午选修课时间指导学生们诵读。我组织开展了"诵千古美文，扬传统文化"的中华经典古诗文诵读实施活动，选编了脍炙人口的《三字经》《弟子规》以及行文优美、意韵深厚的唐宋诗词一百首，供学生诵读。通过让学生诵读经典诗文，让他们接触最有人文价值的作品，塑造他们完美的人格，增强他们的人文素养，在他们记忆的黄金时期，直面经典，获得终身受益的精神食粮。结合重大、传统节日，学校、班级开展的各种活动，孩子们用自己深情的朗诵表达着对祖国的无限热爱和美好祝愿。通过经典诵读让二年级学生从小享受经典润物无声般的熏陶，从而传承美德、健全人格、陶冶情操、铸造精神、提升智力。随着学生慢慢长大，历代文人的思想精髓，一字一句中所蕴含的力量，会与他们形影相随，使他们博古通今、懂事明理，逐渐养成博大宽厚的思想人格，并对其一生产生积极的影响。

【课程理念】《语文课程标准》强调在语文教学过程中，要适当增加阅读量，并明确提出让学生"认识中华文化的丰厚博大，吸收民族文化智慧""培养热爱祖国语言文字的情怀"，也指出："语文教学要重视对学生古典文化积累、书写的指导，引导学生积累丰富的经典文化。"古文中的经典恰恰可以满足学生的阅读需求，重视古典文化积累，诵读经典，这是素质教育的要求，

也是新课程的要求。学校致力于内涵发展，提倡师生共读，通过多种形式的诵读方式和活动，激发学生诵读经典的兴趣，弘扬中国优秀的传统文化，培养塑造一代具有丰厚文化底蕴的人才，继承和发扬中华民族传统美德。同时，在诵读中开发儿童的记忆潜能，为学生健全的人格发展与良好的性情修养形成奠基。

【课程目标】通过传统的经典诵读，形成良好的行为习惯和良好道德情操。本着生本性原则、教育性原则、趣味性的课程实施原则，让学生成为中华优秀文化的继承者和传播者。围绕这个主要目标，确定了以下具体目标：

1. 通过全面开展中华传统教育，让学生了解中华文明，传承优秀文化，弘扬民族精神，塑造其良好的思想品德、健全其人格修养，使其充满自信，勇于挑战自我，乐观面对生活。在读古文、背古诗的过程中，弘扬中国传统文化，培养爱国情感。

2. 让经典诵读走进校园、走进课堂、走进学生的生活，形成良好氛围，帮助学生养成良好的生活习惯，形成敦厚善良的心性。丰富学生的文学储备，加强其文学功底。

3. 开发学生的记忆潜能，发展学生的语言、思维、想象及表达能力，为学生的可持续发展奠定基础。

【课程内容】经典诵读课程选择被公认为经典的诗文，和对学生的人格发展、性情修为乃至人生观、世界观、价值观等的形成具有正面影响的优秀篇章。我确定的诵读内容主要为以下四个：

1. 唐诗宋词：古诗作为一种文学载体，一直以来被语文教材选作范例。尤其是新课程改革以来，新的《语文课程标准》上已明确规定了各年级要求背诵的篇目。结合学生实际，我将唐诗宋词作为诵读的首选，并确定了具体目标。

2. 古代蒙学教学：在所有的蒙学书中，最流行的便是《三字经》《百家姓》《千字经》《弟子规》，读《三字经》以习见闻，三字一句，合辙押韵，便于低年段学生诵读，所以《三字经》被列为学生诵读内容之列。

3. 成语故事：故事是学生喜闻乐见的文学形式，而成语故事的学习不仅能提供文学滋养，而且融会在成语故事中的智慧、风骨、胸怀和操守都将成为新一代青少年学习的重要资源。学生从小接触成语故事，不仅很快可以熟记成诵，而且丰富的知识、深刻的寓意可以使他们终身受益。

4．古诗文选粹：古诗文是中国文学的瑰宝，是灿烂的文化。古诗文的学习能使学生更好地传承祖国的文化，对学生良好品格的形成、人文素养的提升有积极意义。

【课程实施】儿童天性好动，喜欢嬉戏，单纯的背诵很难让儿童接受，必须采取活泼多样的形式来实施课程。我主要采用诵读、赏析、竞赛、表演汇报四种形式，利用每周周五一个小时来实施校本课程。

1．诵读：统一安排诵读内容，学生自由选择喜欢的方式诵读。包括集体诵读，指名诵读、接龙诵读、男女生对读等，

2．赏析：选择内容（内容一般为优美的、经典的篇段）组织学生听录音或听范读欣赏其文字的优美，从而让学生感受到文字之美，声音之美，意境之美。

3．竞赛：我安排某一时间，在班内、班与班之间，开展诵读赛，例如"古诗诵读擂台赛""大家来背《三字经》"等。

4．表演汇报：利用国庆节等大型节日或班队会的时间将诵读作为一种节目让学生在舞台上展示表演。比如安排"读书会""诵读会"等，让每个学生有机会汇报展示自己的背诵、朗读才能。

【课程评价】经典诵读评价因作品有所不同，充分尊重学生诵读水平的个体性差异，采用多元评价，使学生形成良好的诵读习惯，更深入更持久地诵读，激发学生诵读的学习热情，以促进学生的全面发展。

1．根据各周诵读进度、态度、获奖情况进行相应评价。可以是教师点评、小组互评和学生自评的多种评价方式。按优、良、合格的等次，记录在成长档案中，及时推广和宣传典型。

2．在班级中开展诵读擂台赛，评选诵读小能手，参加学校诵读擂台活动，发奖状、奖品，激发学生诵读兴趣。

3．在班级中开展诵读表演、诵读故事等，形成班级特色，开辟诵读成果展示，鼓励全体学生参与，保障课程的顺利实施和学习成效。

【课程研发价值与效能】经典诵读课程是学习中华民族优秀传统文化、践行社会主义核心价值观的课程，根据低年级学生的年龄特点，我选择了朗朗上口的古诗文、成语故事、蒙学书中的《三字经》合辙押韵、《弟子规》等，

学生通过多种形式的诵读，在朗读音韵和谐的文本中获得了内心的满足感，记忆力、思维能力、诵读能力和感受语言的能力提高了，积淀了文化底蕴，掌握了正确的读书方法，在阅读经历中，学生喜欢阅读、品味经典。学生听老师范读和录音欣赏经典美文，陶冶了情操，感受到了中华民族的经典优秀文化，激发了热爱祖国的情感。与圣贤为友，与经典同行，美心美文，熟读成诵之中潜移默化，养育开朗豁达的性情、自信自强的人格、和善诚信的品质，用经典范本中的要求来规范自己的言行，形成良好的行为习惯和良好道德情操，使师生关系、生生关系及家庭关系得到明显改善。结合重大、传统节日和学校、班级开展的丰富多彩的诵读活动，积极开发潜在资源，如：国庆节、中秋节、校园文化艺术节、国旗下讲话等，给学生创造经典诵读环境，提高了学生诵读兴趣，提高办学质量，提升了办学品味，突出了我校幸福教育理念的办学特色。我在经典诵读课程的开发和实施中，提高了教研和科研水平。

《弟子规》之"泛爱众而亲仁"

【教学目标】

1. 能正确流利、有感情地读准字音，并能背诵经典诗文。

2. 联系生活实际，理解经典诗文的大意，体会其中的思想感情，并以此促进学生有感情地诵读。

3. 能初步感受中华古诗文的博大精深，喜爱中国古典文化，更好地开展中华经典诵读活动。

【教学准备】 古筝乐曲。

【教学过程】 师：同学们，这节课又到了我们诵读经典诗文时间。上节课我们学习了《弟子规》的第三部分"谨而信"，大家还记得吗？我们一起来背一背。（师生共背）

一、过渡

师：同学们不仅背诵流利、声音响亮，还能像古人一样摇头晃脑有节奏地读背，真像一个个小文人啊！现在我们继续学习《弟子规》的内容。（板书：泛爱众而亲仁）齐读课题。

二、学习新课，指导读

1. 自由读。师：自由读"泛爱众而亲仁"这部分的内容，不会读的字借助拼音读。（生自读，师巡视课堂，相机指导读。）

　　2. 指名读，评读。师：同学们都读得非常的投入。谁先来读给大家听？（指名读）他读得怎样，谁来评一评？

　　生1：他读的声音很响亮，也很流利，可有个字读错了，"地同载"的"载"他读成"zǎi"了，应该读"zài"。

　　师：你听得很认真。还有吗？

　　生2：他的字音没有读到位，而且感情没有投入。

　　师：那请你来读读吧。

　　3. 熟读。师：我们也像他一样再读读吧，选择自己喜欢的方式读，把它读通读顺了（生放声自由读）、（齐读）。

　　师：读得很有节奏，我们来跟着音乐读，这样读得更有味道了。（配着优雅的古典乐曲，生起劲地读。）

　　4. 赛读。师：现在比赛读，第1、2小组作为一组，第3、4小组作为一组，各读两句，看哪个组读得流利又有节奏。（两个大组学生对读。）

　　师：读得不错，现在分男女生读，女生人数少，有信心吗？（男女生对读。）

　　三、合作交流，联系生活实际，理解大意

　　1. 小组交流，合作学习。师：俗话说"书读百遍，其义自现"，在你熟读的基础上理解了哪一句呢？跟你周围的同学交流交流。（小组内讨论交流。）

　　2. 交流反馈。师：大家讨论得这么热烈，相信你们对这些经典话语有所了解了，请代表上台说说吧。

　　生1：我觉得"凡是人，皆须爱，天同覆，地同载"的意思是，无论什么人都必须互相关心和爱护，因为我们生活在同一个地球上。

　　师：说得真好！我们每一个人都应该有一颗爱心，帮助别人，关心别人。能举个例子说说自己的体会吗？

　　生1：我生病的时候，妈妈带我去医院打针吃药。晚上我发烧了，她一直在床边看护我，妈妈对我太好了。所以当妈妈打扫卫生累的时候，手脚酸疼，我就帮她捶背按摩。

　　师：你们母女俩都有一颗爱心，能互相关心，互相帮助，这份亲情令人感动。

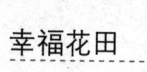

生2：有一次我呕吐了，金老师就去铲花坛里的土扫掉我吐的脏东西，还带我去卫生室看病，老师不怕脏，十分爱我。老师，你对我真好！

生3：我的同桌最热心了，我作业不会写时她就主动来教我。

师：你们所说的事体现了亲人、师生、同学、朋友之间的深厚情意。当你得到了别人的帮助时，你有什么样的感受？

生：我觉得开心、幸福、温暖、自豪……

师：为什么觉得自豪呢？（过渡：是啊！"好心有好报"，只要你有所付出，就会得到回报。）让我们牢牢记住（引读：凡是人……）一句经典话语引发了我们这么多的感触。谁还想说说？

生1：我来说。"不亲仁，无限害，小人进，百事坏"意思是不和品质好的人在一起会有坏处。这样一来小人就会亲近他，什么坏事都做了。

师：你从中明白了什么？

生1：我们要和思想好、行为好、学习好的人在一起。如果你不想学好，就会有坏人来靠近你，让你去做坏事。

师：对呀！所谓"近朱者赤，近墨者黑"。亲近心地善良，有思想道德行为的仁者，你就会得到很多的益处。你是个会读书会思考的孩子。能举个例子说说吗？

四、指导背诵

师：通过刚才的学习，大家都明白了"泛爱众而亲仁"里的经典话语告诉我们的道理。希望我们以后多亲近品德高尚的人，努力做一个有爱心的人。现在我们把这些经典名言背下来。有信心吗？我们已熟读了句子，背诵就容易了。练习背诵，看谁背得快。

1. 练习背诵。有的自背，有的同桌互背，有的四人小组背。

2. 汇报。师：我们先同桌互相检查背诵，有困难的同学同桌帮助他。（同桌互背，师巡视检查。）男女对决比赛背诵，怎么样？评出诵读优胜者。

中华民族璀璨的诗文，内容丰富。它们深得人们喜爱，请同学们把你们学到的经典诗文回家背诵给父母听。

经典诵读课程悟语

我喜欢经典诵读。在学习的过程中，我明白了许多做人的道理，逐渐改变了自己的生活和学习习惯。

《三字经》中有："为人子，方少时。亲师友，习礼仪。……融四岁，能让梨。弟于长，宜先知"的句子。在平时的生活中，爸爸妈妈就是用这些话的意思来教育我，在学校里尊敬老师，团结同学，向大哥哥和大姐姐们学习，学习他们的优点。在家里我孝敬父母，有了好吃的总是先给爸爸妈妈吃，然后我再吃，多向师长和家长请教做人和做事的道理。

通过学习《论语》，使我明白了："学习要讲究方法；遇到困难，就得去克服它"，还懂得了"己所不欲，勿施于人"等道理。

经典诵读让我成长，使我在不知不觉中受到传统文化的熏陶，感谢经典诵读让我懂得了做人的道理和准则。

——王梓逸

经典诵读课，让我学到了很多知识。比如《弟子规》让我学到了，如何对长辈有礼貌。我从中明白了许多道理，比如听别人的建议，好多事物要从多个角度去判断。还增强了道德观念。一开始上课的时候，我只会读，不知道里面的意思。经过金老师的细心讲解，才明白，之后我就对诵读课有了兴趣。

有一次，妈妈带我坐公交车出去玩。上了公交车之后，看到一个座位，我就坐下了。不久一位奶奶上了车，我就给奶奶让了座，奶奶高兴地对我说："谢谢你，小朋友。"我对奶奶说："不客气。"

妈妈也很高兴地说："孩子你真棒。"我对妈妈说："我刚才想起了，《弟子规》里的'长者立，幼无座。'"

经过了这件事，我会更认真地上诵读课。争取把更多诵读课上学的东西，融入我的学习和生活中。

——张展凯

读书写作双序并行特色课程纲要

张清霞

【课程开发前言】小学语文教师于永正老师在谈到如何学好语文时曾经说过这样一句话："精讲，多读，勤写，居然就成了！"在二十多年的教学实践中，笔者对此深有体会并身体力行。读，就是多读书、读好书、读整本的书；写，就是言为心声，有话则长，无话则短，贵在坚持。在日常语文教学实践中，笔者特别重视两个方面：一是日积月累，二是读写结合。

学习语文的目的主要是为了掌握语言这个工具，语文教学主要是培养学生的听说读写能力。语言哪里来？走进校门以前是听来的，是在"听、说"的实践中"习得"的。进了校门则主要是从书本中读来的，在读、写的实践中"学得"的。语言靠积累，能力靠实践。小学是学习语言的最佳时期，也是记忆的最佳时期。有份报告是这样说的："儿童在三岁左右就基本掌握了本民族语言的发音和基本的语法结构，儿童习得语言的能力是惊人的。"注重读写迁移，迁移就是举一反三，就是活学活用。语文是人类的最重要的交际工具，掌握了当然就要运用。语文教学中迁移主要指的是写的迁移。我在教学中十分重视读写的结合，重视写的训练，因为语文能力的最重要的标志就是"会写"。

【课程理念】小学语文教师张庆先生说："学理如筑塔，学文如聚沙。"阅读需长期，背诵经典同样要坚持。说到重积累，我们还要从学习语文的目的谈起。

语文是人类最重要的交际工具，当然掌握了就要运用。在教学中，要边学边用。美国著名的教育家特而福特提出了一个口号叫"为迁移而教"；孔子两千多年前就提出了"学而时习之"和"举一隅而以三隅反"的理论，强调的也是一个"用"字。学了不用，或者不会用，知识就成了死的了。

【课程目标】

1. 激发学生的识字兴趣，点燃学生对课外阅读的渴望，在阅读中大量识字。

2. 拓宽阅读渠道，激发阅读的兴趣，养成阅读的习惯。

3. 日常培养说话要完整表达的习惯，为写作打下基础。

4. 低年级要说一句完整的话，二年级要写一段通顺的话。

【课程内容】

1. 背诵《古诗文诵读》全册，背诵自己归纳整理的七篇名人名言，背诵《成语接龙》上、下册。

2. 师生共读童话《青蛙和蟾蜍》《小猪唏哩呼噜》《和大人一起读》等，以及自由阅读课外书如：绘本书、童话故事书等等。

3. 利用每周的阅读时间，与同学们共同学习绘本故事，创编属于自己的绘本书。

4. 利用周五下午的社团课，给同学们讲述故事，分享与交流故事中有趣的故事情节，有特点的主人公。

5. 在课堂教学中，注意引导学生积累并背诵好词佳句，定期定时摘抄一词一句。对于喜欢的语句及时背诵积累。

6. 善于捕捉文本中的训练点，比如句子的仿说，段落的仿写，文本的补白，故事的想象，锻炼同学们练笔的能力。

【课程实施】

1. 本课程可以从一年级进行，到高年级结束，呈现阶梯状，低年级重视识字与句子的书写，中年级重视阅读，高年级重视写作。

2. 现阶段，着重要加强同学们的识字能力，每天的课内学习，必须对认识的字和要写的字掌握扎实。

3. 对于课外读物，每天必须一个故事，为了让读书识字落地，每天提出一个问题，让学生交流，让学生养成读书的好习惯。

4. 读书提出明确要求，一定指读、大声读，两种方法都能有效提高同学们阅读的能力。

5. 坚持一词一句的书写，从简单的词句入手，先抄写后造句。

6. 坚持大量背诵，不积跬步无以至千里，没有量的积累，就没有质的飞跃。

【课程评价】

1. 评价阅读积累。每周上交一次阅读存折，可以清楚地看到同学们阅读

的书目以及每天阅读的时间。

2. 评价阅读习惯。根据要求画出相关问题的语句，根据提交的答案，让同学们养成读思习惯，不动笔墨不读书的习惯。

3. 评价背诵。必须要得到熟练、正确的背诵晨读，熟读唐诗三百首，不会作诗也会吟。

4. 评价写作。低年级写一句通顺的话，二年级根据图意写一段话，中高年级的文章要做到情真意切、文从字顺，标点正确，运用各种修辞方式。评价形式：（1）每周查看阅读存折，及时盖阅读章，当积累十枚章时，可以兑换一枚心愿章。（2）利用阅读课，进行故事交流会，评选出故事大王。（3）开展绘本书的创作，评选出"小小创作家"。（4）每天早上进行新闻播报，评选出"最佳播报员"。

【课程研发价值与效能】小学生正处于人生的起步时期，如一株株刚破土的幼苗，渴望吮吸知识的甘露，以使自己茁壮成长。而这"甘露"的获得，除了靠老师课堂上有限的传授外，更需要学生依靠课外阅读去采集。课外阅读在形成学生语文能力方面，起着巨大的作用。一个人的语文素养是要靠长期的大量的积累才能形成的，正如庄子所说："风之积也不厚，则其负大翼也无力"。

写作是主动提高逻辑能力，高屋建瓴和概括能力，学会用自己的语言表达自己的喜怒哀乐。写作提高语言的组织能力，对同学们以后的社交说话有好处，时间久了，就会让同学们的谈吐发生改变，演讲更加有条理。

读写结合，是语文教学的原则之一。大量阅读、阅读经典，通过阅读提高阅读能力，提高理解语言的能力，吸收思想营养和写作营养。写作训练，主要通过作文来练习表达思想感情，提高写作能力。阅读是吸收是输入，写作是表达是输出，两者相辅相成。在读写教学中，自觉地以读促写，以写促读，二者结合，才能有效地提高读写能力。

师生阅读故事汇

鲁迅先生说过,"读书就像蜜蜂采蜜一样,倘若叮在一处,所得就有限。必须如蜜蜂一样,采过许多花,才能酿出蜜来"。研究证明,只有当学生的阅读量达到了课本的4.5倍以上时,才有可能形成语文的自学能力。课外阅读在形成学生语文能力方面,起着巨大的作用,而加强阅读指导是有效开展课外阅读的重要途径。

在教学实践中,我针对多数学生未养成良好阅读习惯的实际,独辟蹊径,在二年级率先推行"阅读存折"读书计划,有效激发了孩子们的阅读热情,塑造孩子们的阅读习惯。

阅读存折的使用方法:每天读书一小时,可以积50分;当达到5000分的时候,可以换取阅读心愿章一枚;当换得5枚心愿章时,可以换取"小书虫"奖状。同时,提出阅读的要求:(1)不动笔墨不读书,在读书的时候,遇到新鲜的语句随时画出来,并反复读几遍;(2)对于不理解的词句,可以结合图画、语言环境、上下文的内容、查字典等方法进行理解;(3)读好书,读整本的书,从孩子做起杜绝"碎片化阅读"。就这样,笔者使用"阅读存折"培养孩子们的阅读习惯,班里的读书氛围日益浓厚。仅仅一个暑假,我们班的一位同学竟然读完了24本儿童文学图书,一举一动都散发着书香,沉静、内涵成为她的个性标签。

还有一位名副其实的"小书虫",在课下处处表现得与众不同,无论周边同学如何嬉闹玩耍,他都能沉浸在书的世界里。他的表情很是丰富,有时眉开眼笑,有时紧锁眉头。完全走进故事情景中,与故事中的人物进行着对话。

当看到他三年级的第一篇作文时,我大吃一惊:他的语言表达的风格、遣词造句的功力,都提升了很多。显然,这与班级使用阅读存折是密不可分的。阅读虽说不能改变我们的命运,却可以改变我们的性格;阅读不能改变人生的起点,但它却可以改变人生的终点,它可以丰富我们的思想,提高我们对生活的认识,丰富自己的精神世界,可使我们更加理性地看待现实问题。

高尔基曾说过,对初学写作者来说,不在读书和模仿中写些什么,就很难有什么创造。可见仿写对于提高写作水平具有重要意义。如在学习课文《风

幸福花田

娃娃》时，我有意识地引导学生发现2、3、5自然段结构相同，都是风娃娃来到哪里，做了什么，变化及结果。由此，引导同学们想象：风娃娃还有可能去了哪里，看见什么，做了什么呢？结果同学们想象非常奇特。【片段1】风娃娃来到大草原，看见自己面前有高大的牧草，它就使劲吹了口气，草低下了头，立刻看到了无数的牛羊。【片段2】风娃娃来到田野里，看见一个老爷爷正推着一车树苗爬山坡，风娃娃站在后面往前一吹，老爷爷加快了脚步，很快就推到了山顶。风娃娃笑了，心里想：能够随时帮助别人真是一件幸福的事啊！

再如，《听听，秋的声音》，是篇略读课文，但语言精练，表达富有韵味，想象丰富。第一、二小节结构相似，都是先发出"听听，秋的声音"的邀请，接着聚焦某一事物的动作，然后以拟声词描述声音。根据这一特点，笔者让学生进行了仿写创编。

有一位同学是这样仿写的：听听／秋的声音／小草摇摇身体／"沙沙"／那是告别的舞韵吧！听听／秋的声音／风儿吹动树叶／"哗哗"／那是期待来年的枝繁叶茂吧！听听／秋的声音／收割机发出／"轰轰"／那是收获的奏鸣曲吧。

"生活即教育"是生活教育理论的核心和主体，它强调教育与生活的密切结合，在生活过程中进行教育，通过教育促进人和社会的发展。陶行知先生曾指出："作文是生活的一部分，它离不开生活。"现实中，有些学生因忙于"学习"，缺少机会广泛接触丰富多彩的人类生活，同时不会观察生活，不会发现生活中的真、善、美，这样就形成了作文与生活联系不紧的现象。为此，笔者在日常的教学中，特别重视学生的亲身体验，在体验的过程中捕捉其中的亮点，或捧腹大笑的，或粗心大意的，或成功的，都可以成为其写作的素材，让学生有话可说，有话可写，做到真实、丰富。

我利用中秋节这一团圆欢聚的日子，让同学们在家长的陪同下去超市买菜，回家洗菜、切菜、炒菜，体验整个的过程，并着重写下来。同学们写作的内容妙趣横生，令人忍俊不禁：有的写自己炒的菜糊了；有的写油星溅到了自己的手上，吓得不知所措；更多的写出了做菜不是件容易的事，今后不能挑肥拣瘦。综观学生的练笔作品，更深刻体会到生活是写作的源泉，写作是生活的提炼。下面是一个较好的范例：

首先,我和爸爸去超市挑了两根芹菜,芹菜必须挑颜色比较新鲜的,青翠欲滴。回家后,我先学摘芹菜叶。我用手指笨拙地把菜叶一片片撕下来。妈妈对我说:"你这样太费力了,用指甲捏住芹菜叶根部,用指甲一掐,就可以了。"我照着妈妈的样子去做,果然,不费吹灰之力就轻松搞定。我不禁感慨生活处处皆学问啊。

在爸爸指导下,我又把芹菜洗净、切段。刚开始切时,我拿着刀有点不知所措,不知道应该如何下手。爸爸说:"放松点,用左手按住菜,右手拿稳刀,从刀尖处用力一压,菜就切好了。"原来,切菜也是个技术活啊!切成段的芹菜,就像一阶阶碧绿碧绿的楼梯,好看极了。重头戏就要登场了。我按捺不住激动的心情,跃跃欲试。爸爸问我:"炒菜的时候应该先干什么?"我回答:"先倒油。"爸爸说:"错了!应该先开火,把锅烧热,然后再倒油。"我恍然大悟。开火、倒油,油烧热后,加入葱、姜、蒜炒香,按照爸爸教的,先放芹菜杆,翻炒两分钟,倒入芹菜叶,翻炒一会儿后,爸爸帮我加入了味极鲜、盐等,最后加了几块香干。闻着菜的香味,我不停地吞咽口水。

出锅了!看着自己的战利品,我感到非常骄傲!

通过这次炒菜,我体会到爸爸做饭的不易,今后,我要做到不挑食,好好吃饭。同时,也要帮爸爸妈妈做力所能及的事情。

读写结合,是语文教学的原则之一。大量阅读、阅读经典,通过阅读提高阅读能力,提高理解语言的能力,吸收思想营养和写作营养。写作训练,主要通过作文来练习表达思想感情,提高写作能力。阅读是吸收、是输入,写作是表达、是输出,两者相辅相成。在读写教学中,自觉地以读促写,以写促读,二者结合,才能有效地提高读写能力。

儿童诗特色课程纲要

张 敬

【课程开发前言】中国是一个诗的国度，中国几千年的文学之宗是诗，从《诗经》到《楚辞》，从"建安七子"到陶渊明，从唐诗宋词到元曲，高潮迭起，名家辈出，精彩纷呈，璀璨夺目。

儿童诗教育是施于儿童心灵的教育，是儿童的心灵与大千世界的对话：是儿童与自然的对话，是儿童与生活的对话，是儿童与教育者的对话，是儿童与梦想世界的对话，是一群最纯真的人对世界万物万象的生存状态作最本真的关怀与感悟，是使孩子们懂得热爱的教育。这种教育处处都洋溢着生命的活力，时时都在滋养着儿童的精神世界，使他们获得全面的发展，它是实施素质教育的有效途径之一。

儿童诗和儿童有着一种天然的契合关系，它们的想象方式、表达习惯和认知渠道，都有着诗的品质。所以这样的诗句，可以成为儿童内心世界的容器，成为儿童认知世界的道路和拐杖。毫不夸张地说，一首契合心性的好的儿童诗可以为一个人的一生抹上一种色彩，烙上一个印记，带来一种节奏。"一个自幼受过儿童诗熏陶的人，长大肯定是个有是非观，有真性情的好人。"事实证明，儿童诗以其丰富的想象，欢跃的童心和流畅的音符，深深地吸引着孩子们。学龄儿童不但可以写诗，而且可以写出好诗。儿童诗所蕴含的这些积极的教育价值也正是本课程开发所追求的。

【课程理念】语文应该是最具人文关怀的一门学科，语文教学也应带上一层文化的色彩和诗性的光辉。教师在进行读书积累的同时，应该给学生营造诗歌教学的氛围，首先要为学生提供诗歌素材，让一首首优美的诗汇成一个诗歌海洋，使学生充分感受、领悟着诗词的真谛。那么教师应是小船上的舵手，指引学生在诗海中徜徉，因此，让学生吟诵古诗文的同时，教师试着做些短文和小诗，读给学生听。让诗的情愫渐渐在他们心中掠过，拉进与学生的距离，和学生玩耍时或者学完一篇课文后教师随机编写诗歌，甚至学生情绪失落时也写下诗句给学生以启迪。无论读诗还是写诗，都能陶冶精神净化学生的心灵，其过程必定影响他的一生，影响他们的心灵空间和人文视野以及文化胸襟和审美情趣。

【课程目标】通过朗读、背诵、积累相关的儿童诗，使学生领悟中华民族文化的丰富底蕴，掌握儿童诗欣赏和创作的基本知识，并能用多种方法赏析和创作儿童诗；通过对优秀的儿童诗理解和鉴赏，受到高尚情操与趣味的熏陶，提高学生的文化素养，激发他们学习儿童诗的兴趣，并培养他们热爱祖国语言文学的情感；通过儿童诗的创作，为孩子们营造极好的探究如何运用语言描绘事物、表达情感的语言实践活动，使学生在运用中学习，在运用中提高，在创作中发展个性，丰富自己的精神世界；在背诵、积累的基础上，由浅入深，让他们模仿创作，通过诵诗、画诗、写诗等形式来激活孩子的思维的火花，在发展语言能力的同时，激发想象力和创造潜能；创作的过程中，培养学生合作、想象能力。

【课程内容】通过诵读优秀的儿童诗作和名家名诗，初步培养学生向往美好情景，关心自然和生命的美好心灵。能够用比喻、拟人等修辞方法写诗，并能用断行的诗的形式记录下来，初步养成随时记录自己感受和想法的写作习惯。学生掌握儿童诗欣赏和创作的基本知识，并能用多种方法赏析和创作儿童诗。由浅入深，让他们模仿创作，通过诵诗、画诗、写诗等形式来激活孩子的思维的火花，

【课程实施】儿童诗课程在小学义务教育阶段1—6年级开设，通过年级语文课普及与文学社团培优两种形式进行课程与提高指导，每周周五一个半小时社团培优活动，对年级学生和参加儿童诗创作的学生进行指导。日常学习生活中开放校图书馆，鼓励学生多借阅诗歌书籍。其次，在校园"雀巢书屋"内创设多处"自由读诗吧"，给学生提供了充分选择的空间。此外，还建有班级图书角。学生从家里带来精彩的图书，彼此交换阅读。教师还充分利用教室后面的宣传专栏，每天安排学生剪贴有价值的诗歌，上课用一分钟时间朗读。充分利用阅读课进行读诗诵诗活动，依托校诗歌大会等活动，给予学生充分展示的空间。在这个过程中，教师要充分发挥引导者的作用，在阅读目标的确定、阅读对象的选择上作有效的指导，还要善于通过阅读交

流活动的开展,促进学生自主阅读精神的增强,使学生善于在阅读实践中提高文学素养。

【课程评价】注重学生课堂表现、积累儿童诗数量以及作品呈现。用"小粘贴""小印章"等去激励学生参与的过程,要经常性地进行交流,进行阶段性的成果展示,相互激励。关注延迟性评价,让每位孩子做有所获,都能体验诵诗作诗的快乐。可以通过照片、小报、录像等过程性资料进行展示,根据展示情况进行评价。

评价细则表

评价内容	评价要求
学习态度	1. 学习积极主动,学习态度端正,按时认真完成过程性资料的记录,并能积极背诵创作。 2. 善于想象,乐于表达。
知识技能	1. 能积累大量儿童诗。 2. 能以儿童独特的视角创作诗歌。
课外实践	1. 学会演一演,背一背,画一画感兴趣的儿童诗。 2. 将学到的知识分享给周围的人。 3. 搜集需要的资料。 ……
注　　意	

【课程研发价值与效能】课程的实施带给孩子们的变化显而易见:很多学生逐渐对儿童诗感兴趣,写文章也有了感情,思想逐渐变得清晰丰富起来,诗的种子渐渐落进他们的心田。有时甚至看到他们在课间也以诗取乐,班级的诗歌文化逐渐建立起来,班风纯净了,班级因为诗歌仿佛有了灵魂。

师生诗歌会

我 的 群

张 敬

我的群建立时间很短很短
2019年的9月，班主任建好群
转让新接班的我
我的群很小很小
只有我和班主任两位老师，还有43位家长

起初，我的群很静很静，静得如一泓清潭
只有，我发布孩子的学习反馈
延时课后服务，节假日的几句问候……
才能激起几圈涟漪

2020年，因为一场疫情
我的群突然变得好大好大
突然加进了许多小朋友，还有爷爷奶奶
姥姥姥爷大姨和小舅……
那一天，我的好友倍增，停工不停课，居家也得学
我的群变成了空中课堂的主阵地
霎时间变得好热闹好热闹

每天8点20的第一条信息发出
早安兮晨读，安排晨读内容
记录上线孩子，语音视频电话
抽查背诵，心情随着孩子的情况，起起伏伏

 幸福花田

我的群，微课时有短暂的十五分钟平静
但我，依然盯着屏幕，拿起手机布置
剩余时间的交流内容
时间过得真快，孩子们总是迫不及待地一刻钟后
在群里蹦出
你一言我一语，不给我插话的机会
我快速点击倾听，看那一排排一段段
语音音符变得渐慢渐弱，赶紧发表我的"高见"
突然，电脑下方的时间提醒
下课时间到，我一手扶电脑，一手握手机
遗憾地对自己说："打住！"
我的群突然变得好静好静

摘下老花镜，揉揉发肿发红的眼睛
走向餐桌，狼吞虎咽地把早餐吃净
我的群依然很静很静

趁机走向电脑另一端的"人人通"
翻看孩子们读书摘抄打卡的记录
看到孩子们在书海中畅游
还有那像模像样的记录，
禁不住在键盘上敲起，心中的感悟与激动

嘀、嘀、嘀……
我的群又在向我招呼
我知道，孩子们五花八门的作业
正在急速地挥手，"嗖嗖嗖"上传的速度
敲击着我的耳膜和心脏
我闪进群作业里，古诗词的默写与领悟
预习课内容梳理与朗读，听记故事的记录与感悟

课外阅读的练习与诉求
微课学习后的任务单，读书交流的启示与记录
作业没有重样，答案更是千奇百怪
真想向苍天，借我三头六臂
给我几双慧眼，接受他们向知识发出的挑战
全国都在和疫情作战，不耽误孩子也是在做贡献
此时，觉得我的群好小好小
但我不是一个人在孤军奋战
午间刚想闭目休息一下，群里的热闹又开始重现
订正改错，重新上传，及时纠错发送笑脸。
得到很多很多稚嫩的声音：老师辛苦，我们平安

当夕阳亲吻了书房的一角，
伸伸懒腰，我的群被我深情地看一眼
"繁华"落尽傍晚静寂，岁月安好，指日可待
新闻联播过后，群里的热闹又重新上演
发布第二天学习公告，上传微课视频以及学习资料
家长确认接收，和有学习疏漏的孩子连线
还要等七八个家长，夜班过后才能把作业上传……
突然觉得我的群好大好大
群里不仅仅有一个个小家，还有担负国家未来的小花

午夜时分，报声平安
闭上双眼，我和我的群渐渐入梦
梦见疫情过后，我领着孩子们
在学校"三味书屋"吟诗
在"百草园"赏花，在"荷韵园"观鱼
在银杏树下低语，在……
我的群变得很静很静
可我的群再也不会变小

幸福花田

盼 归

高羽桐

我以为,当春燕衔来第一口新泥的时候
校园会因我们的到来而变得热闹起来
我还以为
当玉兰花绽开第一片花瓣的时候
我们早已在操场上有说有笑
可谁曾想
直到现在我们的校园还是一片寂静
而我们的"相聚"只能隔着屏幕
愿归来时
您未老,而我们已长大

春 笋

李晓霓

悄悄地,悄悄地
拱出大地
想来打听
春天里,溪流的声响
小草的芬芳
树绿的秘密
花开的消息

盼春来

赵诗雅

盼望着，盼望着，疫情尽快结束
摘下厚厚的口罩，露出灿烂的笑容
期待着，期待着，春天马上到来
赏百花，放风筝，放飞心情
风雨过后，又见彩虹
春回大地，万物复苏
归来时，我已成长
手捧希望之书，奔向理想的校门

微　笑

韩笑瞳

疫情来临……
大大的口罩遮住了你们的脸庞
却遮不住你们的微笑
你们的一举一动
你们的嘘寒问暖
你们的英勇事迹
都深深刻在了我们的心中
期盼疫情赶快过去
你们摘下口罩
灿烂的微笑又重新回到你们的脸庞

幸福花田

2020春天中最美的风景

邱若妍

往年的春天，每天都能听到
天空中，燕子清脆的鸣叫
马路上，汽车滚过的响声
集市上，卖菜郎与客人讨价还价的吵嚷
以及学校里的书声琅琅……

往年的春天，每天我都能看到
草丛中，蝴蝶与蜜蜂抢夺花蜜
马路边，柳树梳理着自己长长的绿发
超市里，缠着父母要蜜糖的小朋友
学校里，追逐嬉闹的同学们……
但2020年的春天，我足不出户
远离了芬芳的自然可我也听到了春天的呐喊
十四亿人口中的"武汉加油，中国加油！"
白衣天使们"不计报酬，不论生死"的宣言
习爷爷连夜开会部署计划掷地有声
各地救援湖北物资的飞机、高铁、卡车的
日夜轰鸣……
2020年的春天，我足不出户
可我依然看到
钟南山爷爷奔波在抗疫第一线冷峻的面容
各地医疗队在天河机场遇到时的挥手致敬
还看到了白衣战士脸上留下的"最美压痕"
十天之内就建成的"火神山""雷神山"……
一场突如其来的新冠肺炎

让我们看不到，以往的春景
但是，在这个有爱的春天，我看到了最美的风景
听到了最动听的旋律，2020 年的春天永远住在了我心里

我的偶像

李昊洋

曾经，我的偶像是周杰伦李荣浩
我喜欢听他们的歌
他们的照片，我还会偷偷夹在课本里
然而 2020 年的春节，一场突如其来的疫情
让我认识了一位 84 岁的爷爷
疫情来临时，爷爷对人们说
"没有特殊的情况，不要去武汉"
自己却义无反顾地赶往武汉防疫最前线
当天的航班已经买不到机票
爷爷匆匆挤上了傍晚 5 点多钟开往武汉的高铁
他在餐车一角，靠在座椅上休息时的倦容
让我感到无比心疼
听爸爸妈妈说，17 年前抗击"非典"时
爷爷就临危不惧，冲锋在前
他的一句"把病情最重的送到我这里来"
温暖了很多人，拯救了不知多少生命
今天，84 岁的爷爷
还在用他精湛的医术同全国的白衣战士们共同奋战
拯救更多的生命，挽救更多的家庭
我多想更多地了解他
于是，电脑上一幕幕，一条条

他的信息层出不穷。他全程英语授课

侃侃而谈,举重若轻

他接受记者采访时,流利的英文对答

我的崇拜油然而生

他一张张坚持健身的剪影,在我眼前晃动

他超强的坚持力,毅力和耐力,我打内心佩服

大爱无国界,"逆行"不停歇

今天他又向欧洲视频报告中国的抗疫的经验

原来他不仅仅属于中国,他属于全世界啊

他是埋头苦干的战士,他是一位拼命硬干的先锋

他是为民请命的贤达,他是舍身忘我的英雄

他用盈盈的泪水,暖化着全中国的百姓

他用知识的渊博,为全世界造福

他是我最崇拜的偶像——钟南山,今天是,明天也是

我不用把他的照片夹在课本里,因为他已经住在我心里

我很乖

张雅淇

因为疫情,今年的寒假那么长

那么长,妈妈搞药物研发

每天要上班,爸爸也要

坚守在岗位上,少了大人的陪伴

我照样把自己的生活安排得

很丰富,很精彩

因为我很乖,我很乖

每天我都早早起床,伸伸懒腰做做操

洗漱吃饭，整理家务
干干净净，精精神神，连线空中课堂
在那里，我可以读，可以思
可以想，可以跳，也可以唱
我不再感到无聊，不再寂寞，不再忧伤
我是不是很乖，很乖
上完空中课堂，我穿起小围裙
走向小灶台，洗菜、切块、翻炒、盛盘……
吃着自己亲手做的饭菜，看着午间新闻中的武汉
真想白衣战士也能快点像我一样吃上热乎乎的饭
我很乖，不出门，就不会给他们添乱
夜幕降临，小提琴拉起，琴声说着我的心思
"我虽然小，不能像白衣战士那样为祖国做大贡献
可是，我不出门，在家规划好时间
也是给祖国做了一份小贡献！"
嗯，我的确很乖，很乖

母亲节有感

黄思佳

今，母亲节也，未知此节由来之因，但母无愧于此节。

母，育吾之命，养吾之身，教吾以德，赋吾智慧。吾逐日成长，母每况见衰，母之心血，吾幼时懵懂，彼时辜负，此时悔矣，来日吾必听其语，孝其身，不负其望，报其恩德。

望天下为人子女者，都能感念母之伟大；祝天下为母者节日快乐！

 幸福花田

"四叶草"海量阅读推广课程纲要

吴小洁

【课程开发前言】课程的研发始于市中区"阅海听澜"海量阅读团队成立,我有幸作为十个核心成员之一,由此开始了我由模仿到独创的专属课程的小步子研究。

在探讨海量阅读具体实施办法之前,在我区教研室王璐老师的指导下,团队成员首先明确了海量阅读的实施内涵,即"课外阅读课内化",利用课堂有限时间实现学生阅读量的最大化。以三年级语文教学为起点,我通过"优化预习方法""简化教学环节""精心设计作业"三种途径实现了课内教材教学的"减负瘦身",又通过引导学生诵读经典诗文、阅读经典名著,实现了学生人文素养和语文学科素养的整体提高。我通过课内碎片化时间的合理分配和利用以及多样的评价手段有效调动起学生语文学习的积极性。更让人惊喜的是,短短一年,全班共读人均超过 30 万字,诵读积累达 2 万字。在课程实施初期重点有意识地往"课外阅读与写作"方面倾斜,将两节语文课 80 分钟连堂,形成主题读写"课程群"。"海量阅读"课例研讨七里山小学专场活动,会上我向参会的领导和老师汇报了"四叶草"海量阅读推广课程在现阶段的实施方案。至此,在"阅海听澜"团队成立一年后,自己的个性化海量阅读推广课程正式形成。我在全区展示了六节课内外整合教学课例,提供了一个课程介绍微课视频,就自己海量阅读过程性实施成果进行了四次汇报。在此过程中,"四叶草"海量阅读推广课程的实施外延也一步步拓宽,课程内容也更加丰富。

【课程理念】义务教育语文课程标准修订专家组召集人、部编本语文教材总主编、北京大学中文系教授温儒敏在《温儒敏谈读书》中写道:"推进语文教学改革,倡导语文教学以'读书为要'。"可见培养学生的阅读兴趣与习惯,扩大阅读面,增加阅读量,提高学生的阅读品位应该是贯穿学生终

身语文学习的主线。当下课程改革的浪潮中语文教学如何平衡有限的课时、考试和读书之间的关系，达到课程标准的要求，真正做到"读书为要"呢？部编教材"教读"—"自读"—"课外阅读"三位一体的教学结构带给我们很多的启发，教师一定要具备平衡兼顾的意识，守正创新，既要照顾考试升学等现实的利益，更要从长计议，着眼于为学生的终身学习做准备。正是在这种背景下，遵循"本真语文"原则的"四叶草"海量阅读推广课程应运而生。

【课程目标】"四叶草"海量阅读课程是结合教师个人专长以及学生年龄特点独立规划的教师专属课程，是课外阅读课内化实施的有效途径。这一课程着眼于学生阅读能力发展的需求，在教材学习之外着力于为学生开发适合他们的海量阅读资源，更高效地助力学生阅读素养的全面提升。

1. 以整合的视角宏观把握教材，以组织讨论、组织实践的形式进行教学，通过教材整合教学删繁就简，从而节省出课内的时间，实现教材教学的"瘦身"，为传统的语文教学注入新的活力。

2. 探索开发适龄学生的语言文字材料，创设学生与这些语言文字材料接触见面的机会，拓宽学生阅读视野，提升学生阅读能力，丰富学生的阅读积累，帮助其习得读写方法。

3. 通过"四叶草"海量阅读推广课程的实施，帮助学生建立起课内外语文学习的链接，构建学生语言习得系统，避免课内教材学习和课外阅读两张皮的现象。

【课程内容】课程实施内容主要分为四个部分，分别是"绿色基础课堂""金色晨光诵读""橙色日有所诵""蓝色主题阅读"。四个版块的实施内容全部列入教师个人专属课表中加以落实。

一、绿色基础课堂

为了在高效完成规定动作的前提下实现教材拓展的海量，"四叶草"海量阅读推广课程总结出"1-3-x-1"的操作模式，即一个核心问题，三种整合课型，x篇拓展文章，一个落脚点。依据单元训练重点，每篇课文精心设计一个核心问题，学生预习时紧紧围绕核心问题圈画批注，教学时以核心问题引领进行探究，这样一来避免了课文教学眉毛胡子一把抓的问题。"四叶草"海量阅读推广课程提倡以单元整合的方式进行教学，可以分别采用"1带课内 x""1带课外 x""4带课外 x"三种整合课型。通过"单元整合·群文

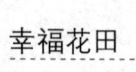

阅读"的形式，实现了由单篇课文到多篇文章的拓展阅读教学。"四叶草"海量阅读推广课程还注意以"读写结合"为落脚点，挖掘教材中的习作元素，继而回归学生单元习作，进一步明确单元习作的训练点，有效提高学生语言建构与运用的能力。

二、金色晨光诵读 橙色日有所诵

根据学生年龄特点，精选适合学生诵读的经典篇目，利用"金色晨光诵读"和"橙色日有所诵"的时间指导学生诵读。从三年级起，我带领学生诵读积累的是《笠翁对韵》《小古文一百篇》《唐诗三百首》和学校规定内容《古诗文诵读读本》。根据诵读内容带领学生采用听读、跟读、自读、解读、齐读、背读、赛读等形式进行诵读。

三、蓝色主题阅读课程

课内教材的拓展阅读，以整本书阅读为抓手，从师生共读和主题化阅读课程两方面入手落实。

对于师生共读和主题性阅读课程中的书目，指导学生借鉴批注法进行精读，并创造性地开展了一系列丰富多彩的阅读实践活动。如四年级下册围绕教材第三单元"中外童话"的语文学习，开展"我眼中的童话"主题式阅读课程，推荐学生阅读《安徒生童话》和《格林童话》以及中国现代童话选文，分阶段指导学生自主搜集童话，讲童话，中外童话的对比赏析，自主创编童话或将熟知的童话改编成小剧本，根据创编的小剧本进行表演展评，使主题拓展课程做到有主题、有目标、有资源、有组织、有指导、有课时、有去处、有评价。

【课程实施】 "四叶草"海量阅读推广课程教师专属课表，中高年级每周4节课完成教材规定动作，每周两节主题阅读课，课内外"4+2"的模式推进海量阅读。周二周四40分钟进行晨光诵读，每周中午50分钟进行日有所诵。

【课程评价】在诵读积累方面，采用"诵读小师父"激励制。每天推选出背诵最快、最好或进步最大的一位同学可在下次诵读时当小师父带领全班同学学习下一首诗文，并且可以指定小组内的检查员，作为小师父和检查员的同学可积累诵读学分，积累到一定分数可被评为"诵读小明星"，以喜报和上榜的形式加以表彰。

阅读评价方面采用常规性评价、阶段性评价和主题性评价相结合的方式，借助"阅读存折",促进学生每日阅读习惯养成,形成量的积累。定期统计学生阶段性阅读量,评选出"阅读小达人",以上榜和喜报的形式给予激励。根据蓝色主题阅读课的实践主题,评选出"阅读小明星",以喜报和优先享受班级图书阅读权的形式给予表扬激励,并创设机会到其他班级进行巡讲或表演,记入班级量化管理。

【课程研发价值与效能】"四叶草"海量阅读推广课程的实施最受益的是学生。学课文时整合的教学思路使学生思维的深度得以挖掘,经典诵读和课外阅读中的日积月累使学生思维的广度得到拓宽,使学生头脑中也形成了大语文观,这种受益是终身的。从日常教学样态来看,我们将阅读积累放在课堂上,基于老师的指导,改变了学生以往无序、无法地盲目阅读的状态;从学生阅读量的提升来看,也是我们以往的常规语文教学无法比拟的。我们相信在课程实施的过程中只要我们给学生充足的时间,指导他们用正确的方法进行阅读积累,在有限的时间内大幅度地提高学生的阅读积累量,从根本上落实语文核心素养是绝对可以实现的。

《31 女娲补天》《32 夸父追日》《女娲造人》整合教学设计

【教材解读】神话故事源远流长,被誉为人类童年时期的产物,文学的先河。从某些角度上来说,神话与传说并没有一个特别明显的界限。神话传说一般是由人们幻想中的古今生物如神、鬼、人、仙、佛、妖、精、魔鬼、上帝、天使、龙、凤动植物等从而编造出来的故事。这些用奇丽的幻想来组织的故事,富有浪漫主义色彩。它们并非现实生活的科学反映,而是过去人类不能科学解释世界和自然现象,以他们贫乏的生活经验为基础,借助想象和幻想把自然力和客观世界拟人化的结果。

在我国脍炙人口的神话故事《牛郎织女》《后羿射日》《嫦娥奔月》《精卫填海》,等等,在民间广为传诵,影响深远。神话故事作为一种文本在人教版小学语文教材中共有四篇,主要集中在三年级教材中:三上第五组课文中的《盘古开天地》,它不是以神话故事为主体来安排这篇课文的,而是以中国古代传统文化的角度安排;三下第八组安排了《女娲补天》《古诗两首》《夸父追日》三个涉及神话的课文,这是以神话故事和民间传说为主体来安排的

单元阅读,其主旨是感受古人丰富的想象。在人教版中还安排了一篇希腊神话故事——《普罗米修斯》,这是以故事长廊为主题出现的,其主旨是走进故事,感受魅力,体会道理。因此,在人教版小学语文教材的课文中,神话体裁的文本并不多见,其安排的目的也体现了多层面和多角度。

出现在三下第八单元的《古诗两首》《女娲补天》《夸父追日》有其深刻的美学价值,就是通过神话故事说明我们的祖先企图解释复杂的自然现象,积极追求科学真理的进取精神,不仅反映了远古人类向大自然进行英勇智慧的斗争的现实,更重要的是反映了我们的祖先不屈服任何困难的品质,反映了他们征服大自然的无穷力量,反映了他们取得最后胜利的渴望和信心。

一、精读课文——《女娲补天》

女娲——从字理来看,从女从呙,呙声。从女,传说她是九河神女的女儿,伏羲的妹妹及妻子;从呙,传说盘古开天地之后,天穹似锅,而女娲是天地的守护神,这是"娲"字形的字理来源。

课文讲述的是远古时候的造人之神——女娲为了拯救水深火热之中的人们,冒着生命危险补天的故事,赞扬了女娲勇敢、善良的品质及不怕危险、甘于奉献的精神。在中国原始神话中,女娲是一个神通广大的女神,她不仅"抟黄土作人",而且"炼五色石以补苍天"。为了使世界充满蓬勃的生气,以便有与自然足以抗衡的力量,她创造了人类;为了使人类摆脱肆虐的自然的威胁,给人类创造一个美好的环境。从女娲的形象上来看,女娲是美丽、善良、勇敢的造人之神、母亲之神,因此,女娲补天补的不仅是"天",而且是补救了人类的"生活"。

通过以上分析,在教学文本时应把握以下三个方面:一是神话文本的特点。神话故事文本的特点就在于充满了神奇的想象力,让学生感受女娲补天的神奇成为文本教学的重点之一。文本中神奇的是"远远的天空塌下一大块,露出一个黑黑的大窟窿。地也被震裂了,出现了一道道深沟……",天居然也会"塌下一大块",此奇一;奇二是"她立刻去找雨神,求他下一场雨,把天火熄灭了……",在神话的世界里还有管雨的神,居然是由他来把天火给熄灭了;天上的窟窿要用五彩石来补,女娲"用神火进行冶炼,炼了五天五夜,五彩石化成了很稠的液体,女娲把它装在一个大盆里,端到天边,对准那个大黑窟窿,往上一泼,只见金光四射,大窟窿立刻补好了……"神话可谓神矣！二是把握文本的故事性。故事性强是《女娲补天》文本的一个特点，把握故事性，让学生通过讲故事和复述课文的方法，理解与感受文本是教学的主要内容之一。三是感受女娲人物的形象。因为女娲是我国古代劳动人民在同自然的斗争中用"想象"创造的英雄形象，是我们祖先征服自然的理想和力量的化身，具有极高的美学价值。通过教学树立神话人物的丰满形象，并在其中感受神奇的想象力，再让学生通过讲故事和复述课文的方法，从而内化语言，感悟语言，建构女娲的人物形象。我认为这是《女娲补天》文本教学一个重要的切入口——抓住人物形象展开教学设计，既尊重了文本和文体的特点，又是传统文化传承为核心，渗透着文化的内涵，体现了语文教学的真正价值。

二、略读课文——《夸父追日》

《夸父追日》也是我国最早的著名神话之一，讲的是夸父追赶太阳、长眠虞渊的故事。它表现的不仅是表面上的与日逐走，还有很强烈的象征意义，表达了古代劳动人民对光明的向往，以及征服大自然的雄心壮志，更弘扬了一种奉献精神和牺牲精神。

课文中也有许多具体化的夸张想象。如，课文用"一眨眼就跑了两千里"形容夸父奔跑的速度快；写夸父为了解渴，"伏下身子，去喝黄河、渭河里的水""霎时间两条大河都给他喝干了"，写夸父死后，"他变成了一座大山，他的手杖变成了一大片桃林"，等等。教学时，可引导学生揣摩体会，感受神话的神奇魅力。

三、拓展选文——《女娲造人》

《女娲造人》是语文S版（由语文出版社和十二省小学语文教材编委会共同编写）第十二册第一单元的一篇略读课文。这一单元也是以"神话与传说"为主题，编排了《鲧禹治水》《大卫》《夸父逐日》三篇精读课文和《天上偷来的火种》《女娲造人》两篇略读课文。

《女娲造人》这篇神话故事讲的是开辟天地之后，有了日月星辰，有了山川草木、鸟兽虫鱼，单单没有人类，世界显得荒凉寂寞，于是出现了女娲。女娲同样感到孤独寂寞，她用黄泥捏成了像自己一样的生物，这个生物一触地便活了起来，而且还能叫"妈妈"。女娲非常欣喜，她把自己创造的这个生物取名叫人。接着又造了许多这样的人，又想出办法把小人分成男女，让他们自己去繁衍后代，这样，人类就世世代代延续下来了。从女娲这个人物

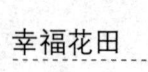

以及她"黄泥捏人""创造许多人""分为男女,延续后代"等造人过程看,可以体会到神话故事的想象丰富、奇特而有趣。

【教学目标】

1. 感受女娲、夸父的人物形象。

2. 复述故事,积累优美生动的词语。

3. 感受神话传说神奇而丰富的想象。

4. 激发学生继续阅读神话传说的兴趣。

【教学重难点】

1. 感受女娲、夸父的人物形象。(重点)

2. 复述故事,积累优美生动的词语。(难点)

3. 感受神话传说神奇而丰富的想象。(重点)

【课时安排】 50分钟 一课时

【教学设计】

一、学习《女娲补天》

1. 导入课题,内容梳理。

(1)导入课题。 师:之前,老师已经带大家学习了31、32两课的字词,这节课,让我们一起走进课文,看看课文讲了怎样生动的故事。我们先来看31课,来,齐读课题。(《31女娲补天》) (2)了解女娲。师:你对女娲有什么了解吗?传说中的女娲是一个人头蛇身的女神。她用黄泥捏成人,创造了人类,是人类的母亲。这篇课文就是讲女娲的故事。(3)整体感知,内容梳理。师:下面请大家拿出自主学习单,谁愿意跟大家分享一下课文先讲了什么,然后讲了什么,又讲了什么,最后讲了什么。指生说主要内容。

师评价:我听出来了,你是运用……的方法概括了这篇文章的主要内容。师(出示):课文先讲了自从女娲创造了人类,人们过着幸福快乐的生活(贴标题),然后讲了突然有一天天崩地裂,人们陷入了水深火热之中(贴标题),又讲了女娲求雨神熄灭天火,造船拯救洪水中的人们(贴标题),找齐五彩石和用神火冶炼五彩石补天(贴标题),最后讲了现在天边五彩的云霞传说就是女娲补天的地方。

师:大家看,如果按照文章的叙述顺序,把内容归纳为小标题,文章的脉络就更清楚了。

2. 以读代讲，体会"可怕"。

（1）师：同学们，传说女娲造人之后，人们一直过着快乐幸福的生活。不知过了多少年，一天夜里，女娲突然被一阵"轰隆隆"的巨大响声震醒了。发生了什么呢？出示："远远的天空……许多人在水里挣扎。"师：同学们，咱们都来读读，透过这段文字，你仿佛看到了什么啊？能不能把你想象到的画面读出来呢？评价：我仿佛看到人们正处于水深火热之中。（2）师：这黑黑的大窟窿，看着真让人毛骨悚然，再加上这一道道犹如猛兽血盆大口一样的深沟，似乎要将人类统统吞掉，如果你当时在场，看到这样的情景，你会是怎样的一种心情呢？把你的心情也读出来吧！指生再读。

3. 学习"补天"，体会艰难。

（1）师：面对着人类的灭顶之灾，人类的母亲女娲她是怎么做的呢？请大家自己来读读课文的2—4自然段，画出相关的语句并体会体会。（2）师生交流。句子1：她立刻去找雨神，求他下一场雨，把天火熄灭。又造了船，好救出挣扎在洪水中的人们。评价：这是女娲想出的办法。她还做了些什么？句子2：她忙了几天几夜，找到了红、黄、蓝、白四种颜色的石头，还缺少一种纯青石。于是，她又找啊找啊，终于在一眼清清的泉水中找到了。师：能不能说说你的感受？（找五彩石的过程非常艰辛）你是从哪里读出来的？引导学生说说为什么能从这些词体会到找五彩石的艰辛。生1：几天几夜（师：你抓住了这个表示时间的关键词体会到了女娲找五彩石的艰辛。真不错！）生2：找啊找啊……师：传说女娲找五彩石用了整整七七四十九天。尤其是为了寻找最宝贵的纯青石，她来到了高高的山冈上，来到了……出示：为了找到纯青石，她来到了高高的山冈上，来到了（　　），来到了（　　），又来到了（　　），还来到了（　　）。师：她踏遍了千山万水，克服了重重困难，最后，终于在一眼清清的泉水中找到了。多么不容易啊！谁愿意带着你的感受再来读一读？指生读。生3：终于……（师：你抓住了这个看似平常的关键词体会到了女娲找五彩石的艰辛。能不能把这种艰辛读出来呢？指生读。）师小结：同学们你们看，我们抓住句子中的关键词来体会有更大的收获。让我们一起再来体会着读出女娲寻找五彩石的艰辛吧！（齐读。）句子3：五彩石找齐了，女娲在地上挖个圆坑，把五彩石放在里面，用神火进行冶炼。炼了五天五夜，五彩石化成了很稠的液体。师：同学们，能把石头炼成液体，

这个神火的温度肯定很高。可是女娲却要在温度如此高的神火旁呆上五天五夜。你能想象出这五天五夜女娲是怎样度过的吗？（预设：在这五天五夜里，女娲不敢闭眼，怕一闭眼神火熄灭了，怕一走开，五彩石出了一丝的差错……即使热得头晕目眩，即使困得摇摇欲坠，女娲还是坚持着）同学们，你感受到了什么？（生：这是多么辛苦多么需要坚强的意志力呀！）师评价：我听出了你对女娲由衷的敬佩之情！能不能读出来？句子4：女娲把它装在一个大盆里，端到天边，对准那个大黑窟窿，往上一泼，只见金光四射，大窟窿立刻被补好了。（将动词变红）想象着女娲补天当时的画面，谁再来读读？（指名读。）（3）抓住"补天"，练习复述。（出示3、4自然段，将关键词句变红）师：同学们，刚才大家谈到的女娲寻石冶炼的过程是她最了不起的地方，大家能不能借助这些重点的语句，试着用自己的话说一说女娲是怎样补天的呢？（出示开头）同位两个互相补充着先来练习一下吧。同位互相练习，指两组进行展示。师：这就是复述课文。复述可以借助文章中的词句来说，它比概括文章的主要内容要详细一些。（4）感受女娲形象。师：历经了各种艰辛，克服了重重困难，女娲终于将天上的大窟窿补上了。同学们，此时你看到了一个怎样的女娲？

（预设）：善良，勇敢，不怕危险，甘于奉献。（师板书。）

师评价：同学们，女娲善良勇敢的品质，不怕危险甘于奉献的精神正是她最了不起的地方！也正是因为如此,关于她的神话传说才会一直流传至今。

二、拓展学习《女娲造人》

1. 师：同学们，今天我们就再来学习一篇关于女娲的神话传说，这个故事发生在《女娲补天》之前，叫作《女娲造人》。预习时吴老师也将这篇神话故事发给了大家。读过了吗？可是听课的老师还没有听过这个故事。那你能不能试着借助文中的重点词句给听课的老师讲一讲这个故事？

师评价：故事讲得真完整！还加上了自己的动作，故事更吸引人了！

2. 师：通过《女娲造人》的故事，你又认识了怎样的女娲呢？（聪明、神通广大）

三、学习《夸父追日》

1. 师：其实除了女娲之外，在我国的神话长廊中还有许多伟大的人物。比如——他！出示插图。齐读课题。

2. 《夸父追日》又讲了一个怎样的故事呢？谁能借助自主学习单来说一说这篇课文的主要内容。（课文先写了夸父追赶太阳的原因。然后写了夸父追赶太阳，最后长眠在"虞渊"的壮举，最后写了倒下的夸父变成一座大山，他的手杖化成一大片桃林。）

3. 师：追赶太阳的夸父又给你留下了怎样的印象呢？你是从哪里读出来的？读出你的感受来。学生说感受，找句子，谈理由。（师板书：向往光明，有征服大自然的雄心壮志，具有奉献、牺牲精神。）

四、总结提升，感悟神话丰富神奇的想象。

师：同学们，我们今天共同学习了三篇文章——《女娲补天》《女娲造人》《夸父追日》，你发现这三篇文章有什么共同的特点吗？（视学生小组合作讨论学习）

预设1：主人公和情节都是想象出来的。

引导方案：哪些地方让你觉得在现实生活中是不可能发生的，是人们想象出来的？（板书：想象丰富）（《女娲补天》：（1）从天边的五彩霞想象"补天"使用五彩石；（2）事情发生的起因场景神奇；（3）女娲补天的情节神奇。

《女娲造人》：（1）女娲造人的方法神奇。（2）泥人能变成人很神奇。

《夸父追日》：（1）夸父的神力神奇；（2）夸父喝水的情节很神奇；（3）夸父死后的变化神奇。）

师：同学们，这些由人们幻想中的神、鬼、人、仙、龙、凤动植物等编造出来的，有着奇丽幻想的故事就是我们第八单元要学习的神话传说（板书：神话传说）。像这样的故事还有很多（出示几幅图片），课后有兴趣的同学可以去读读《中国神话故事》，去感受更多的神奇，去感受更多神话人物的勇敢和智慧。

预设2：这三篇文章都是神话。（师板书：神话）

引导方案：那什么样的故事才能算神话呢？

预设3：主人公都是编造出来的，情节是想象出来的。

师：哪些地方让你觉得在现实生活中是不可能发生的，是人们想象出来的？（《女娲补天》：第一，从天边的五彩霞想象"补天"使用五彩石；第二，事情发生的起因场景神奇；第三，女娲补天的情节神奇。《女娲造人》：（1）女娲造人的方法神奇。（2）泥人能变成人很神奇。《夸父追日》：（1）夸

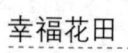

父的神力神奇；（2）夸父喝水的情节很神奇；（3）夸父死后的变化神奇。）

师：同学们，这些由人们幻想中的神、鬼、人、仙、龙、凤动植物等编造出来的，有着奇丽的幻想的故事就是我们第八单元要学习的神话传说（师板书：想象丰富）。像这样的故事还有很多（出示几幅图片），课后有兴趣的同学可以去读读《中国神话故事》，去感受更多的神奇，去感受更多神话人物的勇敢和智慧。

课程阅读习作汇

情迷《城南旧事》

我与林海音的相识，始于《城南旧事》，后来机缘巧合，我又重读《城南旧事》，便有了更加深刻的感受。当时我才二年级，拿起妈妈的这本书，似懂非懂地读起来，其实我对故事内容和人物关系都不很理解，只是想了解和我年龄相仿的小英子的故事和命运。

再遇林海音，是源于五年级的第一篇课文——《窃读记》，林海音童年时有趣的读书故事，让我迫不及待想重温《城南旧事》这本书。再读《城南旧事》，我的心情会随着书中人物的命运而跌宕起伏，当读到小英子对驴打滚儿的有趣解释时，我不禁开怀大笑；当读到疯子与小桂子相遇而不相逢时，我又为她们惋惜；当读到英子的父亲身患重病时，我也为英子难过。

因为"英子"情结，因为牵挂，所以情迷林海音，情迷《城南旧事》。

——杨籽萌

爬　山

微风越过了山，穿过了人山人海的城市，轻轻抚着我的面颊。一道红霞，正催着我们快点出发。我们踏着石路，经过了花儿的芬芳之地，上路了。

蝉早已不再歌唱，蛐蛐如泣如诉地朗诵：

星空再闪耀，秋光已在这里流淌。

请珍惜时光，

瞧，它正在轻轻地回荡。

黄昏，你为谁奏响，

属于秋的乐章？

再往前去，萤火虫在飘荡，树在沙沙作响，"我们奏响了秋的乐章！"泥土的清爽，夜莺的鸣叫，森林的黄昏，是多么的奇异！是任何地方没有的深远！是谁都比不上的静谧之地！它多么的神奇！在这里，你感受不到车水马龙的嘈杂，你感受不到心灵的烦恼，你感受到的是一份宁静的快乐！

不愿向秋天屈服的蝉儿啊，你为谁鸣？

——谭雅琳

日　落

我最喜欢看那日落了，日落很美，红色的太阳虽然不像夏天刺眼，却像一团燃烧的火焰。

每临黄昏时，太阳顺着山的那头小心地走下去，便在人们眼前展现出一

幅神秘、美丽而又迷人的画卷。太阳脱去了用金片做成的纱裙，换上了橘黄色的时尚、高雅的晚礼服。它看到天空妈妈把自己打扮得这么漂亮，不禁露出迷人的微笑。

一幢幢的楼房像披上了一层金色的纱，一片片云霞就像一只只凤凰，在天空中展翅飞翔，那些高山好像披上了一层美丽的黄色外衣。金纱做的衣服，也随风飘动，好像一个个跳动的音符，幻化出一首首美妙的乐曲，此时，我被眼前这景色所惊呆了：金色的山，金色的树，金色的太阳，这不就是人们一直向往的仙境吗？我这样琢磨着，眼前的太阳便又向下迈了一大步。

我观察着太阳的颜色，一会儿白加红，一会儿金黄色，一会儿半紫半黑，一会儿半红半黄，真是五彩缤纷。本来我以为，太阳每落一截，光就会暗一些。没想到太阳在自己即将落下去的时候，还用尽全身精力，为人们带来光明。

慢慢地，太阳已经到了地球的那一面，为那里的人们带来一个美丽的黎明，一个美好的希望。

——孙彤

小 店

这是一个坐落在许多高楼之间的，再普通不过的小店。人们总是会忽略小店门口的打折牌，行色匆匆地快步走过。

这天起雾了，其他小店都把门关上，整个城市霎时就没了生机。乌云在天空中翻滚着，犹如一个狰狞的魔鬼，要把一切吞掉。紧随而至的倾盆大雨，让人们手足无措。雨水一遍又一遍地冲刷着路面，路上出现了一汪又一汪小水洼。雨越来越大，小水洼很快变成了大水坑。过往的汽车疾驰而过，溅起的水花引得路旁行人不住地抱怨。雨水顺着小店的屋檐倾泻，就像是"黄河之水天上来"，路上的人们不得不到处找地方避雨。

可是哪儿有可以避雨的屋子呢？人们停住脚，望着那唯一一间闪着温暖灯光的小店。下了这样大的雨，连天空都不高兴地沉下脸来。整个城市黑黝黝的。这时，那间小店的灯仿佛更亮了。店主打开门，一股甜美的气息被释放出来,伸出它们那一双双充满温暖的手跟人们打着招呼。浑身湿漉漉的人们难以拒绝这甜美的邀请,一股脑地冲进了小店。

店里,商品架整齐有序地摆放,美味的甜点琳琅满目。墙角的休息区里摆放着几张橘黄色的布艺沙发,电视机里播放着今日暴风雨的新闻。走进店里的人们早已饥肠辘辘,纷纷掏出手机买下了香喷喷的新出炉的面包,连打包袋都来不及拿就狼吞虎咽地吃了起来。而店主只是笑而不语,默默地从屋里拿出一条条温热的毛巾递给人们。

忽然,店主好像想起了什么,飞一般地冲出小店,把门外被淋湿的打折牌扛了进来。人们之前并没有注意到这块打折牌,直到今天才终于有机会仔细地看看:"小店今日特价,面包买1赠1,甜品与饮料全部八折哦!"在这场暴风雨中,这块普通的牌子变得格外耀眼,避雨的人们不约而同地会心一笑。

雨停了,人们还徜徉在下雨的时光里,久久不愿离开。那纷飞的雨点,只求激起片片涟漪,洒落在窗上,滴落在叶子上,滋润进人们温暖的心里。

——赵英彤

幸福花田

箐箐校园　琅琅书声

幸福课程二

古诗吟唱歌声嘹亮课程

萦绕着

清泉幽兰

古韵古香的花语

古诗词吟诵特色课程纲要

井 杨

【课程开发前言】中华优秀传统文化是我们最深厚的文化软实力，也是中国特色社会主义植根的文化沃土。以立德树人为根本，传承中华优秀传统文化已成为每一位基础教育工作者的职责与使命。

吟诵是传承中国文化精神的重要手段，包含了中国文化精神的精髓，无处不渗透着中国文化对世界和人生的理解。通过吟诵的方法所传递的中国文化精神对孩子们身心发展与人格养成起到了潜移默化的作用。

2019年初，济南市市中区教育局开办了"中华优秀传统文化吟诵师资培训班"。担任吟诵班讲席的是全国知名学者、江苏省非物质文化遗产唐调代表性传人、苏州市诗词协会会长魏嘉瓒先生。魏先生平易真诚、一丝不苟的教学让我们受益匪浅。正是因为这个契机，让我了解到了什么是"吟诵"，从而产生兴趣，想实施于课堂教学。3月，我在所教班级设立了"吟诵小组"，进行了小范围的吟诵初探，并在学校135课题中期特色课程展示中获得领导老师的一致好评。

根据学情，再结合我自身的语文教学，故开设"古诗词吟诵"特色课程。让学生欣赏原文的形象美、意境美、韵律美，提高审美能力，陶冶情操，加强修养，丰富思想。更重要的是把传统文化的种子播撒到学生幼稚的心田，让他们成长的根深深扎在民族文化的沃土里。学生在和古代诗文、文学家、圣人的直接对话中，汲取丰富的营养，为他们的人生奠定良好的文学基础，对古诗文的兴趣也可以大大地激发他们学习语文的兴趣。

【课程理念】课程总目标中也说道："认识中华文化的丰厚博大，吸收民族文化智慧。关心当代文化生活，尊重多样文化，吸取人类优秀文化的营养，提高文化品位。"中华经典是中华民族精神的积淀，学习并积累传统经典，对中华文明的传承，弘扬和培育民族精神，增强民族创造力和凝聚力具有不可估量的价值。

通过吟诵涵咏鉴赏文质兼美的诗文，获得情感体验、心灵的共鸣和精神熏陶，提高学生的审美水平、人文素养和语文素养，对形成"良好的行为规范、深邃的哲学思想、质朴的道德操守、高雅的审美情趣"有重要作用。

【课程目标】雅韵吟诵学习目标：

1. 根据曲调，由声入境

吟诵区别于朗诵的主要之处就在于：吟诵是有曲调的。在学习吟诵的最初阶段，先模仿现有的吟诵曲调。例，魏嘉瓒先生的家传调以及葛毅卿先生传调。在模仿的过程中，再渐渐感受其中的情感、发掘其中的规律。

2. 字正腔圆，感受韵味

在小学阶段，要保证学生对诗句的理解，还是要从基础抓起。先吟准字音、吐字清晰，做到所谓的"字正"，再通过拖音，使声腔饱满，做到所谓的"腔圆"，字正腔圆是对吟诵的基本要求，以此来感受诗歌的韵味。

3. 根据节奏，培养语感

在诗歌中，节奏能显示语言的顿挫。节奏的停顿、延长等能够表达不同的语义，语气的急剧、舒缓又能表达不同的感情。在教学生吟诵时，主要需掌握每个字词音节的节奏和每一句诗句停顿的节奏。

4. 领悟诗意，体验情感

教育家叶圣陶曾对吟诵做出过以下要求："令学生吟诵，要使他们看作一种享受，一遍一遍地读来入调，一遍一遍地体会亲切。自然达到熟练的境界。"在进行古诗词吟诵教学时，需要让学生反复地吟诵，由此来领悟诗意，体验情感。

雅韵吟诵能力目标：

1. 吟诵传唱能力

诗词吟诵，典型地体现出中国传统声乐的形态特征。吟诵音调还体现出我国传统文人音乐创作的能力和水平。通过吟诵教学，让学生了解汉语的魅力，提升学生的传唱古典诗文的能力。

2. 传承创新能力

吟诵需要传承，更需要创新，可通过播放吟诵音频、视频，使学生把握吟诵规律，再进行师生合作吟诵活跃课堂教学，最后对吟诵进行自创，让吟

诵走进语文课堂，开创语文教学的新局面。

雅韵吟诵情感目标：吟诵艺术的传承，可以让后人知道，我们的祖先曾经创造过这样一种优秀文化，增强中华民族艺术自豪感，进一步激发出学生为中华民族繁荣富强奋发努力的热情。

【课程内容】在学习吟诵的最初阶段，我们先模仿现有的吟诵曲调。在模仿的过程中，再渐渐感受其中的情感，自然就会感受到其中的规律。

1. 魏嘉瓒先生家传调：古风古韵，五言绝句和五言律诗的格式完全相同，各有四种格式，简单易学。（每种调式各学习1首古诗）

2. 葛毅卿先生传调的七言绝句、律诗与歌曲相近，各有四种调式朗朗上口，好听易学。（每种调式各学习1首古诗）

3. 学习吟诵词，例如《诗经·关雎》等。

4. 在学生基本掌握吟诵的曲调之后，应要引导学生通过声音走进作品的意境、走入作者的情感世界。老师带领学生一起展开想象，一边吟诵，一边引导学生去想象诗词中所描绘的画面，去想象作者当年创作诗歌时的情景。音乐很容易左右人的情绪，当学生们用着或低回沉郁或高亢嘹亮的曲调吟诵时，作品所蕴含的感情会更深地镌刻在他们心中，让其感同身受。

【课程实施】古诗词鉴赏的一个重要目的在于使学生在有声语言中感受意境之美。学生进入古诗词意境，先理解其内容，后反复地进行吟诵；吟诵过程中，声音应当根据作品意境，抑扬顿挫、疾徐变化、婉转曲折，这样才能获得美的享受。

古诗词吟诵课程在中高年级开设，通过课余时间及选修课进行课程与提高指导。课上以个人或小组为单位，接诵、小组竞赛，课下在吟诵小组群中吟诵打卡。定期组织各种形式的吟诵竞赛活动，每学期举行一次吟诵古诗词汇报展示活动。

【课程评价】学校课程管理委员会对教师专属课程的实施进行过程性的指导管理，实行课程三级管理机制：校长室负责对课程的开展进行统一的课程实施安排；教导处负责课程的管理与协调工作；教师个人对参与课程实践体验的学生进行具体的管理和评价。过程性评价：

1. 课上以个人或小组为单位，接诵、小组竞赛，合格者盖章通过。

2. 课下在吟诵小组群中吟诵打卡，合格者盖章通过。

总结性评价：

1. 定期组织各种形式的吟诵竞赛活动，采用学生自评，学生互评相结合的方法对学生进行评定，评出此学期"吟诵优秀学员"。

2. 每学期举行一次吟诵古诗词汇报展示活动，录像后，采用教师评价、小组互评相结合的方法根据学生表现，评出"吟诵最佳小组"。

【课程研发价值与效能】

1. 吟诵符合诗文的阅读方式。理解一篇文章，首先要读，通过反复吟诵、琢磨、体会，才能感受文章的魅力和思想内容。可以说，吟诵是基础，是前提，通过吟诵，我们可以感受诗文的幽微精妙，较难理解文章的思想内容，品味语言特色。

2. 吟诵符合诗歌的节奏。古典诗歌不仅讲究字的含义，还重视格律与声音，寻求一种语言的节奏感，形成了对诗歌吟诵的节奏。

3. 吟诵符合学生的学习方法。学生获取知识的途径是眼睛看、耳朵听、动手写、开口读，单一的学习方法不如多种学习方法的记忆效率高。如果加上开口吟诵，记忆的效果更佳。

4. 吟诵符合学生的心理。学生的接受能力强，学习能力强，接受古诗词的吟诵也会比较快。另外，吟诵与音乐有直接的关系。吟诵可以让学生在优美的旋律中掌握词曲诗文，朗朗上口，轻松愉悦，也可省去苦记苦背之味。

古诗词吟诵的特色课程的开设，不仅让学生欣赏原文的形象美、意境美、韵律美，还可以提高审美能力，陶冶情操，加强修养，丰富思想。更重要的是这个课程的开设可以把传统文化的种子播撒到学生幼稚的心田，让他们成长的根深深扎在民族文化的沃土里，汲取丰富的营养，为他们的人生奠定良好的文学基础，大大地激发他们学习语文的兴趣。

吟诵《登鹳雀楼》课程设计

【课程目标】知识目标：

1. 引导学生学习掌握平长仄短吟诵规律。

2. 吟准字音、吐字清晰，再通过拖音，使声腔饱满，以此来感受诗歌的韵味。

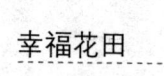

能力目标：

1. 通过吟诵教学，让学生了解汉语的魅力，提升学生的传唱古典诗文的能力。

2. 吟诵需要传承，通过播放吟诵音频、视频，使学生把握吟诵规律，再进行师生合作吟诵活跃课堂教学，让吟诵走进语文课堂。

情感目标：

1. 吟诵教学时，需要让学生反复地吟诵，由此来领悟诗意，体验情感。

2. 增强中华民族艺术自豪感，进一步激发出学生为中华民族繁荣富强奋发努力的热情。

【教学重点】 引导学生学习掌握平长仄短吟诵规律。

【教学难点】 平长仄短吟诵规律采用大家引领和教师范读、学生学读来突破。

【课程实施】

一、谈话导入

中国文字历史悠久，意蕴悠长。而当你读起它们，那变幻无穷而又美妙动听的韵律便会从你的唇齿间缓缓流出。今天，就请同学们跟随老师，一起来感受汉字的声音之美。

二、吟诵初识

1.（课件出示《登鹳雀楼》）老师这里有一首诗，哪位同学能用你认为最美的声音来读一下……你们读得可真有气势呀！

2. 太阳依傍山峦渐渐落下，黄河向着大海滔滔东流……此诗开笔就有缩万里于咫尺，使咫尺有万里之势，老师不禁想要大声吟起这首诗……

3. 你们觉得老师读得怎么样？你们发现了老师的读法和我们平时朗读古诗不一样。那是因为，这些文字长长短短的读音中藏着许多秘密，而老师这里有一把开启声音秘密的钥匙，想不想要？这把钥匙的名字叫作"平仄"（板书"平——仄"）。刚才老师读诗的方式叫做"吟诵"，就是根据平长仄短的规则来诵的。

领读"平"（拖长音）、"仄"（读短）。

平：一、二声　　仄：三、四声

三、五言绝句如王之涣《登鹳雀楼》（仄起）

白日依山尽，黄河入海流。

｜　—　—　｜

欲穷千里目，更上一层楼。

—　｜　｜　—

1. 吟诵符号：为了方便同学们吟诵，老师用一些吟诵符号为《登鹳雀楼》做了标注。（课件出示，同时讲解：横代表平，竖代表仄。指导诵读时配合手势）。画一句平仄长短，教学生读句子。第一、二句。

2. 学生学习试着画第三、四句。

3. 练习标画，熟悉"平仄"这个概念。

白居易《池上》（平起）：

小娃撑小艇，偷采白莲回。

—　｜　｜　—

不解藏踪迹，浮萍一道开。

｜　—　—　｜

吟诵近体诗，首先要知道是平起还是仄起。所谓平起仄起，是看第二个字，第二个字是平声就是平起；第二个字是仄声就是仄起。

《登鹳雀楼》（仄起）：

白日依山尽，黄河入海流。

｜　—　—　｜

欲穷千里目，更上一层楼。

—　｜　｜　—

4. 播放魏嘉瓒先生吟诵的《登鹳雀楼》。（1）播放第一句"白日依山尽"。①学生跟读。②教师是示范指点读。③再播录音，学生自主练习，指名吟诵，全班吟诵。（2）播放第二句"黄河入海流"。教学实施步骤同上。播放音频3、4句。①学生自主练习。②指名吟诵，教师相机指导。

引入：平长仄短。一、三、五不管，二、四、六分明的概念。

四、练习展示，体会韵味

同学们，吟诵就是这么简单，但是初学吟诵，还是需要大家在理解古诗文意思的同时，多听吟诵音频，读出古诗文的韵味。

1. 小组交流展示，不同小组吟诵，关注学生平长仄短以及声音调准等问

题,及时进行调整示范。

2. 男女生组合式展示。

3. ①男生齐诵古诗前两句。②女生齐诵古诗后两句。③男生吟诵前两句,女生吟诵后两句。(关注学生平长仄短以及声音调准等问题,及时进行调整示范。)

4. 全班吟诵。师:让我们感受古风古韵,让我们加上你想加的动作,全班一起吟诵《登鹳雀楼》。

你们看,我们读到的所有美妙绝伦的诗文,都是古人这样且行且吟创作出来的。所以古诗文不仅仅是纸上的文字,更是声音的文学。通过吟诵这首诗,我们看到了汉字的另一种美,感受着诗文曼妙的韵律,透过声音走近诗歌、走近诗人的心。

师生吟诵课程故事汇

吟诵是中国传统读书法,2019年1月(寒假),我参加了市中区教育局举办的"中华优秀传统文化吟诵师资培训班",有幸聆听了魏嘉瓒先生吟诵课程。初次学习,我对此产生了兴趣。吟诵教学的目标更重要的是把传统文化的种子播撒到学生幼稚的心田,让他们成长的根深深扎在民族文化的沃土里。对古诗文的兴趣也可以大大地激活他们学习语文的兴趣。在学习吟诵的最初阶段,我们先模仿现有的吟诵曲调。我想把"吟诵"渗透到教学中,由于是初探阶段,所以采取"大范围接触,小范围实践"的策略,利用课前、课间等零碎时间让全班听音频,跟着吟诵,慢慢对吟诵产生兴趣。在模仿的过程中,再渐渐感受其中的情感,自然就会感受到其中的规律。

在教学中"平仄"概念好理解,但真正摸清音韵,着实有点困难。孩子们可以跟读音频吟诵,但一旦自己吟诵的时候难免羞涩,所以后期采用多种展示形式,虽然懵懵懂懂,但大大提高了孩子们的积极性。我成立了吟诵小组,利用课下、课间(荷韵园)、放学后等时间,学习吟诵了魏嘉瓒先生、葛毅卿先生吟诵的部分古诗。指导学生进行模仿吟诵练习,同时为孩子们提供展示交流的平台,在班级群内让学生们上传录制的吟诵语音,相互学习交流,我也定时将大家的吟诵语音和我的范读发到群内,大家引领和教师范读、学生学读渐渐成为我们这个吟诵课程的落实方式,对课程的顺利实施起到了很好的保障作用。

师生在吟诵课程中的坚持和努力,初见成效,我带着15名同学在135课题中期成果汇报中进行展示,雅韵吟诵声情并茂,孩子们着汉服执团扇,声韵调满应和着荷韵园小桥流水潺潺,古韵吟诵的课程魅力博得专家领导们的阵阵掌声,并获得参与学校专题片录制的机会。雅韵吟诵传统文化的根更是深深扎根在师生心中,每每听到古韵吟诵声起;每每看到孩子们专注而认真的脸庞;每每目随形动清韵高亢;每每手随声发翩若惊鸿……那一种油然而生的自豪感,萦绕心头,我想,这就是课程带给我们师生最大的收获了吧!

模仿而学,学而有生。虽然在我的吟诵课程教学实践中,有些措施显得肤浅,有的落实还不是很到位,但我相信,当孩子们小学毕业时,其收获的知识会灿烂绽放如梅花香传一路。

——井杨

井老师为我们找了好几个时间段来训练,这次吟诵的古诗文是《登鹳雀楼》和《枫桥夜泊》,这两首诗我们都学过,所以理解诗意的难度就少了些。原先我们在早读时听过,也算是了解了吟诵的一些知识了,没有了第一次我们听吟诵的录音时,因为之前没听过那种缓慢曲折的长吟,所有同学都捧腹大笑的场景。记得井老师告诉我们,那些长腔就是长吟,古人都是通过吟诵来读书的。慢慢地,通过不断练习熟悉了这种音调。老师还教我们在纸上标注出声音的走向,跟着走向练习起来就容易多了。

听了很多遍大家音频,还有井老师亲自示范,对于我来说也算是得心应

手了。但是十几个人在一起练习中又出现了一个问题，容易跑调，老师为了解决这个问题，让男生女生分别吟诵，能更好地分辨出哪里跑调了，然后让我们反复听录音，修改错误的音调，吟诵得越来越好了，特别是穿上了古韵汉服，手持自己画的荷花团扇，排练起来更是有精神。

现场展示的那天，同学们穿上了漂亮的古代学童的服装，手中拿着扇子，脸上化着妆站在荷韵园的小桥上，女生错落地坐在桥上，缓缓吟诵着旋律优美的诗句，男生从亭子那儿轻轻摇动着扇子走出来，最后我们一起走到桥中间，一起摇头长吟……那情景，至今萦绕在我的脑海，久久不能忘怀。

——朱可欣

以前，我总是觉得背古诗太枯燥了，所以一看见古诗就头疼，不肯背。即使是老师硬要我们背，我也理解不了其中的意境。但是自从那次我们参加了古诗吟诵现场展演，师生一起吟诵充满古韵的诗词，手执扇子，从小木桥吟诵而来，清腔长韵实在是韵味十足！我就改变了以往对古诗的态度，我也感受到了古诗的魅力。那简简单单的一首诗，就是一篇文章，甚至是一本书。古诗散发出一种难以抗拒的魅力。

读诗，让你成为一个有内蕴的人。王维的诗中有画，明明只是读诗，眼前却常常表现一幅幅画面。"大漠孤烟直，长河落日圆""明月松间照，清泉石上流"，这些脍炙人口的诗句并没有新奇的结构，奇特的想象，绚丽的情思，有的只是平淡如水，近乎白话的语言，可却有一种难以言喻的魅力，使人一遍又一遍的去读去品。其实，做人何尝不是这样呢？追求名利，跟随潮流，让自己金光闪闪，其实只是为了掩饰自己空白而又自卑的心罢了。一个真正自信的，有才华的人并不需要这些外在的修饰，他仅仅是站在那里，就有一种让人折服的气场。"天然去雕饰，清水出芙蓉"的美才是真正的美，它是由内而外的。所以，读诗吟诵，让我们成为一个有内蕴的人吧！

——张宸豫

当我们第一次听到吟诵《枫桥夜泊》的时候，全班不约而同地笑了，觉得调子忽高忽低，非常不适应，你看"月落"都是一声调，"乌啼"乌就要拐好几个弯实在是有难度啊！"霜满天"都是顿音，"江枫"都是向下走的，"渔火"的"渔"是一声调，"火"是高的但要短促一些，"对愁眠"是低一高一低，"姑苏城外寒山寺"除了姑苏以外其他的都在高调上，"夜半钟声到客船"这一句是拖的时间最长的。练习开始了，老师首先将"任务"分工，《登鹳雀楼》让男生接手，绝句就由我们女生来接手，《枫桥夜泊》集体完成，女生在吟诵时极为轻松，正是因为我们的气息足够，只需要再练习练习，加强一下。男生女生各有各的特点和方法这不是很轻松就完成了吗？枫桥夜泊也能轻松掌握了，只要我们将各自的方法融在一起，团结一致，我们不就成功了吗？

——邵子菡

师生一起吟诵唐代诗人王之涣《登鹳雀楼》："白日依山尽，黄河入海流。欲穷千里目，更上一层楼。"歌声淡去，余音袅袅。诗词吟罢，口留清香。吟诵祖国优秀的传统文化，可以说是一份宝贵的精神财富，利用这份宝贵的精神财富，让我们在吟经诵典中养德行，学会了做人。它时时提醒我：谦虚使人进步，骄傲使人落后，学无止境，登高才能望远。人生就如诗一样，如果你想有丰富的知识，就必须"更上一层楼"。如果你想把美景尽收眼底，就必须站得更高更远。如果你问我，世间最迷人的香味是什么，我一定会毫不犹豫地回答：便是那书卷中的淡淡墨香了，还有穿行在吟诵经典之间的那份美好和自然。

——赵浩月

吟诵是一种美，这种音调让别人尝不出它的美，它的声音韵味十足。我在这其中感受到了不同的乐趣。尤其是我们在学校荷韵园现场吟诵的场景，更加增添了它的意境美。当时我还没上场时，我很紧张，怕出错，怕唱错，怕说错话……反正内心各种的情绪在我脑海中交杂。一会儿我们就登上了那座小桥，我进入情境，就体会到了一种从来都没有体验到的感觉，那是第一次。慢慢地，慢慢地，我就仿佛身在仙境里一样，一点也不怕紧张，一点也不怕

幸福花田

出什么差错，那种感觉也是一种新的体验。通过吟诵我感觉到，做什么事情都不要慌，哪怕是你在台上众多人都看着你，你也不要紧张也不要害怕，放心大胆地去做。除非，你平时不好好练习，要不然你肯定不会紧张。总而言之，你就要相信自己，慢慢去克服自己心里的恐惧，坦然地去面对。

——刘亚轩

歌声嘹亮特色课程纲要

吴文君

【课程开发前言】"唱会歌、唱好歌、会唱歌" 是著名中小学音乐教育专家吴斌老师在"全国中小学课堂唱歌教学展示与研讨会"上的总结发言提出来的中小学唱歌教学的"九字方针"。我认为"唱会歌"是人的本能，是人人都具备的能力。现在的社会传媒这么发达，人们可以借助多种传媒学会歌曲。"唱好歌"主要针对教师而言，需要教师在教学中对学生的歌声提出要求，选择适合学生年龄阶段的歌曲。"会唱歌"的要求很多，范围也很广，主要涉及声乐技能技巧的学习，同时加以适当的肢体语言来配合歌曲传递的情感，声情并茂演绎歌曲。基于这样的思路，学校决定利用每周五的时间对全校学生进行"歌声嘹亮"特色课程，全面提升学生的艺术素养。

【课程理念】和谐教育的要求，归根结底，是德、智、体、美、劳五育并举，把学生培养成全面发展的人才，并培养学生的创新精神和创造意识。而学习歌唱好处多多，歌唱是人类自古以来的一种本能。是人们很好的一种情感表达方式。一个不会唱歌的人，是很难以想象的，也是不适应时代和社会的要求的。而生活中经常喜欢唱歌，喜欢音乐的朋友，会有更多的快乐，有更多和朋友交往的机会。通过歌唱的学习过程，进一步去学习音乐的基本知识和基本技能，提高审美的能力，从而培养健康的审美情操和良好的音乐素养。

【课程目标】

1. 知识与技能：能够用自然的声音，按照节奏和曲调有表情地独唱或参与齐唱。能采用不同的力度、速度表现歌曲的情绪。每学年能够背唱歌曲4-6首。

2. 能力目标：学习声乐，教会学生学习科学地用嗓，要懂得保护自己的喉咙，不乱喊乱叫，同时，提高学生的发声质量，使他们的声音更圆润，更甜美。引导学生能够配合歌曲加上优美的肢体动作，能够在律动、集体舞、音乐游戏、

歌表演等活动中与他人合作。

3. 情感态度与价值观：培养学生一定的审美习惯和审美观点。体验不同情绪的音乐，能够自然流露出相应表情或做出体态反应，体验并说出音乐情绪的相同与不同。

【课程内容】"唱会歌"是指学会歌曲的部分，即教师采用什么样的方式让学生学会歌曲。简易的歌曲可以是结合视读乐谱的方式学会歌曲，较长和较难的歌曲，可以是通过多聆听的方式让学生学习歌曲。总之，在"唱会"的阶段，建议能采用最灵活、最快捷、最有效的方式让学生较快地"唱会"歌曲。

"唱好歌"是指能用好的声音、正确的情感表现歌曲。这个阶段主要体现教师的指导，指导学生用"好的声音演唱"，那么就应该对学生演唱技能进行指导；用"准确的情感"表达歌曲，那就应该研读歌词，理解歌曲表达的情感。指导学生"唱好"歌曲，应该是音乐教学中的重点部分，因为我们唱歌教学的主要目标是在"演唱表现中培养学生的演唱表现技能"，对学生进行"唱好歌曲"的指导也是学生形成演唱技能的重要阶段。

【课程实施】歌声嘹亮课程在小学义务教育阶段1-6年级开设，通过每周周五下午半小时的时间和周五下午选修课时间活动，对全校学生和参加艺术培优的学生进行合唱的提高性学习，结合每学期主题欣赏学习歌曲，定期进行全校各班级的交流和展示，积极引导师生参与校级、区级的展示与比赛，提高师生艺术素养和技能。

【课程评价】学校课程管理委员会对教师专属课程的实施进行过程性的指导管理，实行课程三级管理机制，校长室负责对课程的开展进行统一的课程实施安排；教导处负责课程的管理与协调工作，教师个人对参与课程实践体验的学生进行具体的管理和评价。课程实施过程性评价，制定课程实施计划，严格按照时间段进行课程学习和指导，同时在课程学习的过程中采用课程学习跟踪性评价，让孩子们课程学习活动有秩序，确保特色课程的顺利实施。选择适合学生学习的歌曲，每月更新作品，定期进行学校"最美好声音"评比活动。

【课程研发价值与效能】声乐艺术，是一种审美的艺术，不管什么歌曲，都紧紧围绕着生活，围绕着我们的情感。在歌曲中，我们体会着喜、怒、哀、乐等各种情绪，在潜移默化中，培养我们一定的审美习惯和审美观点。"这首歌真好听""我最喜欢唱这首歌了"这其实就是一种审美取向的体现。久而久之，形成我们特定的审美思想。

"歌声嘹亮"课程设计

《我和我的祖国》

【教学目标】为庆祝中华人民共和国成立70周年，培养学生爱国主义情怀，在歌声嘹亮时段进行《我和我的祖国》的学习与表演唱，通过重点乐拍和旋律情感的体会，引导学生学会感悟人们对祖国之爱的情感，体会歌曲爱国主义思想和艺术性的融合。

【教学过程】歌中自始至终没有一句豪言壮语的表白，而是通过河流、高山、炊烟、大海、浪花、清波等诗一样意境，借助一些美好意象表达人们对祖国之爱，既具有艺术的感染力，又将人们的共性激情优美融入，达到思想和艺术性相结合。

因此，《我和我的祖国》是一首具有永久魅力的深受人们喜爱的抒情歌曲。

1. 歌曲节拍是3拍子的，并且是采用了8/6和8/9的变换三拍子节奏，旋律哼唱起来会有什么样感受呢？（让学生体会音乐的韵律感和起伏感）

2. 歌曲采用舒展流畅的旋律，6/8、9/8的三拍子，有主歌有副歌的并列二部曲式结构，不强调装饰性，而让其自然流露，这样既朴实大方，又亲切感人，生动形象地表现了每一个人和生他养他的祖国的血肉联系，可以这样说，在词曲结合的领域中，已经达到了相当程度上的"恰到好处"。

3. 音乐的结构是：AB两个部分组成的并列二部曲式。从音区的变化，音高的变化和旋律的上行级进中体验热爱祖国的激情在升华。连接部分：歌曲有很多的表现方式，那就是由于演唱方法和技巧的不同会给人带来不同的感受。

4. 通过学习歌曲，初步感知和熟悉歌曲的旋律，能较好地表现歌曲的节奏及旋律特点。

5. 教师范唱歌曲《我和我的祖国》。

6. 复听歌曲，说说歌曲的演唱形式，了解歌曲的演唱形式。

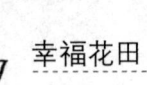

7. 轻声哼唱歌曲感受歌曲的节拍（6/8 和 9/8）。

8. 处理一字多音的问题，再次跟唱。

9. 连音部分，要唱连贯，跟音乐唱。

10. 处理情绪：

A 段旋律起伏，优美动听，深情地表现了人们对祖国的依恋；

B 段采用了混合节拍，充满激情，以八度的大跳直接进入高潮，形成了鲜明的音区对比，进一步抒发了共和国公民无比热爱自己祖国的深厚感情。

11. 处理最后反复部分：高音和结尾。让我们共同祝愿伟大的祖国繁荣富强，祝愿全国各族人民幸福安康！

幸福课程三

数学益智课程

幸福花田

益智游戏特色课程纲要

刘 帆

【课程开发前言】益智游戏特色课程的开设，得益于我国近十几年科学技术的突飞猛进和我校教师专属课程启动。近年来，随着我国综合国力的不断提高，科学技术的发展要求也随之提高，而科技的发展之基础，是被称为科学之母的数学。所以数学的研究发展开始引起普遍重视。教育部在2011年修订了数学课程标准，提出要培养学生的问题意识、应用意识和创新意识，积累学生的活动经验，提高学生解决现实问题的能力。同年，还提出了在义务教育阶段应发展学生的十大数学核心素养：数感、符号意识、空间观念、几何直观、数据分析观念、运算能力、推理能力、模型思想、应用意识、创新意识。

在践行我校"为人生幸福奠基"的办学理念下，我注重培养学生的数学应用意识和数学方法与思维。在这一理念指导下，我结合数学课程内容，让学生收集身边的数学知识和数学应用，整理成手抄报的形式，在班级外墙进行展示，有"巧测土豆体积""春节账单进行时""压岁钱的奇妙旅行""超市省钱大作战"等系列专题的研究实践。这个过程中，学生运用收集数据、统计数据、分析数据等统计方法，以及排水法等常用方法，养成了用数学方法和数学思维解决问题的习惯。在社团活动中，我带领学生进行了益智学具的探索，先后研究了三阶魔方、汉诺塔、双M环等学具，连续两个学期进行了益智学具大赛，既锻炼了学生动手操作能力，又提高了学生的观察、探究能力，同时受到领导老师和学生的推崇与好评。为了进一步促进学生的应用意识，我组织学生参加了校讲题大赛，备题时着重让学生从生活中的事例中寻找，使学生发现数学与生活的联系。在日常授课中，关注实践活动的开展，如莫比乌斯环——动手制作神奇的单面纸带、投骰子——研究游戏背后的概率问题、两数之和的奇偶性——从不同方面论证猜想等。经过一系列的课程，使学生了解数学、喜欢数学、会用数学，逐渐成长为具备新时代数学素养的合格人才。

【课程理念】《2011年课程标准解读》中写道：数学的一般性和严谨性决定了数学广泛的应用性。数学与人们的日常生活、学习、工作息息相关。原则上，凡是与数量和图形有关的东西都可以成为数学研究的对象。特别是在今天，随着信息科学技术的飞速发展，人们几乎可以把任何信息数字化。正是因为这些变化，使得数学的应用领域越来越宽泛。以数学的应用性为突破点，才能做到人人都能获得良好的数学教育，不同的人在数学上得到不同的发展。

【课程目标】益智游戏课程作为教师结合自身教育和教学特点，创新研发的专属课程。本着"理解数学、运用数学、喜爱数学"的课程实施原则，以培育适合国家发展的具有数学素养的人为主要目标，让学生在课程学习实践中，在掌握基本数学技能的基础上，能获得丰富的数学情感，进而形成数学方法和思想。以学生的数学发展理念来指导课程的实施，以我们身边的数学实践为创新结合点。围绕这个主要目标，确定了以下具体目标：

1. 数学技能目标：通过手抄报、手工制作学具等活动，使学生掌握一定的统计方法，如收集数据、整理数据、分析数据的方法。同时用动手制作学具，发现周围事物的几何性质，能获得较好的空间观念。

2. 数学素养目标：在社团活动中，通过多种益智学具的研究，发现其中的规律和特点，培养以数学眼光观察事物的习惯。通过讲题大赛、益智学具大赛等活动，提高学生的表达能力、思考能力等综合能力，从而促进学生对数学发展出正向情感，进而提高数学素养。

3. 数学意识目标：在实践作业中，把课本知识与生活所见联系起来，创新性地使用知识解释现象和问题，提高自身对数学技能的应用意识，能用数学的方法去解决问题。

【课程内容】课程开设内容主要是基于数学课程的实践性作业和益智学具的基础知识普及学习。学习收集数据、整理数据、分析数据、用合适的方式呈现数据，能把所学知识运用于实际生活中并解决相关问题，还能从生活中遇到的问题，提炼出数学问题，然后使用合适的数学工具进行解决。了解魔方的历史和发展，能还原三阶魔方甚至高阶魔方。了解汉诺塔游戏的起源

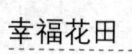

和规则，能熟练掌握多阶汉诺塔的玩法，通过探究最优步骤，发现、掌握其中规律。

【课程实施】我身边的数学课程在小学义务教育阶段1—6年级开设，通过年级数学课普及与校本课程社团培优两种形式进行课程与提高指导，每周周五一个半小时社团培优活动，对年级学生和参加培优的学生进行集中性的学习。定期进行成果展示和创意作品的交流与展出。

【课程评价】学校课程管理委员会对教师专属课程的实施进行过程性的指导管理，实行课程三级管理机制：校长室负责对课程的开展进行统一的课程实施安排；教导处负责课程的管理与协调工作；教师个人对参与课程实践体验的学生进行具体的管理和评价。

课程实施过程性评价，制定课程实施计划，严格按照时间段进行课程学习和指导，同时在课程学习的过程中采用课程学习跟踪性评价，对孩子们课程学习的安全使用益智学具，做到课堂学习纪律有保障、操作活动有秩序，确保师生课程的顺利实施。学生实践作业，制作的学具，定期进行作品交流展示并及时记录，纳入学生课程学习评价中，学期末根据孩子们作品以及参展交流的情况进行分析汇总，以"数学大王"小印章获得的数量还有孩子们课程学习过程性评价综合进行"数学之眼"奖状形式的表彰和激励，保障课程的顺利实施和学习成效。

【课程研发价值与效能】益智学具、实践活动等系列创新和尝试，是把抽象的数学知识赋予到具体的生活事务中，把枯燥的定义、规律赋予丰富的情感，让学生在活动中建立数学和生活的联系，用生活实例理解数学知识，用数学方法解析生活中的事物和问题。每学期进行作品展览和益智学具交流活动，鼓励学生们静下心来，用发现的眼光、赞美的眼光、数学的眼光认真参与整个学习和实践的过程。特别是每学期一次的益智学具大赛，鼓励孩子们勇于挑战自我，为学生搭建更广阔的展示平台，提高学生们学习的积极主动性。课程的实施使学生的思维变得活跃而飞扬，能够多层面、多角度、多方式思考问题，逆向思维、逻辑推理能力大幅提高，观察力、注意力、记忆力等获得大幅提升，对师生交流的水平提得更高，家长与孩子之间亲子关系更加和谐。

汉诺塔益智学具课程设计

【教学目标】

1. 了解汉诺塔的起源和游戏规则，建立规则意识。

2. 在游戏中，体会思维的有序性，锻炼学生的空间记忆能力。

3. 寻找到游戏策略，掌握其中方法，渗透递归思想。

4. 通过思考游戏中的规律，经历归纳、猜测、验证等过程，发展学生的思维逻辑性和敏捷性，培养学生的归纳推理能力。

【教学重点】

1. 掌握游戏的策略。

2. 归纳出游戏的规律。

【教学准备】每个学生一个汉诺塔。

【教学过程】

一、比赛中找规律

教师：同学们这段时间我们一起研究了汉诺塔的游戏方法，你们都掌握了吗？为了检验大家对汉诺塔的熟悉程度，我们进行一个小比赛。

比赛一：3个环。起始柱上只留三个环，移到目标柱，看谁用得步骤最少。

教师喊开始，学生动手操作，第一个完成的学生，让他说一说他移动的过程和窍门。你一共移动了几次？数一数，发现自己用最少的步骤移动，是移动了7次。让第一名学生带领其他学生，按照最少的步骤移动一次。

教师：大家发现什么？

学生：要把最上面的两个环想办法移动到中间柱上，这样才能把最大的环移动到目标柱上。最后所有人独立地再用最少步骤移动一次3个环，进行方法上的巩固。

比赛二：4个环。起始柱上只留4个环，移到目标柱，看谁用的步骤最少。

教师：开始前，大家先猜一猜，4个环，最少用几步？

学生一般会根据以前的经验，2倍或者加1。

教师：大家猜得对不对？我们试一试。教师喊开始，学生动手操作。

问一问学生，他们分别用了几步，然后找出最少的那个学生。如果有少于15步的学生，也让他到讲台上重新移动一下，全班给他数一数。

教师通过询问、比较，找到用了 15 步的学生，让其到讲台演示。

教师：大家有什么发现？如果学生能发现 15 步和 7 步之间的规律，则让学生解释；不过很有可能学生的发现比较杂乱，找不到其中的规律，那就可以再比一次 5 层的。教师以表格的形式，记录下结果。

教学设计说明：这里教师最好以表格的形式板书结果，这种表格会为学生之后的推导提供一个有效的路径。

比赛三：5 个环。教师：移动 5 个环，你猜一猜，最少用几步？

学生即使有了前 2 次的经验，但以往的数学学习中并没有类似的规律，所以这里也需要好好想一想。

自己动手做一做、想一想，看看和 3 个环、4 个环有什么联系吗？

这里学生需要的时间会稍微长一些。但最终学生会发现之间的关系。

学生：应该是 31 步。随之让学生解释他的推导过程：移动 4 个环最少要 15 步，移动 5 个环，就是先把对上面的一个环移动一步，再把剩下的 4 个环按照 4 环的移动做两遍，所以步骤数是 15×2+1=31

再让学生动手做一做，进行验证。教学设计说明：整个过程，是完整的问题探索过程，操作、提问、猜想、验证、推理、解释。通过这个益智游戏，让学生在玩的过程中，体会数学思想、掌握数学方法。

二、得出规律，拆解规律

教师：如果让你移动 6 个环的汉诺塔，最少需要多少步？

学生：31×2+1=63　教师：31 是什么意思？×2 是什么意思？为什么最后要加 1？

学生解释：加 1 是移动一次第 6 个环，31 是移动 5 个环的最少步骤，第一个 31 是 5 个环移到中心柱上，第二个 31 是 5 个环从中心柱，移动到目标柱上。

让学生动手操作一下，中间可能会出现移动错误，所以开始前要让学生摒除杂念、全神贯注。

三、在游戏规律的基础上，总结方法

教师：同理，移动 7 个环最少的步骤是多少？8 个环呢？有些游戏看似简单，其中也蕴藏着规律。这需要大家善于提问、善于思考。当然，有了思考和猜想，就要去动手验证，才能把你的"猜"变成"真"。关于汉诺塔还有一些规律，希望大家课下找出来，我们下节课继续讨论。

课程感悟

　　有人玩过汉诺塔吗?你有发现汉诺塔的规律吗?瞧,我就把汉诺塔玩出了规律,不信?那就一起来看看吧。

　　上课后,老师点完名把汉诺塔发下来说道:"现在汉诺塔在你们手里了,抓紧时间练习,一会儿我们进行比赛。"大家听到后都练习起来,我也不例外。可我练了一会儿,心想:"反正我和我同桌4层已经练得'出神入化'了,不如尝试一下5层的汉诺塔吧。"心动不如行动,我拍了拍他的肩膀悄悄地说道:"唉,你看咱俩4层汉诺塔都练得很好,不如咱俩试一试5层吧?"我们两个试了试,发现5层的汉诺塔是31步,又试了6层汉诺塔,发现是63步。这时我想到既然汉诺塔是益智玩具那它就一定有规律。我们两个不断地练,终于找到了汉诺塔步数的规律。首先我俩把2层一直到6层的步数列了出来。2层:3步;3层:7步;4层15步……但此时我们俩还没有想出汉诺塔步数的规律,正在快要放弃的时候刘老师对我们说:"数学中的规律并不是只有像依次叠加、隔开叠加……要仔细找,就一定能找到。"接着我俩又找了起来。

　　我俩边摆边想,我想到每次把最大环移开时,剩下的步数就是前一层的步数,如:当4层汉诺塔移开最大的环时,剩下的步数就是3层汉诺塔的步数,也就是3层的步数乘2加一步就是4层汉诺塔的步数。有人问其他层也这样吗?我告诉他"是的"。我们的出6层汉诺塔是63步,按照我们的方法7层就是$63×2+1=127$,127就是7层步数。

　　这节课虽然时间很少,但是我们收获很多。我们不仅玩了汉诺塔而且我们知道了汉诺塔的规律,这样以后我们都是汉诺塔高手了。而且这节课让我们懂得了遇到任何事静下心来仔细思考就一定可以找到你想要的答案。

——李昌浩

幸福花田

益智课堂挑战独立钻石棋课程设计

陈 楠

【设计意图】独立钻石棋是一种自我挑战的单人棋游戏，可以锻炼逻辑思维能力。本节课以培养学生的观察能力、探究能力、逻辑思维能力为着力点设计教学环节。同时在学生不断地尝试中，体验到探索的快乐。

通过课前调查分析我们发现学生对于独立钻石棋之前没有接触过，比较陌生。但是，班里大多数同学有玩跳棋的经验，我们可以通过迁移对比，来实现本器具的行棋规则。高年级学生正逐步由具体形象思维向抽象逻辑思维过度。发展学生思维的着眼点放在逐步过度上。他们的抽象逻辑思维很大程度上直接与感性的经验相联系。

本课设计了三个阶段：

1. 学生们凭直觉行棋，此时学生们多是"走一步看一步"，缺少对棋局的推理和统筹。

2. 随着尝试次数的增多，学生们逐步悟解、发现行棋诀窍，在行棋路径的抉择上，有意识地避免死棋出现，并能根据当前棋局对后续步骤做出预判和计算。

3. 培养学生全局统筹的意识，运用"舍小顾大、连跳优先"的行棋策略，通过对整个棋局的分析，能从终局状态倒推行棋步骤并完成布局。本节课各环节之间环环相扣、层层递进，引导学生掌握行棋规则，发现有效策略，做出合理判断。以器具为载体，通过学生的观察分析—操作发现—推理反思的思维过程，进一步发展学生的有序思想、推理思想、优化思想和整体思想等重要的数学思想，提高了学生的逻辑思维能力。学生的学习不只停留在浅层次，而是不断迎接思维发展的新挑战。他们被游戏自身的魅力所吸引，参与其中，乐在其中。在分层次的游戏中，思维能力也同样得到逐步提升。

【教学目标】

1. 激发学生探索的兴趣，引导学生在对比分析中理解器具的行棋规则，发现棋盘的特点。

2. 在懂规则——巧解困局层层推进的设计中渗透类推、优化的思想方法，培养学生有序思考和逻辑分析判断能力，体会行棋时顾全大局的思维方式。

【教学重点】通过深入的思考和不断的尝试，熟悉行棋规则，在对比中优化行棋策略。

【教学难点】行棋过程中策略的优化以及全面思考棋局的能力。

【教学准备】电子白板、多媒体课件，独立钻石棋若干套。

【教学过程】

一、介绍器具来历，激发行棋兴趣

1. 今天的益智课堂老师带给大家一种独立的棋，同学们猜猜独立的棋是什么意思呢，这个独立是怎么个独立呢？

一个人玩的，一个人思考的，挑战自我的。

2. 想知道它的来历吗？老师给大家讲个小故事。（微课：独立钻石棋的来历）

二、观察棋盘，介绍行棋规则

1. 我们先来观察一下棋盘和棋子，你有什么发现？

棋盘是轴对称图形，中心对称图形，一共32个棋子棋盘中间不放棋子。

2. 一个人怎么玩呢？

独立钻石棋的玩法似中国跳棋，但不能走步，只能跳。棋子只能跳过相邻的棋子到空位上，并且把被跳过的棋子吃掉。棋子可以沿格线横、纵方向跳，但是不能斜跳，剩下的棋子越少越好。

三、了解规则，初步尝试

1. 了解了游戏规则，我们一起来挑战，先来走第一步吧，想一想，第一步你要怎么走？有什么不一样吗？对比一下，你有什么发现？

选择棋盘，你发现什么？（展示走两步）为什么会这样呢？看来这样的情况是因为独立钻石棋棋盘特有的特点决定的。

第一步一共有几个棋子可以选择呢？

为什么？其他棋子为什么不能选呢？

2. 再走两步：展示学生的两步是怎么走的。

两步吃两子，或出现连跳。介绍这样的连跳是算做一步的。

连跳有什么好处呢？可以只走一步而吃掉几个子。

3. 同学们，请把剩下的棋全部走完，看一看，你能剩下几个子。（学生汇报）

同学们，你们真棒，老师第一次玩这棋的时候剩了九个子，还有一次剩了十几个子，你们真了不起！

同学们，你们最好的剩了几个子啊？这位同学剩的子为什么少呢？

看来行棋时有更好的方法策略和一些注意事项。

四、感受行棋方法，注意规避问题

1. 展示学生剩子棋盘，对比展示。

提问：同学们，你们觉得我们的剩子基本都集中在哪了啊？

（课件出示容易剩子的区域）

2. 同学们，我们想一想，边缘的这些棋子我们要怎么处理呢？

请同学们复盘，一边行棋，一边思考，尽量不让边缘剩下棋子。

同学们，你们有好的方法了吗？谁来给大家演示一下。

我们先从这一边为例可以吗？（展示不同方法，跳出来或者吃掉棋子。）

问：我们的这些好策略可以用在其他的边缘吗？任选一边尝试。

同学们的这些思考太棒了，通过同学们的努力思考，你有没有喜欢上这种有意思的棋呢？

3. 带着这些思考，请同学们再次向全局发起挑战，看这次你是不是比原来棒了。

通过不断的思考，我们一次比一次棒了，在每一次思考中，我们的逻辑思维能力都更强了。独立钻石棋就是一种挑战自我，提升自我的棋。这种挑战自我的精神在学习生活中也是非常重要的。

4. 这一次，带着我们的挑战精神，认真思考，再次尝试，最后我们一定又会有些新的思考，一起来挑战吧。

5. 同学们，你们知道独立钻石棋最好的结局是剩几个棋子吗？

剩1个，并且剩在棋盘最中央。

这对于初次接触独立钻石棋的我们来说，是一个挑战。可能需要很多次的尝试、思考、调整。

可能一时我们很难达到最理想的结果。但那又有什么关系，独立钻石棋就是挑战自我的棋，通过我们的思考和挑战，我们的思维会越来越灵活，我们也会离我们的目标越来越近，敢于不断地挑战自己，就是最棒的。

五、介绍独立钻石棋等级规则和游戏记录以及独立钻石棋的多种玩法

同学们你们知道吗？因为独立钻石棋的挑战性和有趣性，深受全世界人的喜爱，也发明出了很多棋盘的变形和多种玩法。

课程师语

观察是人们认识世界、增长知识的主要手段，而观察力是智力活动的源泉和门户，观察力在人们的日常学习和生活中具有重要作用。孩子的观察力不是天生就有的，而是要经过后天系统训练而来的。我与孩子们共同探究的独立钻石棋游戏，就是一款在玩乐间启迪智慧，培养孩子们的观察力的智力游戏。它与中国人发明的"华容道"、匈牙利人发明的"魔术方块"（简称"魔方"）被称为智力游戏界的三大不可思议。

游戏课程的设置为孩子们才能的施展开辟了宽阔的道路，可提升智能，使其变得更加优秀，为以后的成功成材打下坚实的基础。游戏在教育中的应用能让每个孩子的强项都可以尽情发挥。

独立钻石棋游戏看似简单，却蕴含了无穷的奥妙及玄机，涉及数学中的几何学、拓扑学、运筹学、图论等多门学科。通过玩独立钻石棋的游戏，不仅让孩子们了解了外国的游戏，更让孩子动手实践，真切地感受到外国人的聪明才智。

课间课后，在跟同学玩耍的过程中，孩子们会对这些学科中相关的知识点产生一定的感性认识，在不知不觉间增加智慧，加深同学间友情，为融入社会做好准备。它会给孩子们提供一个除了成绩之外的智力展示平台：某个孩子在一秒钟能办到的事，别人也许一个小时甚至一天也无法做到，这是多么令人鼓舞、让人振奋的事情啊，这就最大化地增强了孩子们的自信心。它着重让孩子动手动脑，以自玩为主，游戏符合特点和理解能力。游戏千变万化，玩法比较复杂，激发了学生强烈的探究欲望，培养了学生的逻辑思维能力，对学生的意志力也是一个极大的挑战。

独立钻石棋这款益智游戏让我和孩子们深深感受到了它的无穷魅力，课堂气氛空前活跃。但我知道爱玩是儿童的本性，如何在这 40 分钟的课堂中，让游戏承载的教学目标达成，从而达到教学效果，这是值得我去思考的。在专家的指导下，在我们的研究与实践中，我找到了答案，我将思维潜能开发与课堂教学有机地融合在一起。

喜欢这样一句话，"教师的人格影响着孩子的成长，好教师是引领学生进行积极选择的向导，好教师能给无助的心灵带来希望，给稚嫩的双手带来力量，给迷茫的双眼带来清明，给弯曲的脊梁带来挺拔"。有了专家的引领、团队的协作、加上自己的付出，无形中，我的数学课堂发生了润物细无声的变化，教案写得更加翔实、规范了，课堂语言更加生动有趣了。孩子们在潜移默化间也发生了变化，上课思维变得敏捷了、回答问题声音洪亮了、表述完整了，思考问题全面了。师生之间的距离无形中被拉近了，经常会有孩子拿着独立钻石棋要找我 PK。看着孩子们一点一滴的变化，想想自己的付出，感觉倍加欣慰。

思维训练课的研究让我深刻地体会到"要给孩子一杯水，老师就得有一桶水"的道理。学无止境，教师只有知识面广，才能有效地整合各种资源，用于课堂教学，才能有效地把控课堂，及时有效地调整教学。这对教师是一个更高的挑战。在引导孩子玩这款游戏的过程中，也有一些生成，我就没有及时抓住。在以后的教学中争取有所改善。让我和孩子们在游戏中启迪智慧，在动手间放飞梦想。

益智学具大 PK

幸福课程四

阳光大课间组合课程

律动着
鸢尾传信
运动健康的花语

幸福花田

花式跳绳特色课程

王广凯

【课程开发前言】认真贯彻落实关于学生阳光体育运动要求，开展好阳光大课间活动，倡导学生们行动起来人人学会一项健身技能，进行花样跳绳训练学习提高学生运动素养，增强学生身心健康。跳绳是小学生十分喜欢的一种体育活动，它是一种以下肢运动为主，结合上肢协调配合的身体活动，它可以通过控制动作的繁简和速度的快慢而很容易地达到调节运动量的目的，适合不同的年龄和性别。因其设备简单，不需要很大的场地，容易开展。跳绳活动能够促进学生上下肢肌肉、关节、韧带和内脏机能的发展，对于发展弹跳力、灵敏、协调性等具有显著作用，同时还可促进少儿智力、身高的增长，增强少儿心肺功能和胃肠功能。

近年来，我们经过自主创编适合不同年段的"双摇、倒摇编花双人跳、双人倒编花循环跳、三边绳、多人同心绳"等妙趣花样跳绳，探寻适合小学生全员普及训练的阳光大课间体育运动项目。学校2015年加入全国体育联盟，积极进行幸福健身阳光体育运动课程开发，以自主创编的"花式绳操、韵律健身、放松形操"等阳光大课间运动项目为载体，采用全员普及训练与精英提高相结合的形式，提升着孩子们团结协作、运动健身的幸福素养，小小彩绳飞扬着孩子们的快乐，绚烂着孩子们的花样童年。省市多家电视台及报纸等媒体多次录制我校花样跳绳专题片并整版刊登学生跳绳强身健体的成果。学校先后获得全国跳绳强心计划试点单位、全国传统跳绳项目试点单位。

【课程开发目标】在妙趣创编花样跳绳的基础上，实现全员普及达标与精英提高相结合，通过自主创编"花式绳操、韵律健身、放松形操"等幸福健身课程的开发，找准适合孩子们年龄段与身体发展的运动形式。花式跳绳课程的开发努力让每个孩子都成为运动的主体，每项训练都设有明确的目标，每年两个赛季的跳绳大赛是我校验收大课间训练成果的传统赛事：第一赛季为全员达标赛，达成普及与提高；第二赛季为精英挑战赛，意在全员运动的基础上鼓励孩子们挑战自我，为学生订立更高的标准，搭建更广阔的平台，提高学生锻炼身体的积极主动性，让每个孩子身体健康指数不断提升，同时增强同伴之间相互默契配合，有效促进身心健康发展。

【课程开发内容】四个特色大项目，其中每一训练项目中又包含有小分项。第一部分：自编操，一为绳操、二为韵律操；第二部分：跳绳节奏训练，一为节奏跳、二为单绳花式组合；第三部分：班级特色花式跳绳，一年级两人同跳一根绳，二年级单绳节奏跳移动，三年级三人两绳带人跳，四年级三角跳，五年级旅行跳，六年级交互式跳绳；第四部分；自编放松形操。

绳操是在健美的步伐当中，利用手中的竹节绳，完成的成套韵律操。绳操的学习可以发展身体的柔韧性、协调性等基本素质，增进健康，增强体质；培养正确的身体姿势，矫正不良的身体姿态；协调发展人体各部位的肌肉群，使人体匀称和谐地发展，塑造美的形体。韵律健美操的动作刚劲有力，是基本体操与造型优美的舞蹈动作的有机结合，动作舒展大方，突出地表现了形体方面的改善。

【课程开发原则】课程开发，依据以下原则进行。

1. 科学性原则：重视阳光体育运动对于学生体质及综合素养提高的重要性，丰富学校多元化校本课程开发的体系；

2. 趣味性原则：阳光大课间活动提供趣味性较强的内容和活动，激发学生的学习兴趣和训练动机，采取个人或团队训练体验的学习方式，培养健身意识和健身能力；

3. 人文性原则：注重学生的个性发展和强身健体意识的培养，使每个学生在各自原有的基础上掌握健身技能。

【课程实施】在阳光大课间所有的运动项目中，所有的项目都是全员性的，在分年级跳绳练习中，低年级为单摇，中年级为车轮跳，高年级为花式车轮跳和交互式跳绳。自编操（绳操、韵律操）：跳绳、健美操相结合。单绳节奏训练：训练学生跳绳的韵律感，为花式跳绳训练做准备。一年级两人同跳一根绳。低年级刚接触跳绳，锻炼协调性；二年级单绳节奏跳，锻炼学生跳绳节奏性，为车轮跳练习做准备；三年级三人两绳带人跳，锻炼学生节奏感和多人协作能力；四年级三角跳，初步练习大绳花样；五年级旅行跳，

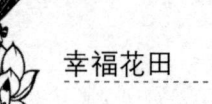

在交互式跳绳的基础上增加练习难度；六年级花式车轮跳，自编花式套路，充分开发学生的创新精神与实践能力。放松练习：通过舒展的拉伸动作，舒缓紧张的肌肉，平复心境。

【课程评价】通过跳绳活动能够促进学生上下肢肌肉、关节、韧带和内脏机能的发展，对于发展弹跳力、灵敏、协调性等具有显著作用。同时还可促进少儿智力、身高的增长，增强少儿心肺功能和胃肠功能。控制学生心跳每分钟达到120—160，达到全员锻炼身体的目的。

通过我校几年来的全国中小学生体质健康监测系统数据可知，达标合格率从几年前的74.6%到现在的94.5%，学生的整体身体素质得到了有效的提高。每天一个半小时的体育活动，学生们都能够完整地参与到体育锻炼中来。韵律操的练习发展了身体的柔韧性、协调性等基本素质，增进健康，增强体质，而且还提高了对美的欣赏能力。大课间全校学生人人参与舞动彩绳，争做幸福花样跳绳达人，妙趣花样跳绳提高了学生积极运动健身的意识，在掌握花样跳绳的技能技巧的同时，逐步养成了团结协作、敢于挑战、创新的体育品质。

花式跳绳课程设计

【学习目标】运动参与：学生积极参加到学习中，并大胆向同学展示自己的动作；运动技能：通过进一步学习花式跳绳的动作方法，提高弹跳能力，及身体的协调能力；身体健康：通过跳绳发展学生的身体素质，增强体能，促进身体正常的生长发育；心理健康：在学习中充分展现自我，增强自信心和意志品质，得到成功的喜悦；社会适应：培养良好的团结协作精神，积极进取，乐观开朗。

【学习重点】

1. 按一定节奏跳绳。
2. 伙伴间的协作配合。

【学习难点】 有节奏地摇跳，上下肢协调配合。小组合作。

【准备部分】

1. 课堂常规。
2. 准备活动：徒手操、专项准备活动。

（1）成四列横队紧密队形。

（2）师生对话，宣布上课。

（3）在老师统一口令下完成准备活动。

要求：精神饱满，听从指挥。

【基本部分】

一、跳绳基本技术练习

1. 单摇、侧甩绳、侧打绳。

2. 短绳花样组合练习。

二、车轮跳花式练习、学习

1. 基本车轮跳。

2. 车轮跳基本花样。

3. 车轮跳花样组合。

4. 3人花式跳练习。

三、3人组合交互式跳长绳

1. 学生练习，教师提要求。

2. 小组间竞赛。

①成4列体操队形。

②听老师统一口令进行部分练习。

③在音乐伴奏下进行跳绳练习。

要求：有节奏、认真练习：

1. 在老师带领下统一进行跳绳练习。

2. 在音乐伴奏下进行，并进行小组练习、学习。（要求：按音乐节拍进行练习。）

3. 将所学内容自由组合，在音乐伴奏下练习。

要求：积极参加到练习中。

1. 在老师带领下统一进行跳绳练习。

2. 小组练习学习。

3. 教师讲解注意事项。

4. 小组比赛。

结束部分

1. 放松；
2. 总结，在老师统一口令下完成放松，注意听老师讲评。

花式跳绳课程故事汇

好动是学生的天性，他们对体育活动有广泛兴趣，喜欢学习别人的运动技巧。自信心强，但有时过高地估计自己的能力，还存在着任性、娇气、依赖性强、缺乏合作精神等不良心理倾向。他们团体意识逐渐加深，除对个人的竞争有兴趣外，对团体竞争也发生浓厚兴趣。开始注意教师和同学们对自己的态度。

通过前一段时间的跳绳学习，学生对花式跳绳有了一定的掌握，有了自己独特的跳绳花样，对跳绳学习有了自己的独特看法。

因此在教学中针对学生的心理生理特点，灵活地安排多样的跳法练习，在课堂上为学生创设公平竞争的气氛，留给学生一定的活动天地，让学生学习，在观察思考中得到启示，得到锻炼。多表扬，少批评和指责。

跳绳是我国民间的一项体育活动，深受儿童的喜爱，是基本运动的教学内容之一，具有很大的锻炼价值。通过跳绳活动，能使上下肢肌肉变得结实、富有弹性，可以促进儿童肌肉和骨骼的生长发育。有句顺口溜说得好："摇绳练臂力，跳绳练腿劲；快摇练速度，多跳练耐力；反应慢的长绳上不去，不灵敏的短绳要绊腿。"就是说，通过各种跳绳练习，能够使速度、力量、灵敏、耐力等素质得到全面发展，同时发展弹跳力。

合作学习理论。合作学习的心理学依据是：教育心理学研究表明，需要是动机的基本构成要素之一，是动机的内在依据及源泉。"培养学生具有良好合作精神"的社会适应目标的实现，强调学生之间的互帮互学，它的宗旨就是让学生通过集体活动、集体学习，为集体赢得荣誉，而最终在集体的帮助下，完善自身的发展。同时也关注身体健康，心理健康目标的同步达成与实施。

这节课充分调动学生的积极性，激发学生的创造性，培养学生的创新能力。让学生将自己的跳法大胆地向其他同学展示，增强其自信心，获得成功的喜悦。通过协作、合作学习，培养学生与人交流，合作的能力。

单绳花样的2个组合的练习提高了学生对跳绳节奏的掌握与认识，同时整齐的全班性的完成培养了学生的组织集体观念，对学生有了前期准备。

　　车轮跳花式的教学，通过基本、简单、单个、组合、创编。通过这样一个教学过程使学生在学习过程中逐步进入状态，提高了自己对花式跳绳动作的掌握，培养了自信心及学习的主动性。学生对简单的花式进行组合，并在音乐的伴奏下顺利地完成，有的学生还能有自己的创新。

　　多人组合跳，进一步培养了学生的合作意识，小组学习的能力。同时，能让学生把已掌握的花式跳绳内容进行扩展创新。

　　交互式跳长绳这个内容是为了下一步的交互式长绳内容打基础的，学生掌握单数、双数的不同跳法，并能够有节奏地完成。

　　本节课总的来看学生对花式跳绳的技巧有了进一步的提高，并对下一步的学习有深层次的理解。学生的学习积极性有了很大的提高。

——王广凯

幸福花田

塑形健身特色课程纲要

翟雪琴

【课程开发前言】随着新课程改革的不断推进，学校为践行"为人生幸福奠基"的办学理念，以教书育人为宗旨，认真贯彻落实关于学生阳光体育运动要求，开展好阳光大课间活动，倡导学生们行动起来，人人学会一项健身技能，进行韵律操的训练学习，提高学生运动素养，增强学生身心健康，实现学校特色资源项目的开发与利用。韵律操、健美操的艺术性主要体现在其"健、力、美"的项目特征上，健美操动作具有强烈的节奏性特点，并通过音乐充分地表现出来，健美操练习形式多样，运动量可大可小、容易控制，对场地器材的要求也不高，因此，对各个年龄层次、不同性别、不同身体素质、不同技术水平的学生都适宜，各种学生都能从健美操练习中找到适合自己的方式，从中得到乐趣。

【课程开发目标】健美操运动协调、流畅、有弹性，使学生不仅锻炼了身体、增强了体质，而且从中得到了"美"的享受，提高了艺术修养。健美操融合了传统健美操、韵律操、舞蹈等艺术元素，在音乐的配合下，锻炼学生的身体协调性，发掘学生对美的感受，让学生喜爱运动，勇于展示自我。通过本课程的学习，使学生掌握部分健美操的基本动作要领，对健美操有一个初步的认识，使学生能够做出健美操的基本动作，配合音乐进行成套展示，在学习过程中，让给学生感受动作美、音乐美，发展学生的团队合作意识，同时也养成了良好的健身习惯，有利于提高学生体能和日常锻炼适应能力，促进学生身心全面发展，达到培养七里山团队合作、健康自信幸福少年的目的。

【课程开发原则】健美操、韵律操校本课程开发，依据以下原则进行。

1. 针对性原则：从学生的兴趣、爱好和特长出发；从教师的专长出发。
2. 趣味性原则：尽可能提供趣味性较强的内容和活动，激发学生的学习兴趣和学习动机，采取个人或团队训练体验的学习方式，培养健身意识和健身能力。

【课程开发内容】

1. 掌握韵律操的基本动作。
2. 学习韵律操《BANG BANG BANG》。
3. 学习芭蕾基本手位，提升学生气质。
4. 学习一套放松操，提高学生的身体柔韧程度。
5. 学习一套素质操，培养学生身体素质。

【课程实施】塑形健身课程在小学义务教育阶段1—6年级开设，通过阳光大课间韵律操、啦啦操普及，与课后练习两种形式进行课程与提高指导，每天大课间时段进行普及训练，同时指导学生利用体育课及课后时间进行练习，增加学生对乐感和健美操、韵律操的理解。

【课程评价】课程实施以日常训练与赛事评价相结合，通过全校年级联赛、班级小组展演等不同形式，让学生在掌握健美操、韵律操的技能的同时，提高孩子们学习的积极性，通过不同的舞台展示展现自信。

【课程研发价值与效能】学校阳光大课间进行健美操、韵律操的学习，不断推出新的创意操，对于孩子们来说是非常吸引眼球的健身运动，推出新的操孩子们学得非常快，而且练习的热情高涨，当乐感表现和动作到位，班级整齐划一，充满韵律感时，班主任老师和孩子们总是非常自豪。面对很多参观团体，孩子们自信而又到位的展演，身形优雅尽显律动之美，让健身塑形的作用充分体现出来，每天的练习也让孩子们得到了很好地锻炼，养成了良好的习惯。

有氧舞蹈、变奏体能训练课程设计

【教学目的】

1. 使学生能掌握住素质训练的方法。
2. 发展学生的耐力、速度和力量。
3. 增强学生舞蹈感觉节奏感，培养自信、勇敢、坚强意志的精神品质。

【重点难点】动作规范到位，呼吸和动作相互协调。

【准备部分】课堂常规，教学组织。

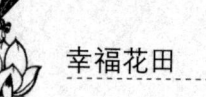

1. 体育委员整队集合，检查到课学生人数，向老师报告，安排见习生。
2. 师生相互问好，宣布本次课的主要内容。
3. 宣布本堂课学习的内容。准备活动：（1）绕操场慢跑2圈。（要求：慢跑时注意调整呼吸，不改变节奏。）；（2）"听我口令你来做"准备活动：头部运动，肩部运动，大拇指小拇指拍拍、扩胸运动，左边扭扭拍拍、右边扭扭拍拍、左右扭扭拍拍、上上拍拍、下下拍拍、上下拍拍。节奏感调节，由慢到快，让学生听到口令迅速反应，锻炼身体协调能力以及反应能力。

【课程实施】教授嘟啦有氧舞蹈。

1. 找节奏；
2. 韵律操分节教学：第一节（4个8拍），第二节（4个8拍），第三节（4个8拍），第四节（4个8拍）。
3. 教师：播放音乐，指导学生跟音乐随意做出动作。教师示范动作，并分节讲解示范动作。
4. 学生：听音乐，随意做出动作。跟老师学做动作。跟音乐和老师一起进行全套练习。

要求：练习认真，节奏感强，充分调动自己的积极性。

【游戏】

1. 游戏方法：学生分成4组，每组10人，每组学生接力跑克服每小组讨论出来的一个障碍物，在各自的范围内按过障碍物的要求进行游戏比赛。
2. 游戏规则：开始时每组第一位同学站在起跑线前，听到开始口令后立即跑出并在相应的区域内依次过每个障碍物。不得抢跑，不按要求跑的那组将扣2分，速度最快的那组得5分，最慢的那组全体成员将做原地蹲起5次。

【结束部分】

1. 放松操练习。

芭蕾手位：一位手自然下垂，胳膊肘和手腕处稍圆一些。手臂与手成椭圆形，放在身体的前面，手的中指相对，并留有一拳的距离。二位手保持椭圆形，抬到横隔膜的高度（上半身的中部，腰以上，胸以下的位置）。但在动作过程中，要注意保持胳膊肘和手指的稳定。三位手在二位的基础继续上抬，放在额头的前上方，不要过分地向后摆，三位手就像是把头放在椭圆形的框子里。四位手左手不动，右手切回到二位，组成四位。它已是舞姿了。五位手左手不动，右手保持弯度成椭圆形。从手指尖开始慢慢向旁打开。在过程中胳膊肘和手指要保持在一个水平面上。手要放在身体的前面一点，不要过分向后打开，起到一个延续双肩线条的作用。六位手右手不动，左手从三位手切回到二位，组成六位，形成舞姿。七位手右手不动，左手打开到旁边，双手相同地放在身体的两边。结束双手从七位（手心朝前）划一个小半圈，手心朝下，向两边伸长后，胳膊肘先弯曲下垂，逐渐收回到一位。结束。上肢放松活动：站立，上肢前倾，双肩双臂反复抖动至发热止。下肢放松运动：仰卧、举腿、拍打、按摩，颤抖大腿内、前、后侧和小腿后侧，以及臀、腹、侧腰部。团身抱膝放松运动：双手抱膝，下蹲，低头，反复上下颤动至腰椎发热止。

2. 课堂小结。

总结本课同学们存在的问题，表扬优点，指出不足。

课程师语

通过本节课教学培养了学生的创新精神、竞争意识、团结合作、热爱集体和遵纪守法等优良品质。而这些优良品质正是一个人健康心态的集中体现。

本次课通过改变传统的体育教学方式方法，主要运用情景教学、诱导教学、节奏增减比赛、游戏等方法，为学生提供和谐、轻松、有趣的运动环境，提高学生学习的积极性，使学生快乐学习，培养他们的合作能力。教学中，教师能够照顾到学生的身心发展规律和心理需求，通过小组合作完成了教学。提高了学生自主学习能力，对学生合作意识和创新意识的培养有重要意义。教学过程中也存在缺憾，如在 30 米击掌接力跑环节中，教师的引导不够。能力强的学生跑得快一些，而能力弱一点的学生，跑起来就费力一些。教师对此没能及时加以引导。体育教学研究是永无止境的，只有不断地探索学习，才能做到更好。学生的体质健康很重要，只有培养他们运动的兴趣和习惯，才能将体育锻炼进行到底。用体育精神影响学生做人、做事的准则与态度，锻炼身体，学习技能是我作为一名体育教师的毕生追求。

——翟雪琴

体育赛事小常识特色课程纲要

任 敏

【课程开发前言】体育活动课程是整个学校体育工作的一部分，是对学科类课程的有益拓展和补充，是实现学校体育项目育人目标、任务的一个不可缺少的重要环节。体育活动固然重要，但了解体育活动的方法技能也尤为重要，各类体育技能是各类体育比赛的前提，但了解掌握基本比赛规则是打好比赛的基础。现代社会是一个充满规则的社会，任何社会个体与外界交流都离不开规则的限制。规则化是任何活动有效进行的必要前提和基本保障。人们遵守规则的意识程度是一个民族素质的重要特征，是社会文明与进步的标志。个人在学校时代具备了遵守规则的强烈意识，将会对终生遵守规则的意识和行为的形成起重要作用。

【课程理念】比赛规则在体育中出现得很多，主要是与体育行为有关的各种规范，如体育比赛时的比赛规则、体育游戏规则。体育课堂中的各项规章制度和各种约定俗成规范亦可称之为规则等等。换言之，所有与体育运动有关的活动均与规则相关联，这是由体育的特性决定的。在体育学习中培养遵守规则的意识，不仅有利于维持良好的课堂教学秩序，约束和控制妨碍学习的问题行为，而且有助于激发学生的学习潜能，提高体育课堂学习效率。

【课程目标】目前全球规模大、影响力大的体育赛事有奥林匹克运动会、世界杯、锦标赛、一级方程式赛车、NBA等。在各项大型赛事中包括篮球、足球、排球、羽毛球、乒乓球等多个单项体育项目的比赛，结合教师自身专业特长，本着"以创新教育、拓宽眼界"为方向，形成以"培养体育特长"为宗旨的理念，让孩子在课程学习实践中，充分了解各类体育项目比赛常识及规则，拓宽眼界，培养规则意识，围绕这个主要目标，确定了以下具体目标：

1. 培养学生体育兴趣、爱好，发展个性特长。
2. 拓展学生知识领域，提高学生对多项体育赛事的关注度。

3. 学习和掌握基本比赛场地、规则，培养学生遵守规则纪律的意识。

4. 通过自身学习或观看视频，培养其观察学习能力。

5. 分享学习过程，交流经验，锻炼其体育术语表达能力。

【课程内容】课程开设内容主要是对比赛场地和比赛规则进行学习，了解各项体育项目比赛场地的形状、大小以及各种比赛项目的规则。了解篮球、足球、排球、羽毛球、乒乓球等多个单项体育项目的比赛场地大小，掌握各体育项目比赛所需人数、基本规则、比赛场次等基本知识。学会观看各体育项目比赛视频，了解哪些动作犯规或危险等。学生选取自身感兴趣的项目进行研究学习，分享观看学习心得，培养科学正确的守规则意识。

【课程实施】体育赛事小常识课程在小学义务教育阶段2—5年级开设，通过年级体育课普及以及视频观察两种形式进行课程与提高指导。首先利用体育课讲解各项体育比赛场地形状、大小以及比赛规则；其次，年级喜欢看比赛的学生可以进行比赛规则的讲解，可以边观看视频边进行解说；再次，定期进行观看比赛交流，积极引导社团师生参与体育各项赛事观看，提高师生体育素养和技能，促进赛事规则学习效果的提高。

【课程评价】学校课程管理委员会对教师专属课程的实施进行过程性的指导管理，实行课程三级管理机制：校长室负责对课程的开展进行统一的课程实施安排；教导处负责课程的管理与协调工作；教师个人对参与课程实践体验的学生进行具体的管理和评价。课程实施过程性评价，制定课程实施计划，严格按照时间段进行课程学习和指导。课程不采用书面考试或考查的方式，但要做好考勤评价记录，根据每个学生参加学习的态度以及课下完成作业的认真程度进行评价，可分为优秀、良好等。学生成功可通过实践操作、作品鉴定、竞赛、评比等形式展示，作为激励孩子的一种形式，保证孩子们能认真学习特色课程。

【课程研发价值与效能】现代社会，学生的社会适应能力越来越受到教育者的关注，社会适应能力的发展可以通过多种手段获得，体育课程是学习中的一项重要内容。课程的实施，一方面是让孩子们了解基本的体育赛事、各体育比赛项目场地大小以及基本规则等内容，另一方面培养孩子热爱体育，守规则的意识。

幸福花田

奥运会小常识课程设计

【教学思路】学校体育是实现体育强国不可缺少的环节，注重中小学体育的发展成为一项重要工作。体育除能增强体质之外，更重要的是能培养健全的人格及坚毅的优良品质。所以在体育技能学习的基础上拓展学生对体育精神的了解及认识是对培养健全人格及坚毅优良品质的一大助力。了解体育精神应先从规模最大的体育赛事开始，了解奥运会的体育精神，促进学生对大型体育赛事的了解和认识，培养其顽强的体育精神。

【内容分析】奥林匹克运动会是国际奥林匹克委员会主办的世界上规模最大的综合性运动会，每四年一届，会期不超过 16 日，是世界上影响力最大的体育盛会。奥运会能促进人的生理、心理和社会道德全面发展，将奥运会的基本常识融入进小学课堂，使学生更好地掌握了解奥运会，有效拓宽学生的视野，培养学生热爱运动的好习惯。

【学情分析】小学阶段学生的求知欲强，但由于年龄小且接受能力不同，所以针对不同年级的学生，制定相应的学习内容，就低段二、三年级的学生而言，主要了解奥运会的一些基础性知识，将课堂交还于学生们，让大家在讨论中认识并学习。

【教学目标】

1. 知识与技能：了解奥运会全称、认识奥运五环、奥运会格言以及我国奥运会举办时间、地点。

2. 过程与方法：能够通过提出问题、教师引导、同桌交流学习经验来体验和感悟探究的过程，能够仔细倾听其他同学的发言，体验合作学习的过程和方法。

3. 情感态度价值观：培养学生的规则性以及团结协作的精神。

【教学重难点】奥运会的全称；奥运会的标志；五环代表的意义；我国举办奥运会的时间、地点；奥运会的格言是什么；奥运会有哪些项目；奥运会谁创办的。

【教学过程】

一、导入环节：出示关于奥运会的图片（刘翔 110 米跨栏、乒乓球决赛）。

1. 在这些图片中你想到了什么？

想到了运动会赛跑、打球等。

2. 这个运动会大家知道叫什么名字吗？

"奥运会"即"奥林匹克运动会"。

出示图片。（奥运五环）

同学们见过这个标志吗？同学们相互讨论回答。

见过或没见过"奥运五环"。

二、奥运会的标志。

1. 五环有五个圈组成，分别是什么颜色，每一种颜色代表一个大洲，小组间讨论一下，得出结论。

奥运五环有蓝、黑、红、黄、绿五种颜色组成，蓝色——欧洲、黑色——非洲、红色——美洲、黄色——亚洲、绿色——大洋洲。五环的含义是象征五大洲的团结以及全世界的运动员以公正、坦率的比赛和友好的精神在奥林匹克运动会上相见。

2. 同学们觉得奥运会有没有在我国举办过啊？举办的时间、地点你知道吗？

奥运会每四年举办一届，2008年在我国北京举办的是第29届奥运会。

3. 同学们是否参加过学校的运动会，那你们班级比赛的时候为给大家加油会起一个名字来作为口号对不对？那你知道奥运会的格言口号是什么吗？

奥运会格言：更快、更高、更强，充分表达了奥林匹克运动所倡导的不断进取、永不满足的奋斗精神。虽然只有短短的六个字，但其含义却非常丰富，它不仅表示在竞技运动中要不畏强手、敢于斗争、敢于胜利，而且鼓励人们在自己的生活和工作中不甘于平庸、要朝气蓬勃、永远进取、超越自我，将自己的潜能发挥到极限。

4. 奥运会小故事"圣火"。

顾拜旦提出了"圣火"这一想法，仅限于在体育场附近的一个喷泉盛水盘上点燃圣火。古代奥林匹克运动会点燃圣火的仪式，起源于古希腊人类自上天盗取火种的神话，在奥林匹亚宙斯（Zeus）神像前，按宗教的仪式在祭坛上点燃火种，然后持火炬跑遍各城邦，传达奥运会即将开始的讯息，各城邦必须休战，忘掉仇恨与战争，积极准备参加奥运会的竞技比赛，因此火炬

幸福花田

象征着和平、光明、团结与友谊等意义。

5. 奥运会有哪些项目？同学们相互讨论，开火车进行回答。

奥运会有28个大项：田径、赛艇、自行车、棒球、游泳、拳击、排球、皮划艇、马术、篮球、足球、体操、曲棍球、手球、举重、柔道、摔跤、羽毛球、垒球、现代五项、网球、击剑、乒乓球、射击、铁人3项、射箭、帆船、跆拳道。

6. 中国在奥运会上哪个项目最厉害呀？

乒乓球被称为"国球"，在奥运赛场上屡屡夺冠。

三、收尾环节：想一想，做一做，与同伴分享。

1. 同学们通过本节课的学习你了解到几个人？
2. 你知道的时间、地点有哪些？（讲具体事件和时间）
3. 动动手画一画你学到的奥运会标志，并涂上漂亮的颜色。

课程故事汇

本次课主要是针对奥运会进行的讲解，其内容非常简单易懂，其目的是让同学们先了解奥运会基本常识，为学习奥运会的各项赛事打一个小的基础，并为实现拓宽学生视野做基础。了解奥运会标志、口号，并结合我国2008年奥运年的辉煌赛事，让同学们懂得"重要的不是凯旋，而是奋斗。""重要的不是必须获得胜利，而是要不断努力奋进。"的体育精神。本课主要运用了提问、讨论的方式进行学习，培养了同学们的合作交流能力，主要以简单的人名、数字、时间、事件来做总结，便于学生记忆。

——任敏

二年级学生：通过学习奥运会的知识我知道了奥运会的标志是五环，我会画，还会涂上颜色，并标出每个颜色代表的大洲，我还知道了奥运会的口号和精神，不能只想着争第一，一定要去努力学习才行。我觉得我们国家很厉害，举办了奥运会，并且获得了很多金牌，我以后也要好好学习，长大了得好多奖，做个有用的人才。

五年级学生：通过体育赛事小常识专属课程的学习，我了解到很多奥运会的知识，尤其是2008年在我国北京举办的奥运会，这是中国的骄傲，在这次奥运会上我们国家获得了很好的成绩，把奥运会的口号"更快、更高、更强"体现得淋漓尽致。作为一名学生的我，也应该有奥运会的体育精神，不怕困难，坚持努力，不断拼搏，不断进步。在学习过程中我还知道篮球比赛也属于奥运会的项目之一，经常上体育课的我现在知道了篮球场的长度和宽度，还知道了比赛每一队的人数，还有基本的规则。记得之前做游戏时，老师经常会因为违反游戏规则而暂停，当时我觉得没有必要，但我现在不这么认为了，现在我也意识到规则的重要性了，只有有规则，才能玩好游戏，才能打好比赛，所以我们不管是在玩游戏或者比赛时一定要遵守游戏规则，同样在生活中也要成为一个守法、守规矩的人。

花式跳绳登上了"学习强国"

幸福花田

足球特色课程纲要

朱琪申

【课程开发前言】足球特色课程的开设源于学校教师专属课程实施,我自己对于足球非常喜爱,看到高年级的男孩子们也特别喜欢驰骋在绿茵场上的感觉,但是总是缺乏基本的技术,攻守之间很难达到密切配合。本课程针对零基础学生而设计,我坚信,训练的效率高,即使没有任何足球基础的孩子也能看到训练成果。很少有人关注零基础的训练方法,也不愿去执教零基础的孩子,这恰恰说明我们忽略了零基础小孩子训练的重要性。小学生足球基础打不牢固,等到年龄大一些,接手的教练就要大量补课,本该增加更多的战术训练,由于孩子的技术水平达不到,训练中要花很多时间来弥补孩子们的基本功,这样一来,训练计划要滞后。所以说这个年龄阶段,必须使用科学有效的训练手段,打好孩子的基本功。

【课程理念】我始终坚持"先是教育,然后足球"的教学理念,每种运动都有他独特的属性,足球自带的属性如:团队、信仰、忠诚、勇敢、坚持、决策、执行力……足球课程同样可以作为一门非常好的教育手段,而且是其他文化课和体育课所不具备的。学生们会在足球运动中学会怎样看待失败,怎样面对成功,如何评价自己的现状,怎样去应对眼下的困难,怎样去权衡一件事情的利弊以及慢慢学会如何成为一个忠诚于球队的勇敢战士。学好每一个技术,执行好每一个战术,永不放弃,全力以赴,我坚信他们会演绎数不胜数的生活中的安菲尔德奇迹、伊斯坦布尔奇迹。

【课程目标】通过学习,学生能够基本掌握足球运动基本技术,能够说出足球基本术语,掌握基本规则。使学生力量、速度、灵敏、协调、平衡等身体素质有一个明显的提高,同时培养学生吃苦耐劳,永不言弃,团结合作的意志品质。

【课程内容】基本的技术能力。

1. 带球跑：这个能力能让球员在有球状态下更加自信，带球跑的速度越快，或者空间越狭小，防守人数越多，越有难度。这个基本技术往往与其他的技能相结合，例如击球（传球或射门）。

2. 击球：与其他队友配合或者射门的基本技能。

3. 停球：这个能力能让球员接住队友的传球，以此方式保持小组的控球权。这是 2 个队员间连接的一个重要技能。

4. 扔球：界外球是场上球员唯一使用到这个技能的时候。

5. 上抢。

6. 球性、球感。

7. 足球游戏：培养低年级学生对足球运动的兴趣。

【课程实施】足球课程在小学义务教育阶段 2—4 年级开设，通过足球课普及与课后训练两种形式进行课程与提高指导，每天下午一个半小时训练结合小场地比赛，提高学生触球次数，增加学生对比赛的理解。

【课程评价】通过班级联赛、与其他学校的交流赛以及参加校园足球联赛等高级别联赛，对发现的不足继续改进和提高，以此来检验大家的训练和学习。

【课程研发价值与效能】足球被誉为世界第一运动，然而中国足球却不尽人意，反映出这项运动的群众基础不高，校园普及率低。2011 年习近平总书记提出了关于足球的三个愿望：中国世界杯出线，举办世界杯，获得世界杯冠军，并且鼓励大力发展校园足球，普及足球人口。在如此形势之下，足球特色学校越发兴起，热爱足球运动的孩子越来越多。很多有天赋的孩子被发现和重点培养，在足球运动中受益的孩子数不胜数。普及校园足球，也俨然成为我们每一位体育老师无可推卸的责任。

脚背正面运球课程设计

【执教教师】朱其珅。

【对应课标】足球基础知识。

【教学目标】知识能力、过程方法、情感态度。

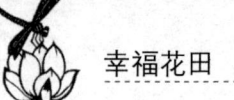

1. 在游戏中培养学生的足球兴趣，体验到足球运动的快乐。

2. 基本掌握脚掌原地拨球。

3. 学生的快速反应、平衡能力、协调性、敏捷性能够得到提高。

【教学重难点】脚内侧拨球的中部，拨球时力量要控制好。

【课程实施】

一、课堂常规。

整队集合，进行课前的预热练习。宣布本课内容，教师进行基本动作示范，学生进行模仿练习。小组进行基本动作要领的训练，教师进行动作指导和纠正，小组内进行规范动作展示和团队练习。

二、足球游戏热身：比一比看谁反应快？

在规定区域内学生每人一球自由运球，教师随机下达各种指令：脚掌、膝盖、脚背、头等。学生听到教师的口令后，用相关部位进行控球。（让学生准确掌握各部位）

三、基本部分：脚背正面运球。

在三块草地的距离下进行练习，每排进行练习，其他同学进行纠错。

♀●　　　♀
♀●　　　♀
♀●　　　♀
♀●　　　♀

1. 学生散开进行练习，"一二三木头人"一支撑脚二推球三落脚，当喊到木头人时，踩球停止。（培养学生的节奏感和运球停球的节奏变化）

2. 运球比赛。

在8—10米的距离进行运球接力比赛，按照教学小组分组，每次六个组进行，决出前三名，最后决赛选出最优秀的小组。（没有比赛的同学可做裁判，不按脚背正面运球要求的取消比赛资格）

四、结束部分。

1. 拉伸放松：师生一起随音乐进行放松训练，动作到位放松肌肉。

2. 总结评价：教师进行脚背正面运球知识的总结回顾。

3. 宣布下课：师生再见。

4. 回收器材：小组长帮助回收器材入库。

幸福课程五

非遗剪纸课程

灵动着
盛夏青荷
幽香逸远的花语

 幸福花田

水墨丹青套色剪纸特色课程纲要

何晓萌

【课程开发前言】水墨丹青套色剪纸特色课程的开设，得益于济南市非遗传承进校园项目和我校教师专属课程启动。2018年5月我校引进非遗剪纸课程，聘请市"非遗"传承人王涛院长为我校剪纸课程授课教师，组织师生定期进行剪纸艺术学习活动，在课程体验中传承优秀非物质文化，践行"为人生幸福奠基"的办学理念。在剪纸艺术学习的过程中培养了师资队伍，我作为剪纸课程项目负责人，和另外两位教师成了最大的受益者，和剪纸社团的孩子们一起学会了剪纸的基本技能技巧。

在王院长的指导下，我们进行了"荷韵悠悠"主题系列剪纸作品创作，社团师生与社区老艺人一起开展"指尖上的民族风老少联手剪纸"活动；社团师生近70幅作品在区教育局展厅进行了为期一个月的展出，得到专家领导的高度赞誉；参加市非遗传承教学成果现场展示，《我们剪纸这一年》册页长卷、30余幅荷韵团花宣卡、T恤团花熨烫等作品，受到参观领导、群众一致好评；17名社团师生参加市非遗手工技能大赛均获得优秀奖。社团师生在积极筹备作品展和参加社区活动、成果展示以及技能大赛的过程中，开阔了眼界，提高了技能，提升了自身素养。

我在组织画展和大赛活动中不仅锻炼了组织协调能力，也提高了自己的剪纸能力，开始尝试着在传承的基础上结合自身国画特长进行套色剪纸的创新。带领着剪纸社团的师生进行"荷韵泉城"套色剪纸的专题探索，利用国画生宣纸易于水墨渲染的特点，创作出千佛山、大明湖、趵突泉、泉城广场、芙蓉街等荷韵泉城景观套色剪纸册页长卷；并指导社团师生进行套色剪纸荷花创作，亲自示范用白色生宣纸剪出团花，用不同的国画颜料分层上色渲染，形成色彩绚丽雅致的套色剪纸作品。社团师生创新作品有荷花团花套色剪纸宣卡以及熨烫在T恤上的色彩淡雅的团花作品，引导社团师生在实践体验中

感受两种风格独具又自然融合的传统文化瑰宝的魅力。

中国画是古今文人雅士借物抒情的艺术形式,与传统的剪纸艺术相融合,既丰富了民间传统的红色剪纸的色彩,又让中国画水墨晕染效果得以诗情画意地呈现。水墨丹青套色剪纸创新尝试是我在传承民间优秀传统文化智慧结晶的基础之上,创新孩子们喜欢的一种剪纸和国画相融合的艺术表现形式。不仅仅在于提高师生剪纸艺术能力,还在于了解国画渲染意境美,促进师生艺术素养的提升。

【课程理念】皮亚杰指出:"儿童只有自发地、具体地参与各种实际活动,大胆形成自己的假设,并努力去证实才能获得真实的知识,才能发展思维。"依据以生为本的课程理念,来思考设定课程实施目标,在课程剪纸技法与国画套色渲染相结合的课程创新结合点上,遵循学生学习的认知特点和剪纸渲染表达呈现形式,从学生剪纸造型感性认识到对内心色彩渲染意境的理解程度出发,引导学生学习体验套色剪纸独特的艺术表现手法。学生是课程学习的主体,应激发他们学习的兴趣,利用多种媒体手段,帮助孩子们掌握套色剪纸的技能技法,并获得创作带来的成功体验。

【课程目标】水墨丹青套色剪纸课程作为教师结合自身国画特长,创新研发的专属课程,本着"生本性原则、艺术性原则、融合性原则、创新性原则"的课程实施原则,以传承优秀非遗文化为主要目标,让学生在课程学习实践中,充分了解剪纸与国画渲染相结合的艺术特色传承优秀文化的目标,围绕这个主要目标,确定了以下具体目标。

1. 艺术传承创新目标:非遗剪纸课程进校园,深得我校师生喜欢,在弘扬民间艺术和传承民间艺人高超的剪纸技艺的同时,社团师生进行"荷韵泉城"专题技艺传承与创新,形成独具魅力的套色剪纸课程的创新团花宣卡、T恤团花熨烫,抱枕及挂饰团花熨烫等创新作品。

2. 艺术素养提升目标:在套色剪纸学习创新的过程中,教师传承技艺提高自身美学修养,同时激发学生了解剪纸技能和国画渲染相结合的艺术表现形式的兴趣,在学习套色剪纸技能过程中提高艺术欣赏和创新传承的能力。

3. 艺术技能学习目标:在非遗传承人王涛院长专业的指导下,进行套色剪纸技能普及与提高,进行"荷韵泉城新景观""荷花泉水"等主题的创作定期展示,感受两种独特传统文化的结合之美,体验创新作品的成功。

【课程内容】课程开设内容主要是剪纸和国画渲染基础知识普及学习;学习剪毛刺、剪团花等传统剪纸艺术技能技巧,学会设计团花花样,学会水墨套色渲染技法。了解中国传统民间套色剪纸基本技法,学会利用国画颜料和白宣纸易于水墨渲染的特点,进行"荷韵泉城""箐箐校园"等系列专题套色剪纸创新和尝试,运用熨烫技术进行荷花宣卡、T恤等套色熨烫,以及利用白色帆布制作熨烫荷花团花等花卉和动植物等抱枕、背包等创意套色剪纸作品设计,激发师生对非遗剪纸艺术项目的热爱之情和积极学习传承创新的信心,从而达到提升师生艺术素养的目的。

【课程实施】水墨丹青套色剪纸课程在小学义务教育阶段3—5年级开设,通过年级美术课普及与剪纸社团培优两种形式,进行课程与提高指导,每周周五一个半小时社团培优活动,对年级学生和参加艺术培优的学生进行剪纸技艺的提高性学习(运用熨烫技术进行荷花宣卡、T恤等套色熨烫,以及利用白色帆布制作熨烫荷花团花等花卉和动植物等抱枕、背包等创意套色剪纸作品的创意设计活动),定期进行创意作品的交流和展出,积极引导社团师生参与非遗文化传承手工技能大赛,提高师生艺术素养和技能,促进套色剪纸学习效果的呈现和优秀文化传承。

【课程评价】学校课程管理委员会对教师专属课程的实施进行过程性的指导管理,实行课程三级管理机制:校长室负责对课程的开展进行统一的课程实施安排;教导处负责课程的管理与协调工作;教师个人对参与课程实践体验的学生进行具体的管理和评价。课程实施过程性评价,制定课程实施计划,严格按照时间段进行课程学习和指导,同时在课程学习的过程中采用课程学习跟踪性评价,做到课堂学习纪律有保障,剪纸活动有秩序,确保师生剪纸课程的顺利实施。学生套色剪纸作品,每周学生必出作品,定期进行作品交流展示并及时记录,纳入学生课程学习评价中,学期末根据孩子们作品以及参展交流的情况进行分析汇总,以剪纸学习小印章获得的数量、课程学习过程性评价综合进行"金剪小巧手"喜报等形式的表彰和激励,保障课程的顺利实施和学习成效。

【课程研发价值与效能】"荷韵泉城""箐箐校园"等系列专题套色剪纸创新和尝试,根据学生学习情况适当推出孩子们更喜欢的套色剪纸创意作品,激发孩子们参与套色剪纸课程学习兴趣,鼓励孩子们勇于挑战自我,紧密结合生活实际进行作品创意设计,是提高学生艺术素养最好的途径之一。每学期进行创意作品展览和交流活动,鼓励学生们静下心来,认真参与套色剪纸学习和实践过程。在扎实掌握剪纸和渲染基本技能技巧的同时,使学生学会自由创编花样,并鼓励学生积极参与各级手工技能大赛,特别是每年一次的济南市非遗手工技能大赛,鼓励孩子们勇于挑战自我,为学生搭建更广阔的艺术展示舞台,提高学生们艺术创作的积极主动性,有效促进师生艺术素养的提升。

课程的实施带给孩子们的变化显而易见:创意作品技能娴熟、现场展示落落大方、倾情解说作品推介……社团师生在市非遗成果展示和市非遗手工技能大赛上出色的表现,迎接各级参观团赠送精美作品,学校135课题中期课程展示社团师生精彩汇报等等,都印证着师生巧手剪纸不断进步的幸福。师生一起筹备区级作品展示,一起创意套色剪纸的作品表现形式,都激活了创意创想的艺术思维,赢得了专家领导们的高度赞誉。收获的不仅仅是荣誉证书,最重要的就是孩子们的自信满满和艺术素养的不断提升。本课程必将成为学校富有特色的幸福教育课程之一。

套色剪纸荷花课程设计

【学习目标】学习利用传统的剪纸技法在白色生宣纸上剪出荷花图案,再进行国画套色渲染,形成一幅套色剪纸荷花团花图案;训练提高学生团花剪纸技能及荷花团花图案的造型与色彩的渲染能力;培养学生热爱中国传统艺术思想,使中国传统剪纸艺术和中国画渲染技法得到传承与弘扬。

【重点难点】学习荷花团花剪纸的基本技能,训练团花剪纸造型、剪毛刺、色彩渲染的剪纸与笔墨技法,体会团花剪纸和色彩渲染相融合的国画和剪纸艺术创新与传承。

【教学准备】毛笔、生宣、国画颜料、笔洗、宣卡、剪刀、范作。

【组织教学】检查学生学具的准备情况:毛笔、生宣、国画颜料、笔洗、宣卡、剪刀等。

【导入新课】展示教师自创的泉城景观套色剪纸册页:认真观察老师这个册页上的泉城景观作品,有什么特点?(套色剪纸作品,图案中有荷花)

幸福花田

请同学们分享自己了解到的荷花的形态及相关的知识，教师进行有关荷花的介绍。古今有很多赞美荷花的诗篇，让学生背诵咏荷诗篇。

你们知道咱们济南市的市花是什么？（荷花）其中有一句：四面荷花三面柳，写的就是我们济南市的风景。来，我们再来看一组我校"荷韵园"的图片：新生的荷叶，含苞未放的荷花，同学们看到这些图片你们会想起哪一首诗？知道《小池》这首诗吗？泉眼无声惜细流，树荫照水爱晴柔。小荷才露尖尖角，早有蜻蜓立上头。

【讲授新课】不仅诗人喜欢写荷花，画家和民间剪纸艺人们也非常喜欢创作荷花题材的作品。我们先来欣赏一下画家笔下的荷花，用水墨画成的荷花更有一番情趣（欣赏国画荷花作品：工笔荷花、写意荷花）。还有我们王涛院长创作的剪纸泉城景观作品，都有什么形式的呢？（立体荷花景观剪纸、单色的剪纸等）

中国画是古今文人雅士借物抒情的艺术表现形式，与传统的剪纸艺术相融合，既丰富了民间传统的红色剪纸的色彩，又让中国画水墨晕染效果得以诗情画意地呈现。我们进行水墨丹青套色剪纸创新尝试，是基于传承民间优秀传统文化智慧结晶，创新一种剪纸和国画相融合的艺术表现形式，进一步了解国画渲染的意境美。

1. 分析教师范作："荷韵泉城" 套色剪纸，利用国画生宣纸易于水墨渲染的特点，创作出千佛山、大明湖、趵突泉、泉城广场、芙蓉街等荷韵泉城景观套色剪纸册页长卷。

2. 示范趵突泉作品的创作染色过程。(1) 团花折纸：将白色宣纸一次对折，二次对折，在折好的白宣纸上画出一个半圆弧线，然后用剪刀沿着画好的弧线剪出形状；(2) 画出图案：在剪好的四分之一圆的形状上进行趵突泉与荷花结合的团花图案的绘画，注意造型的各部分相连，预留好图案双线与剪去的部分，阴刻阳刻注意用短线条区分；(3) 剪出团花：沿着画好的图案线条剪出团花，注意荷花和趵突泉泉水以及亭子之间线条的相连部分不要断开，注意剪毛刺的均匀；(4) 色彩渲染：用不同的国画颜料分层上色渲染，泉水可以用蓝色渲染，荷花使用曙红色，亭子可以使用赭石色，荷叶边可以使用藤黄与酞青蓝调和出的绿色，在渲染时一定要注意水分的把握，体会色彩浓淡适宜的渲染效果，等第一次渲染晾干后再进行第二次渲染最后晾干；(5) 晾干展开：多次套色渲染后，进行最后调整形成色彩绚丽雅致的套色剪纸作品，等晾干后轻轻展开作品，注意不要扯断线条相连部分；(6) 宣卡熨烫：裁好转移纸，使用熨斗将团花作品熨烫在宣卡上，进行最后的整理以完成一幅套色团花剪纸创作。

【学生创作】教师指导学生按照荷花团花创作的6个步骤进行创作：团花折纸、画出图案、剪出团花、色彩渲染、晾干展开、宣卡熨烫。

1. 学会折纸的技巧。画出图形后进行图形的剪裁，注意剪刀的使用安全。教师在巡回指导的过程中，随时进行提醒并帮助同学们调整团花图案的绘画，初次尝试可以进行简单的荷花小鱼的团花创作，注意物体之间的线条连接，还要和荷叶边缘进行连接，形成一幅团花适合纹样。

2. 学会剪纸的技巧。注意毛刺的均匀度，还有荷花花瓣、荷叶梗等一定是双线条，注意线条之间的连接不要剪断，阴刻阳刻按照画图案的标记进行剪出，保证图案的剪纸效果。

3. 色彩渲染的技巧。水分把握十分重要，颜色要选择好，在调色盘中加水分调和，毛笔注意在笔洗上调整饱和度，渲染时注意层次，可以正反面多次晕染，每一次都要晾干后再渲染。

4. 宣卡熨烫的技巧。由老师帮助进行操作，注意使用熨斗的安全，避免烫伤。

【作品展示】完成宣卡熨烫后，将学生的作品用磁扣粘贴在黑板上展示，学生们进行分享交流，教师简单小结提出建议和鼓励。

幸福花田

荷韵泉城非遗剪纸课程故事汇

　　荷花是济南市的市花,学生对荷花诗词、写意荷花与荷花剪纸作品认知程度不一,但是学生对于荷花套色剪纸学习非常感兴趣。在学习诗歌与其他了解到的知识时,学生纷纷抢着发言,积极主动地把课下了解到的知识,进行分享交流。学生们对于老师亲自创作的泉城景观册页特别感兴趣,我在学生中进行了近距离的观察,孩子们将自己的观察和在后面进行的创作结合起来,充分调动各种感官感受,认真体验荷花团花创作绘制和色彩渲染的过程。对于剪纸技能的掌握,学生有一定的基础,基本功毛刺掌握得比较扎实,剪出的荷花瓣的效果很好。整个剪纸的过程中出现的难点就是物体之间的相连,容易出现间断的情况,我在巡视中也加强了指导,在今后的练习中还要加强指导,掌握画图案物体相连,提前标注好,做到胸有成竹。在色彩渲染的过程中,练习以前学过的水墨知识,进一步体会墨色的变化,色彩的多次渲染效果,课堂教学效果比较理想。孩子们在老师的帮助下将自己的套色荷花团花作品熨烫在宣卡上,开心地分享自己的创作,将自己的体验和创作中出现的问题进行了交流,在这个过程中充分体现了孩子们认真学习,将自己的创意体现在作品中的喜悦,从中也可以看到孩子们对于传统艺术之间融合的传承与创新。

——何晓萌

剪纸是中国的传统文化，也是我们五三班美好的回忆。

当听到我们班要去参加济南市班级艺术节现场剪纸展示的消息，我们全班沸腾了！就像何老师所说，我们班可是有剪纸底蕴的苗子班级，因为我们班有十几个同学曾在剪纸社团专门跟着学习剪纸，我们其他的同学也都在年级大课还有美术课上学习过剪纸，所以大家一上手还是很不错的！

何老师在黑板上画了一朵荷花，让我们学着画，也发了一些她自己剪出来的泉城景观荷花小鱼的花样，我们每个人都各显神通，有的得心应手，也有的苦心历练……

赛场上从容应战，还真是不容易呢！展开红纸画好自己喜欢的荷花小鱼图案，起初的紧张慢慢消失了。随着剪刀咔嚓声声，红纸屑纷纷而落，小鱼儿游到了纸上，荷花也慢慢盛开了起来，灵动在指尖的一幅荷花图卷，徐徐展开，我的心也变得甜蜜了起来……

——吕梦懿

我们要去参加市级的班级艺术节啦，我可以大显身手啦！何老师给了我一个漂亮的大团花图案。你看，上面有圆盘似的荷叶，含苞待放的荷花，活蹦乱跳的小鱼，还有一只小巧玲珑的小莲蓬。

我想起平时老师教的单个图案就开始剪了，不过剪得不怎么好看。有时荷花缺个花瓣，有时小鱼缺条尾巴。我开始认真请教老师缘由，原来是剪的时候我没有给荷花留空没有考虑到连接问题，如果不留空，荷花就会掉下来。经过长时间的练习，我剪得越来越好了。终于到了正式现场剪纸展示，我心里还是有点紧张的。我深深地吸了一口气，慢慢地平静下来，拿出一张白色宣纸，对折两下，画上荷花、荷叶、小鱼、莲藕，我又拿起剪刀，小心翼翼地按照画好的图案剪。我注意给荷花留空，还给它剪了漂亮的毛刺。剪完后，我开始学着国画色渲染的步骤，粉淡淡的荷花、红色小鱼、碧绿的荷叶，上色渲染几遍，等待快干了的时候，我小心翼翼展开纸张，一幅漂亮的荷花小鱼套色团花剪纸展现在我的眼前，我的心里像吃了蜜一样甜，我付出了就有收获。

——王舜尧

幸福花田

　　老师教给我们的第一个小作品是一朵小荷花，看着老师轻巧地转动着剪刀，小剪刀在老师的手里像是充满了魔力，一会工夫，一朵栩栩如生的小荷花就剪出来了。看着老师的作品，我们也都跃跃欲试，准备剪起来。老师给我们讲了剪纸的注意事项之后就让我们开始剪，结果剪子在我们手里并不好用，非常迟钝，剪出来的作品并不像荷花，边缘参差不齐，也没有花的形状，好像什么也不像。我们互相看着彼此的"作品"，都觉得又好笑又失望，剪纸怎么变得这么困难了呢？何老师却没有因为我们的作品不完美而失望，老师认真地给我们讲解剪纸的方法和技巧，在我们尝试了很多遍之后，终于剪出了漂亮荷花。

——石睿琳

　　我们学校引进了非遗剪纸课程，我也有机会学习了剪纸，年级剪纸大课上我学会了剪简单的双喜字，美术课上还学会了剪济南市花荷花。当然这些只是引子，最让我开心的是何老师让我们班去剪纸室剪纸训练，是要参加市里班级艺术节比赛的，我一听高兴得一蹦三尺高。剪纸是一种享受，双眼盯着花样，剪纸就像剪自己心里的画一样，仿佛花"开"了，可爱的荷花图就这样活了。剪纸可是一门仔细活儿，沉不下心的人是做不好的。

　　我们去了赛场，进了布置了我们不少剪纸作品的屋子里，我专心致志地画图，生怕哪一点我画错了，连不起来。开始剪了，我选了一把好用的剪刀，按我画的铅笔线剪了下来，剪好了，就把作品放在了卡纸上，平时剪得不错的，由于沉不下心，有些小紧张所以剪错了好多地方，还好，背胶的红绒布比红纸好修改，自己觉得很满意。

——康诗洁

　　回想起剪纸现场展示，高兴归高兴，剪纸还是有难度的，我们曾经学习过简单的剪纸，但是何老师说了，这次我们要上难度，创新花样呢！我们在老师的带领下进行了刻苦训练，一开始训练时，老师先教我们巩固底子，打牢基础，攻克毛刺大关，说实话这还难不倒我们，我们毕竟是练过不少次呢。再难一点就是剪荷花、小鱼，还有泉城的景观趵突泉什么的。印象最深的是刚进赛场剪纸的展室，我们就被屋内那各式各样的剪纸作品惊住了：这些剪纸作品不都是我们学校剪纸社团平时练习时剪的作品吗？这阵势，还真是好看！

　　因为我是大包组，所以我剪完后还要贴在大包上，我剪的是小亭子、趵突泉的水，还有小荷花，在剪的时候我小心翼翼地，生怕把它剪坏了。其他同学也都是格外认真地剪，通过这次剪纸活动比赛我们真是受益匪浅，从原来的不会剪纸到现在的剪得很好，最重要的一点是我们明白了只要认真就没有做不成的事。

——刘广霖

　　何老师让我们专门练习毛刺，要知道这可是我的难处啊！我只得无可奈何地拿着那红红的纸，专心练习起来，我按照老师说的步骤，专心致志地剪，只听"咔"，坏了！唉，失败了，没事再来！我重复上次的步骤，打起十足的精神，结果又听见一声"咔"，又坏了。振作起来，再来一次！这一次我心里一直念叨着：一定要剪好，一定要剪好……"咔"。唉，可实力不允许啊！这时何老师走过来说："怎么了，没剪好？没事，来我给你做个示范。" 说着老师便拿起剪刀和红纸剪起毛刺，我认真看着老师的手，从中让我发现了许多与我不同之处。纸随着剪刀转，很快又细又长均匀的倒三角形小毛刺出现了，简直是太像毛发啦！"不要泄气，多练习练习就好了。"听完老师的话，让我明白了，只有掌握技巧，多加练习，坚持不懈，才会熟能生巧。

　　一把普普通通的剪刀，一张普普通通的红纸，就可以创造出形象生动，色彩缤纷的剪纸作品，这都是平日里刻苦练习的成果啊！

——邵子菡

　　我班有幸与民族文化来了一次亲密接触，我们班要参加济南市班级艺术节啦，我们要展现非遗课程剪纸！何老师给我们展示了不同的剪纸的形式，

幸福花田

有生动有趣的荷花团花剪纸，还有趵突泉、千佛山、大明湖的套色剪纸，还有熨烫在T恤上的剪纸，真是太美啦！我们班每个同学，都认真地欣赏着，听着何老师给我们一一介绍——每一个环节都比较细致。过足了眼瘾，我们的手也痒起来，都想大显身手。接下来，我们进行剪纸基本功的训练，在训练过程中，老师给我们耐心的指导，让我们感受到剪纸艺术是一门"易学"但"难精"的艺术。一把剪刀和几张纸，经过我们灵巧的双手，就可以变成生动形象，姿态各异的精美图案。

将剪好的图案贴在挎包、手机包、灯笼、纸盒上……以表达我们喜乐感情及生活感受。尤其，在欢庆节日里，用那五颜六色的彩纸剪成各式各样的花草、动物或人物的故事，更衬托出节日的气氛。

——邓涵之

剪纸时光，可以说是五味杂陈，酸甜苦辣咸，尝了个遍，最难忘的是我们在训练过程中的坚持和不放弃。

全班分组练习，进行不同形式的剪纸训练。我被分进了大图组，大图组中有不少剪得很好的同学，我一定要好好剪、好好练，用最美的剪纸图案证明自己的能力。有一次，我不小心把一条小鱼的眼睛给剪断了，我非常着急，如果继续剪下去，会因为这个眼睛而不美，就成了"独眼鱼"了，整幅画面就不和谐了。也有不少同学劝我，不要这一张了，换一张，重新剪。而何老师笑着说："如果继续剪，不要这个眼睛了，会很不好看，但可以在它旁边画一片荷叶呀！"我和老师的想法差不多，就听从老师的建议，用一片荷叶遮盖上来，这样一修饰，既美观又好看。这次也使我明白开动脑筋、灵活处理问题的好处。比赛的那天，我信心百倍地来到赛场。场地非常大，来到一间布置着我们剪纸作品的教室，大屏幕中正播放着何老师创作的

泉城景观套色剪纸，还有穿着汉服的荷花仙子在介绍剪纸呢！我们全情投入其中，剪刀的咔嚓声简直就是一首美妙的乐曲……剪着剪着，这段时光就不知不觉地过去了，流转在我手中的是小鱼嬉戏在田田荷叶之间，荷花盛开着仿佛在说着我的所有努力和投入，我的内心乐开了花。

——柏舒赫

我们收到了一个特别的消息，我们要代表全校的同学参加济南市班级艺术节剪纸比赛！我们简直不敢相信这天大的好消息，可是这是真的，我们兴高采烈地欢呼着。好在我们班有基础，少了一些手忙脚乱，但是剪纸也不是一蹴而就的活儿。一套剪纸的流程，我们也是渐渐熟悉起来，折叠纸张、画出图案、剪出图案，当然这里面是大有学问的：适合纹样的构图，就是讲究一些荷花、荷叶，还有莲藕的布局，每个物体之间要有连接，不能使用单线条，画出要剪掉的部分……

剪纸的时候我们也遇到了困难：怎样把红纸镂空，怎样把毛刺剪得又漂亮又精细，这些都是我们所遇到的麻烦，有老师的帮助和同学们的互帮互助，这些都迎刃而解。每个同学都剪得栩栩如生，神气活现的，好看极了！

——曹安齐

有的同学细心地做剪纸前的绘画准备，有的同学小心翼翼地剪着精细的花纹，有的同学细心地在白色剪纸上增添色彩。我剪的作品是一个荷花池，也是一个团花，荷花池中有荷叶、荷花、水草、莲蓬、小鱼和毛刺形状的图案。最难的就是许多地方要剪出毛刺形状的图案，而我剪出的毛刺图案不匀称，还不好看。但我没有灰心，而是利用废纸反复地练习，经过我的努力，终于把这个毛刺剪好了。漂亮的毛刺，让图案又精细了几分，终于剪出了我认为满意的

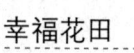

作品。通过这次剪纸活动,让我懂得了,遇到困难不要轻易放弃,要迎难而上,做任何事情,都要细心、专心。

——曹雨琦

  剪纸练习上难度啦!我这次特别认真用心,剪完我自己觉得特别好看,特别精致。但好景不长,我要剪更有难度的70周年图案了,这个看起来简单的数字,其实0里面还有一个荷花,十分精致,7和0之间完美结合在一起。你别看我上面说得这么简单顺利,其实我遇到了一个大"灾难",那就是"毛刺危机"。开始,我看老师剪得这么细,这么小,我在做样子画时,画得又小又细,我能画得非常完美漂亮,但因为又小又细,剪子无处可下,再加上我的不灵活的手,要命的是剪不出来呀!心里想:"小了剪得很烂,大了又剪成了毛刺,到底怎么才能剪得符合标准完美呢?"经过老师指点和我多次认真修改,剪纸完成,终于成功了,不仅灭了毛刺危机,二期作品还非常漂亮哦!

  通过这次剪纸比赛活动,让我明白,只要心静下来,拿出认真态度对待每一件事,就一定能克服难关,得到一份完美的结果。更通过剪纸活动祝中华人民共和国70周年生日快乐,让我更爱我的祖国和中国传统民间艺术。

——费子轩

  剪纸是我国的民间传统手工艺术,剪纸艺人们在那红色的镂空里倾注了自己的爱,我被那红色深深地吸引,喜欢上了红纸随着剪刀旋转时优美的舞姿,喜欢上了红纸屑纷纷飘落的静美,更喜欢上了在剪纸室全班认真的剪纸时光……练习剪纸就是一个下足功夫的事情,只要一坐在那里,手上的剪刀和红纸,就像有魔力一样,让你爱不释手。

  我剪的是两朵荷花,荷花的花瓣圆鼓鼓的,最底端是一大片荷叶,

来托着荷花。虽然构图简单，但是要细致起来，也不容易。毛刺可是最具挑战基本功，均匀而且又细又长，达到这个标准才行呢！功夫不负有心人，我们最终的剪纸作品非常令人满意的：剪得栩栩如生，大赛上有很多领导专家还有其他学校师生来参观。听着他们的夸赞声，我们每个人心里都美滋滋的。

——冯淇然

我怀着一分好奇、两分激动，走进剪纸室，桌子上已经摆放了不同的剪纸作品：有大荷花的挎包，还有小灯笼上游动着的小鱼，还有精致的小手机包……老师给我们分了组，我分到了手机包大组，这听起来可不像是个简单的工作，需要亲自缝制个能装下手机的包。没有缝制经验的我拿着银针却不知该如何下手。何老师给我们缝制大包和手机包的同学们进行了示范，还强调了重点：反着缝制，使用锁骨针，绕线，还真是不容易学呢！但敢于挑战的我还是决定试一试，回到家里穿针引线，就费了一番功夫，好在还有妈妈在一边指导，一个手机包渐渐成形。但由于经验不足，手机包有处瑕疵露着线头，大针脚像扭麻花，有些丑丑的。无奈我只好向妈妈求助，妈妈的手像蝴蝶翻飞般，几下就帮我搞定啦！一个小巧玲珑的手机包呈现在眼前时，我开心得不得了，自豪自己还学会了缝制手机包，贴上自己剪出的荷花图案，美美哒，真是该给自己点个赞呢！

——许竞舸

有人会问：几张纸和一把剪刀，有什么好玩儿的？我来告诉你：剪纸很有趣！可以剪出美丽无比的窗花和生动可爱的小动物，还可以提高我们的动手能力哟！耐下性子看着何老师给我们做示范，原来缝纫时要把里面的一层翻到外面，缝完了再翻过来哦，还要找个小绳缝上哦！还是赶紧上手一试吧，找针穿线学着缝起来，虽然针脚不是很工整，也算是看得过去，这样，手机包就完成了。外面的剪纸不要太大，要用植绒布剪，这样，剪完了就可以直接贴到包上了。我剪的是一个未开放的荷花立在荷叶上，首先要先画出这个图案，再剪。里面有很多难剪的部位，我想过放弃但不忍心也不想半途而废。

 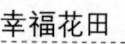

总算是把图案剪活了，贴到手机包上，还真好看，我准备把这个手机包送给妈妈当礼物，想想妈妈惊喜开心的样子，我的心里就美得不行啦！剪纸变成了我的快乐消遣，我便喜欢上了剪纸。它也使我懂得了坚持就是胜利的道理。

——黄可馨

有的在剪蝴蝶、有的剪鱼、还有的在剪趵突泉的亭子……赛场上的我们聚精会神地忙碌着的时候，老师也没有闲着，在我们身后偷偷地给我们拍照。我们都没有注意，当回到家后，老师把照片发到网上后我们才知道，也感谢我们的老师给我们留下了这美好的一刻。在那次活动中我们也获了奖。我们的努力没有白费，我相信只要付出就有回报！

——李佩霖

套色剪纸是一项非常有难度的剪纸，我们是使用白色宣纸来剪，它要比红色宣纸软，掏空非常不好掏，但只要找到了方法才不觉得难。我们剪的是团花套色，团花剪坏一处，这个作品也就废了。就因为这个，我曾想放弃，但在何老师的鼓励和指导下我又重新振作起来。套色剪纸最重要的，也是最关键的地方就是染色了，染的时候，不能太重也不能太淡。郭沫若写过这么一句："增之一分则嫌长，减之一分则嫌短，素之一忽则嫌白，黛之一忽则嫌黑"来形容白鹭的脚。套色剪纸也是这样，无论前面剪得多好，只要颜色出一点差错，就毁了整幅作品。比赛的过程中我没有紧张，而是放平自己的心态，剪好我的作品，染好我的作品，这一次活动增添了我的动手能力和知识，也让我懂得了许多的道理，最让我受益匪浅的是懂得了"坚持就是胜利"的道理！

——李思瑜

剪纸课上我们分了组，有团花、大图、手机包、灯笼组。我们都非常期待了，大家剪起纸来都非常安静、专注，只有"咔嚓、咔嚓"的剪刀声，连根针落地的声音都能听到。同学们不喊苦，不喊累熟练地用着剪刀，偶尔会有窃窃私语声,轻声地商量着下一刀应该从哪儿剪。比赛的时候,我们个个胸有成竹,比赛进行一半时,评委团的老师们一进来就被这形态各异、千奇百怪的剪纸花样深深吸引住了。老师们拿起我们的作品,举过头顶,倾斜成45度角地观赏,我们仿佛剪纸大师一样,被专家赏识着,那种优越感无以言表。偶尔专家会问问我们的构思,我们便一一道来,阐述着作品的由来。这次的比赛虽然时间很短,只有一个下午的时间,但让我们增强了信心,也更加热爱剪纸文化。

——李垚锐

往日沉寂无声的教室里突然变得喧嚣起来。原来,老师公布了一个好消息:我们要去参加剪纸大赛。别人都欢呼雀跃,而我却在想:我这个"纸盲"该怎么办呢? 接下来,我接受了剪纸训练,说实话,我几乎每隔一两天都想退出,可我一看到同学们认真练习的样子和美丽的剪纸图案时,我立刻就来劲了,告诉自己不能放弃,坚持到底。终于,比赛如约而至,我从心里安慰自己:别担心,放轻松,只要你全力以赴地做事,就一定能做好!到了比赛地点,我小心谨慎地剪纸,不敢出任何差错,有了平时的勤学苦练,才会有赛场上的从容应对。这场比赛让我懂得了"只要功夫深,铁杵磨成针"这个道理。

——赵 京

通过很长时间的练习,我们都剪得有模有样,应了四个字"熟能生巧"。因为我那次剪好了一个,就觉得我不用再练了,老师教育我"一定要再练,你现在还不熟练"。于是,我每天都要练习,剪得是一天比一天好。每次剪完一些,我都会拿给老师看,希望得到老师的指导。这样,我才会一天比一天进步。到展示那天,我才不会因不熟练出现剪错、多剪少剪等现象而不能为班级做出贡献。果然,有付出就有回报。那天,我全神贯注地剪着自己的图案,不想出现丝毫差错。最终,我如愿以偿,获得了奖状。我觉得我越来越喜欢剪纸了,剪纸是我们的非物质遗产。剪纸使我快乐,我觉得很有趣。

——赵文源

幸福花田

　　一把剪刀，几张红纸，在艺术家的手里左剪剪，右剪剪，立刻就变成了栩栩如生的作品，令人惊叹，更令人羡慕不已。何老师对我们说："剪纸艺术是一种中国传统民间艺术，已被列入非物质文化遗产名录。我们的学习是一种传承，更是一种贴近生活的创新。"因为，我们将进行手机包、挎包、灯笼、T恤等的创意剪纸，我们一个个很是兴奋，期待着这次剪纸的创意之旅。

　　剪纸要先学会画稿，注意每个画中物体之间的联系，不能剪断，要做心中有数，再用剪刀剪。班里响起了唰唰的声音，声音一点点地变小，我拿起剪刀开始第一次剪作品，不一会，成功了，一朵只有一个瓣的荷花出现了，当然，我也不满足，自己不断地给自己上难度，超越前一次的练习，经过不断的努力，我成功地剪出了自己认为很满意的作品。坚持就有收获，对了，就是这个道理。

——刘亚轩

　　一把剪刀可以剪出团花、柳树、小金鱼、荷花、十二生肖、人物、民间故事、风景名胜、城市……我剪的是团花，是用白色的宣纸剪的，剪好之后，我再将国画颜料把它染上好看的颜色，这种手法叫作渲染。跟着何老师学习套色剪纸的过程，对于我来说既是挑战也是享受。当一幅幅作品出现在专家领导们面前，我们收获了无数的赞叹，内心的喜悦无以言表。我爱剪纸，是它给了我这一次剪纸比赛的机会，是它让我懂得了付出必有回报这个道理。

——白曙豪

　　俗话说："熟能生巧。"我吸取了以前的教训，每次都剪得非常小心，尤其是容易剪断的地方。过了一段时间后，我已经剪得很好了。到了比赛那一天，我们怀着激动的心，来到了比赛现场，在我们剪纸的时候，有六百多名老师参观了我们学校的作品，老师们纷纷赞不绝口。还有来自其他学校的小朋友，他们也对我们的作品非常喜欢。这次比赛让我明白了，坚持就有收获。

——毛　烽

回想起剪纸的时光，我遇到过种种困难。一切困难都在我们的不懈努力下被克服了，让我明白了坚持就会胜利的道理。记得刚开始，何老师带着我们走进剪纸室，就像走进了剪纸的天堂，荷花游鱼、泉城景观，最有意思的是灯笼上贴着的小螃蟹，哈哈，瞪着眼睛挥舞着蟹爪看着我……正当我看得入迷的时候，何老师让我们开始训练。说起来，我在年级大课时剪过双喜字，还是很感兴趣的。首先练带毛刺的荷花，基本功先练好了，才会事半功倍。赛场上的我信心十足地剪着纸，喷着泉水的泉标，清风拂动的长柳，盛开着的荷花，一幅美好的画面在我手中展开，贴上了缝制好的挎包。真是太幸福了！

——宋泽浩

　　我回家剪了好多小鱼，却剪不出我想要的小鱼形状……我连忙问爸爸：你能帮我剪一条小鱼吗？只见他拿过一张纸对折后再对折然后叠成三角形，从中间开始剪起，一会便交给我，让我打开看看。我小心翼翼地沿着折痕慢慢打开："哇"，真的是一条鱼的形状。我差点跳起来："太神奇了！"这么简单啊？"还没有完呢！鱼鳞和眼睛剪出来才有神韵呢？"爸爸说。

　　我小心翼翼地按爸爸交给我的步骤在小鱼身上剪出一个个小小的月牙形状，慢慢地头、眼睛、尾巴，一条完整的鱼雏形就完成了。爸爸说："要是想做成窗花在老家还要挂浆、染色。"这让爸爸想起了他的童年往事，爸爸老家潍坊农村老家有句谚语叫"过完腊八天天年"，就是说过完腊月初八家家户户就开始预备过年的东西了，年画、剪纸、窗花、对联都是必不可少的，老家最出名就是杨家埠剪纸和窗花，让我心生向往……

——孙鸿明

　　俗话说熟能生巧，我正是在参加剪纸活动中验证了这句话。

　　我看到别人剪出来的那细致图案，一见就让人产生爱慕之心。而看我这歪七扭八的图案，一见就让人心生"小窃喜"，哎，也真是没办法。不会就要向别人请教，不信，还有学不会的事情，相信经过我的不懈努力总会验证熟能生巧，手到擒来的！

幸福花田

　　从此，我只要看见了一个不会的"绝招"就会请教。有一次我们看着黑板上的图案，直呼好难啊！但是我看见旁边的小吕却认认真真地画着、剪着。于是我问小吕："这么难你却画得这么细致！"小吕回答："只要你认认真真去干一件事，分步去观察画出形状，再去动剪刀，练好毛刺基本功，最后你一定能成功的！"听完后我学会了认真观察，画出大形状，再画出小细节，反复练习，最后小心翼翼地终于剪出了自己满意的作品。特别感谢小吕让我受益匪浅！

——唐新亚

　　何老师先拿了一张红纸，然后用笔在上边画了一个荷花和荷叶，再用铅笔描了描，就开始剪纸了。何老师说，剪纸要先把小的剪了，如果先剪大的小的就不好剪了。终于，何老师剪完了一幅作品，真是惊艳绝伦！我们班同学一个个跃跃欲试，迫不及待的样子。我先画了一支荷花，又画了一片荷叶，我乍一看，发现荷叶左宽右窄，荷花左高右矮，我赶紧拿橡皮擦了，又重新画了一遍。这一次我的荷花都快画成扁豆了，何老师看了我的图说："荷花应该画得饱满一些，不要画得那么扁。"几番波折，我终于画好了。我拿起剪刀刚剪了一下，发现，剪错地方了，我又画了一张，我画完之后把这几幅作品剪出来，发现几乎剪得都不错。在这次剪纸活动中我真是一举两得，既增长了知识，又悟出了一个道理：世上无难事，只怕有心人。

——田泽宇

　　终于有机会满足我的好奇心啦！原来学过剪双喜字，我以为这次也是如此，可是老师却让我们先在纸上画一朵荷花。我以为画好按照荷花的形状剪了就行了，可是我又错了，老师又让我们在荷花的花瓣上画了毛刺，等画好了之后才开始让我们剪。一开始我总也剪不好，我剪的毛刺和老师剪的完全不一样，我剪的毛刺像锯齿，老师剪的毛刺又细又长，就和真的荷花上的纹路一模一样。慢慢地终于我剪得越来越好，有好几次老师都夸我剪得好。快过年了，我剪了许多团花贴在窗户上。妈妈说我剪的比买的还要好看！剪纸不单单是一种艺术,还是我生活的一部分,我希望有越来越多的人喜欢剪纸!

——王姝涵

一把剪刀和几张纸,经过灵巧的双手,就可以变成精美的图案!鼠年来了,我学会的剪纸技艺派上用场啦!剪一幅鼠年剪纸:第一步,把正方形的彩纸,折叠之后再折叠,折成一个小正方形!第二步,在这个小正方形表面,开始画图案,记住,要认真仔细画哟。我画的是一只小老鼠,翘着尾巴东张西望,旁边我画了一个福字!寓意鼠年福气又安康!我又画了几朵荷花进行点缀,寓意永远和和美美!先从老鼠的眼睛剪起,我拿着剪刀一点点进行裁剪,渐渐地把眼睛镂空,接着是老鼠的身体,一点点进行剪裁,经过我的认真努力,终于完成了!接着开始剪福字,首先把福字的口字部分一一剪成镂空,这样福字就显现出来了!最后就剪荷花啦,我先剪的一个个小小的花瓣,花瓣上剪出小小的毛刺,最后剪出花托!荷花就被我剪出来了!一幅美丽的鼠年福字窗花制作完成啦!真是好看!我把它贴在我家的窗户上啦!

——杨岐鸿

学会了用白宣纸画荷花金鱼,耐下心来剪出图样,用毛笔蘸了自己喜欢的国画颜色尽情渲染,红的荷花,碧绿的叶子,真是美极了!等上一段时间,颜色干了,小心翼翼展开团花,一幅套色剪纸便生动地呈现在眼前,乐悠悠的小鱼儿在田田荷叶间游来游去,可爱的小螃蟹也红起了脸……站在一边看着老师给我用熨斗熨烫在宣卡上。看到自己的作品我特别有成就感,不过在剪的过程中必须要有耐心、要细心、要认真、要能安静下来坐得住才行。

——王可歆

剪纸,最重要的是怎样剪。原来学过的一些剪纸的技法还不太熟练,老师就不断地给我们做示范,鼓励我们慢慢剪,用剪刀慢慢地把纸上该剪下来的,去掉。呀!剪坏了,对于我们这种初学者来说毛刺是最困难的。可是当我们

 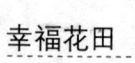

掌握了技巧之后，再剪就不困难了。通过剪纸训练，我们学习到了许多剪纸的知识与技巧，更重要的是懂得了很多道理。

——张译文

"咔嚓咔嚓，咔嚓咔嚓"，我现在置身于育贤中学的济南市班级艺术节剪纸展演中……我安静地等待着比赛的开始，但心中仍然充满了压抑不住的兴奋，就在此时我们听到了开始剪纸的指令，同学们一个个都拿出了浑身解数，使出了自己的看家本领，剪大图的剪大图，剪团花的剪团花。我们小组是用背胶植绒布剪出图样，再粘贴在一个灯笼上，我剪的是螃蟹。我有一个嗜好，剪纸先剪边，然后再剪难的部分，我以风的速度剪完了我的螃蟹，可能是因为我今天的手感好，兴奋点高，我剪得一点也没有瑕疵，将我的螃蟹粘到了灯笼上，看着我们合作剪出的作品，心中洋溢着收获的喜悦和努力后的成就感。

——张远昊

剪纸，是我们中国的传统文化艺术之一，呈现着我国深厚的文化底蕴，给我们带来了许多说不尽的感受。我碰上一个难题——纸上花纹复杂，搞不懂怎么剪。在我疑惑不解时，同桌看出我的疑惑，便好心地帮助我，老师看到后耐心地给我做了示范。后来，在同学与老师的帮助以及我的不懈努力下，我把这个大难题攻破了。这让我感受到了同学与老师的热心帮助，也体会到了努力所带来的快感。在最后一次比赛活动中，开始，我一直沉浸在紧张的氛围中，后来慢慢地放平了心态，因为有了平时无数次的剪纸练习打底，一种自信，一种技高人胆大的自信，让我平复了心情，以最快的速度，完成了一幅最完美的剪纸作品，体验到剪纸的魅力，同时也感受到成功的快乐……

——张　泽

我是套色团花组，首先学会的就是对折好白宣纸，画好我要剪的图案，之后就开始剪了，剪完了就到了最重要的阶段——上色渲染。这是个技术活儿，我们仔细看着何老师示范，各个跃跃欲试呢！迫不及待为自己的作品化个妆……首先拿一支毛笔,蘸好清水,选好自己喜欢的国画颜色,红色的荷花,我选择了曙红颜料,挤上颜料就开始染了,何老师指导着我要控制好水分的多少,注意色彩晕染的效果,染完正面再进行反面渲染。渲染可不是一遍就成,需要等待第一遍基本干了以后,再去做第二遍的调整上色,如此反复几遍才成,晾干之后还要小心翼翼地展开团花,一幅色彩淡雅的荷花图便盛开啦!真是太神奇啦!

——赵艾茜

  正值中华人民共和国成立70周年普天同庆之时,我们五(三)班很荣幸地代表七里山小学参加济南市班级艺术节,在老师们的指导和帮助下,进行了"荷韵泉城·我和我的祖国"非遗剪纸课程班级手创艺术作品现场展示,向中华人民共和国70华诞献上一份最珍贵的生日礼物。我们将自己满满的爱国主义情怀,倾注于每一张剪纸作品上。有的同学剪的是背包上的趵突泉图案,有的同学剪的是灯笼上的小鱼、小螃蟹,有的同学剪的是手机包上的荷花,还有的同学剪的是团花。两个一组三个一组一起合作出一幅大明湖丹青荷韵,还有趵突泉的亭台楼阁等等。大家通过剪纸方式把济南的美景表达出来了,表达我们对家乡济南深深的热爱之情,歌咏着我和我的祖国……

——赵浩月

幸福花田

剪纸包装设计特色课程纲要

王 剑

【课程开发前言】剪纸包装设计特色课程的开设，得益于济南市非遗传承进校园项目和我校教师专属课程启动。剪纸包装设计中突出剪纸文化元素，具有本土特色同时又独具特点的产品包装。在现代包装设计中运用我国传统剪纸艺术不仅能够促进传统艺术的传承，同时还能够通过包装设计的载体得到发展，又使得包装设计的表现方式呈现多元化。我校引进非遗传承进校园，吸引了学校很多师生参与，学校进行年级普及大课，在课程体验中传承优秀非物质文化，践行"为人生幸福奠基"的办学理念。随后学校组织了剪纸社团，在非遗传承王涛院长的亲自指导下，我与另外两位教师和全体社团的同学，成为最大的受益者。与孩子们一起学习剪纸的基本技能技巧以及和孩子们一起进行创新。在王院长的指导下，我们进行了"荷韵悠悠"主题系列的剪纸作品创作，社团师生与社区老艺人一起开展指尖上的民族风老少联手剪纸活动；社团师生近70幅作品在区教育局展厅进行了为期一个月的展出，得到专家领导的高度赞誉；参加市非遗传承教学成果现场展示，《我们剪纸这一年》册页长卷、30余幅荷韵团花宣卡、T恤团花熨烫等作品，受到参观领导、群众一致好评；17名社团师生参加市非遗手工技能大赛均获得优秀奖。社团师生在积极筹备作品展和参加社区活动、成果展示以及技能大赛的过程中，开阔了眼界，提高了技能，提升了自身素养，也提高了自己的剪纸能力，并开始尝试在传承的基础上结合自身专业特点带领着剪纸社团的师生进行"剪纸与生活"的专题探索。以人为本，展现人与自然的和谐共存的设计理念，在设计中运用传统剪纸技术不仅可以让现代包装设计的基本形式变得丰富多彩，同时，还能提升现代包装的底蕴与内涵，最终促进学生的审美与创造能力，对剪纸进行包装设计创新。剪纸艺术极具中国特色和文化内涵，现代包装设计旨在提高美观度，并应用于生活中，我们创作出千佛山、大明湖、趵突泉、泉城广场、芙蓉街等荷韵泉城景观纸册页长卷，并把剪纸作品利用转移纸为媒介，通过古法熨烫的方式把学生设计的作品熨烫到T恤衫上、书包上、抱

枕上，还设计了有剪纸元素的包装礼盒、剪纸挂盘等等与剪纸相关的剪纸装饰品。

【课程理念】以传统剪纸艺术为抓手，在课程设置中着力于文化的传承和发展、引导教师具有现代美术教育教学正确的价值取向。课程中以师生的"发现和创造"为宗旨，在课程中渗透民族文化精神。注重对传统的技法进行分析，既要继承又要创新和发展，更要引导、激励学生在现代剪纸活动中发现适用的新的技法，新的形式。在教学过程中也需要创设条件引导学生关注材料和工具的使用，引导他们对形式感产生兴趣，适度激发他们对技法探究的热情。同时要给学生足够的探索技法的空间，使学生在学习现代剪纸的过程中得到艺术感悟能力的培养。

【课程目标】剪纸包装设计特色课程作为教师结合自身专业特长，创新研发的专属课程，本着"生本性原则、艺术性原则、融合性原则、创新性原则"的课程实施原则，以传承优秀非遗文化为主要目标，让学生在课程学习实践中，充分了解剪纸特点与在生活中的应用相结合的艺术特色，传承优秀文化的目标，围绕这个主要目标，确定了以下具体目标。

1. 艺术传承创新目标：非遗剪纸课程进校园，深得我校师生喜欢，在弘扬民间艺术和传承民间艺人高超的剪纸技艺的同时，社团师生进行"荷韵泉城"专题技艺传承与创新，形成独特的有剪纸元素的剪纸包装设计等创新作品，如剪纸元素的包装礼盒、剪纸挂盘、剪纸抱枕、剪纸挎包、剪纸手机包以及立体的剪纸灯笼，等等。

2. 艺术素养提升目标：在学习剪纸的过程中，师生共同传承传统的剪纸技艺，提高自身的美学修养，并进行了剪纸的变化与创新，把剪纸与包装设计相结合，在用剪纸来美化生活的过程中提高艺术欣赏和创新传承的能力。

3. 艺术技能学习目标：在非遗传承人王涛院长专业的指导下，进行剪纸包装设计的普及，形成独特的有剪纸元素的剪纸包装设计等创新作品，如剪纸元素的包装礼盒、剪纸挂盘、剪纸抱枕、剪纸挎包、剪纸手机包以及立体的剪纸灯笼，等等。

【课程内容】课程开设内容主要是剪纸包装设计基础知识普及学习；学习剪毛刺、剪团花等传统剪纸艺术技能技巧，学会设计团花花样，学会剪纸转移到载体的技法。运用熨烫技术进行荷花宣卡、T恤等熨烫，以及利用白色帆布制作熨烫荷花团花等花卉和动植物等抱枕、背包等创意剪纸作品设计，

激发师生对非遗剪纸艺术项目的热爱之情和积极学习传承创新的信心，从而达到提升师生艺术素养的目的。

【课程实施】剪纸包装设计课程在小学义务教育阶段4—6年级开设，通过年级美术课普及与剪纸社团培优两种形式进行课程与提高指导，每周周四一个半小时社团培优活动，对年级学生和参加艺术培优的学生进行剪纸技艺的提高性学习，运用熨烫技术进行荷花宣卡、T恤等套色熨烫，以及利用白色帆布制作熨烫荷花团花等花卉和动植物等抱枕、背包等创意套色剪纸作品的创意设计活动，定期进行创意作品的交流和展出，积极引导社团师生参与非遗文化传承手工技能大赛，提升师生艺术素养和技能，促进剪纸学习效果的呈现和优秀文化的传承。

【课程评价】学校课程管理委员会对教师专属课程的实施进行过程性的指导管理，实行课程三级管理机制：校长室负责对课程的开展进行统一的课程实施安排；教导处负责课程的管理与协调工作；教师个人对参与课程实践体验的学生进行具体的管理和评价。课程实施过程性评价，制定课程实施计划，严格按照时间段进行课程学习和指导，同时在课程学习的过程中采用课程学习跟踪性评价，做到课堂学习纪律有保障、剪纸活动有秩序，确保师生剪纸课程的顺利实施。学生剪纸包装作品，定期交流展示并及时记录，以剪纸学习小印章获得的数量还有孩子们课程学习过程性评价综合进行"金剪小巧手"喜报等形式的表彰和激励，保障课程的顺利实施和学习成效。

【课程研发价值与效能】荷韵泉城、箐箐校园、剪纸挎包、装饰挂盘等系列专题剪纸包装设计，在传统的剪纸技艺上进行创新，根据学生自身的学习情况以及学习兴趣，分组进行各自作品的创作，有团花剪纸组、灯笼剪纸组、挂盘剪纸组、挎包剪纸组等等。不仅激发了学生们参与剪纸课程浓厚兴趣，还创作出丰富的剪纸包装设计的作品。我们每学期都会进行创意作品展览和交流活动，评选出优秀作品参加各级各类比赛。我们老师和学生一起积极参与各级手工技能大赛，为师生搭建更广阔的学习空间和展示舞台。

剪纸包装设计课程的实施极大提高了学生们学习主动性，娴熟了剪纸技艺，剪纸作品有了更多的创新。社团师生在市非遗成果展示和市非遗手工技能大赛上表现出色，斩获了很多奖项；还迎接各级参观团赠送精美作品，并在学校135课题中期课程进行展示：学生们现场剪纸并穿着自己设计的富有剪纸元素的T恤衫做精彩汇报。

课程故事汇

参加学校剪纸社团，学习团花剪纸；荷花、柳树、泉城景观都成为颇具地域特色的剪纸内容。泉水的流动感，荷花的出淤泥而不染，游鱼的自在清闲，在我们的手中栩栩如生了起来……喜欢上彩色剪纸，就像是一见钟情的目光，专注地绘制自己喜欢的荷花图，耐下心性享受着剪刀咔嚓声乐的美好，学着用国画颜料彩色点染填色，色彩古雅而不失鲜艳，醒目而不失自然。套色剪纸通常以阳刻为主，与点染剪纸相反，荷花泉水大量线条行云流水，粉淡淡的荷花，田田碧绿的荷叶间，游过几尾彩色的鱼儿，套色剪纸的颜色少而精，但有画龙点睛的作用，与多彩的点染剪纸相比，又平添几分抽象意境之美……

随着学习的深入，我对剪纸的方法也有了更多的了解。剪纸分为剪和刻两种，剪纸线条简洁，一般用于单色和团花剪纸，一次可以剪三五张，偶尔辅以刻刀刻，因此风格平实，更加鲜艳喜庆。刻纸线条细腻流畅，花样繁多。彩色剪纸多是刻纸，一次可以刻七八张。一朵朵鲜花绽放在灵活的剪刀下，手指间，那是清逸的雅兴，更是一种创造美好的情怀……

新年到来时，剪纸艺人们用他们的一双巧手剪出各种象征吉祥的窗花，贴在窗户上别有一番韵味。各种各样的剪纸图案也有各种不同的寓意。盛开的荷花，象征"和和美美"；荷花和螃蟹相映成趣，象征"和谐"；石榴蝙蝠，象征"留福"；金红的葫芦，象征"福禄"；最漂亮的要数姣美的荷花与灵动的鲤鱼，寓意"连年有余"……剪纸为我们的生活增添了趣味，更寄托了我们美好的祝愿……

剪纸的世界，五彩缤纷、引人入胜。剪刀触碰纸张的"嚓嚓"声，那是最美妙的音乐；平凡的纸张，奇迹般地化为一片片美景，那是最夺目的创造！剪纸是神州大地的瑰宝，更是华夏儿女的骄傲！

——薛雨儿

我作为剪纸社团的"社宝级"人物，被她们誉为"社葱"，嘿嘿，这也算是对我这个社团为数不多的男子汉的褒奖了吧。不过话又说回来，我真的是喜欢剪纸。

细数剪纸历程，印象最深刻的当属济南市三馆现场剪纸展示活动啦！我们剪纸社团二十几个人，在何主任、王老师和韩老师的带领下来到了西客站附近的活动中心，一进去，各样非物质文化遗产尽收眼底，有泥塑、脸谱，特别是剪纸！我定睛一看，这不是我们创作的作品吗？荷韵泉城——济南市七里山小学非遗剪纸展，我们都纷纷寻找起自己的作品来，荷花荷叶、游鱼小猪，如同徜徉在荷田，一股自豪之感油然而生。随行的家长当起了记者，为我们拍下珍贵的一幕幕……现场展示开始啦，我们在展览区域坐下，开始剪起来。因为我们统一穿着T恤社团服装，上面贴有自己剪的荷花团花，还

有社团四位身着汉服的"荷花仙子"，向前来参观的专家领导们介绍我们的非遗剪纸，所以有很多人前来围观。终于剪完了！一幅荷花游鱼图，在我手中栩栩如生了起来，当我们社团师生荷花团花展开时，收获了阵阵掌声和夸赞声，我们的心里甭提多美啦！

——陶睿林

一张红纸，一把剪刀，便是他们的战场与工具，而经过一番游走之后，一件件精美绝伦的艺术品就神奇般地诞生了。特别是胡校长还邀请著名剪纸艺术家到课堂上为我们亲自传授高超的剪纸技法，向我们介绍他创作的作品。

真的是让我们大开眼界。平时我们接触过剪纸作品,但是听着王院长对自己所创作作品的诠释,就好像身临其境一样,对作品有了更深层次的认识。在课堂上我们还学习到了些基本的剪纸技法,通过现场的学习,也掌握了些技巧,如月牙纹、云纹、毛刺。觉得还是挺有帮助的。这对平常的生活调剂也是有用的,平时生活中剪些小玩意儿,自我欣赏,自我娱乐,不亦乐乎。另一方面,剪纸需要的是全身心的放松,剪纸可以让我们躁动的内心得以平静!

——崔凯钰

学习剪纸起初是忐忑的,原因有三:1. 剪纸要先画大概轮廓,再细画,画出细节,还要想方设法地把各种图案连接起来。2. 光画完了还不行,还要剪。剪可比画要难多了,不像画一样,画错了还可以用橡皮擦掉,重新画。可只要你剪错了一点点,整幅剪纸几乎就毁了。3. 干这个事情,十分考验耐心,没有耐心,即使你底子再好,也剪不了一幅剪纸,而我恰恰是没有耐心的人。

学完基本功,我们开始剪成品了,而且是和我们泉城的景观、荷花相结合,进行创意荷韵泉城剪纸主题。老师直接把本次的主题告诉我们,然后说一下可以加的元素,让我们自由发挥创意……一幅幅作品灵动在我的指尖上的时候,我便深知:剪纸,让我有了更多的耐心;剪纸,让我的画工更加扎实;剪纸,让我的双手更加灵巧!

——李嫣然

在我小的时候,我的太姥姥会让我跟她学习既实用又简单好看的剪纸。一张纸折叠几下,用剪刀剪几下,打开就是一串小姑娘手拉手的样子。之后,我就能自己发挥想象随便剪,想到什么就画什么,然后再给它们涂上颜色,用胶水粘到墙上,时间长了,那面墙都变成彩色的了。等到我真正学习剪纸时,还是学校里成立了剪纸社团后。学校十分重视剪纸课程,还把济南市的非遗传承人王涛院长请来当老师,在老师们的指导下,我很快掌握了剪毛刺这个剪纸基本功,可以自己设计图案,虽然构图有些粗糙,但是也挺好看了。

——高　源

幸福花田

　　看着老师很轻松地就画好了草图，我也照猫画虎地画出了构图，看着老师一笔笔的勾勒，再看看自己画的图，总觉得画得不好，似乎哪里缺少什么，于是我就去请教王老师。王老师耐心地告诉我需要改进的地方，那里需要注意，还告诉我剪的时候一定要仔细、有耐心。我把王老师的话铭记在心，经过了几次尝试，终于剪出了我的第一幅作品。虽然不算是很精美，但是这是我自己设计，自己剪的。我一定要好好地保存它。我小心翼翼地把作品叠起来，放进书包。

　　通过学习剪纸，让我懂得了以后不管做什么事都得一心一意，仔仔细细，才能又快又好地完成，否则将会一事无成。

——尹相龙

　　王老师先让我们用铅笔淡淡地描画出要剪的事物的轮廓，然后再用剪刀仔细地沿着轮廓剪出来。记得第一次剪的是荷花，因为我平时喜欢画画，所以很快就画完了，但当我拿起剪刀时，却不像老师给我们演示时那样的轻松自如，时不时剪斜或剪过头了……社团辅导老师王剑看我愁眉苦脸的样子，马上过来告诉我说剪纸要耐心仔细，还手把手地教我握剪的右手和拿纸的左手如何协作，力度如何控制等。我就按老师说的做，慢慢地越来越顺手了，于是，我的第一幅剪纸诞生了！看着自己剪出来的荷花，虽然剪到了手，但是也体会到了自己动手所带来的乐趣，也更加喜欢剪纸了。

——陈姝凝

　　剪纸艺术历史悠久，一把剪刀、一张红纸，便能剪出贴近老百姓生活的各种花样，装点着美好的生活。鸟兽鱼虫、花草树木、亭桥风景等人们熟悉而热爱的自然景物成了人们剪纸花样的首选，每逢佳节或是喜事临门，人们都要剪一些大红的"福"字、"喜"字烘托浓浓的节日喜庆气氛。在王老师给我们讲解示范剪纸时，认真学来，才发现原来完成一幅剪纸作品也不是多么困难的事情，拿起剪刀的时候，你就会发现自己画好的图案，早已经变成了灵动的画，只需要遵循阴阳选剪，线条流畅，荷花小鱼便会栩栩如生。

通过这次剪纸的经历,我懂得了做什么事情都要尝试,你认为很难的事情,只要你尝试,掌握技巧,也许会变得简单。

——米吉羽

我们来到了比赛场所,一进教室,紧张的氛围就一下子奔涌而出,我的心"怦怦"地直跳,手心里都是汗。教室里静悄悄的,如果这时一根针掉到了地上,那声音都会听得清清楚楚。老师给每个人盘子里都放好了剪纸用的工具,同学们都聚精会神地剪起来。有的同学剪牡丹花,有点同学剪玫瑰花,我选择剪一幅粉红的荷花。同学们用手中的画笔描绘出栩栩如生的图画,然后精巧地剪下外轮廓,我又拿起刻刀小心翼翼地雕刻着花瓣的边缘,我屏住呼吸,生怕手稍微一用力会把花瓣的连接口给刻断了。经过我们长久以来的刻苦练习,终于可以完美地完成一幅漂亮的荷花剪纸作品。

——张轩铭

学习剪纸要有耐心,先对折,再对折,在边缘剪成一个正圆,也可以加点花样,之后再添加许多的荷花和荷叶就好了,也可以加些小鱼使这个画面活灵活现,展开就是一幅美丽的图案。梅花就复杂了一些。将正方形纸,沿着对角线对折,形成一个三角形。三角形底边对折,得到底边的中点。然后,一个角往直角那折,两个点重合,得到直角边上的中点。接着,将这个角折在直角边的距离直角的1/4处。沿着中线,将右边这一半向背面折叠。用笔在折好的纸上画上梅花的花纹,根据画好的形状,用剪刀剪掉不需要的部分。剪好后,展开,就得到一朵美丽的梅花。接着我们用同样的方法折好,并画上第二种梅花的花纹,打开剪纸,就可以看到又一朵梅花剪好了。三分熟练,七分认真,只要认真就能剪出一幅美丽的图案。

——钟佳纯

剪纸光凭兴趣可不行,除了学习折叠纸张画图样以外,还要学会剪的技

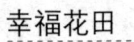
幸福花田

法：又细又长的毛刺，可是剪纸的基本功，不练个个把月都不好意思出手呢！起先，我只能剪一些简单的花样，例如老鼠、双喜等。到了后来，我已经能剪团花、邮票等比较难的图案花样了。大明湖、趵突泉、千佛山还有泉城广场的泉标，在粉色荷花绿色长柳的映衬下，更是美得炫目。跟着老师用白宣纸折叠团花，画出荷花长柳，添加上小鱼，细细剪出形状，再以国画颜色缤纷渲染，真是太有吸引力啦！

——张芯语

我望了望墙上的那张红色的剪纸，一段说长也长，说短也短的回忆飘过心头……那幅图对于现在的我来说轻而易举，但当时的我对于剪刀的使用有些生疏，剪刀不听使唤，线条不是剪多了就是剪少了，有时候还把花纹剪掉了。如果是现在剪成这样，我一定会觉得是退步

了，会立刻把剪刀放下，转身离开。可当时，我拿着剪出图案的红纸，激动地向老师那里跑去，老师看了看，鼓励我说剪得不错，表扬了我。我心中欣喜的火花立

130

马炸开了，两眼闪着光。那天我感觉天蓝得像一汪海水，晚霞红得像要烧起来，心情格外好。

——朱可欣

"光说不练假把式"，我不能纸上谈兵，于是急不可待地开始行动了。我先在纸上勾勒出半个蝴蝶，然后再用剪刀小心翼翼地赐予它的"生命"。可是这只蝴蝶还是死气沉沉，毫无生气的样子。最后，我决定在它的翅膀上加以点缀。我在蝴蝶翅膀边缘剪了一条花纹。不料，我在剪的时候，一不小心把边缘剪破了，留下了一道刺眼的"伤疤"，我只好用胶带帮它"疗伤"。很快，"装扮一新、充满活力"的蝴蝶在我的眼前亮相。看！美丽精致的花边，仿佛给蝴蝶穿上了一件新衣。一颗颗如明珠般的圆点，仿佛给蝴蝶戴上了一件件靓丽的首饰，在空中翩翩起舞。

——张宸豫

"过年了贴窗花"，大红的剪纸贴在窗户上顿时增添了环境的喜庆气氛。至今，我国各地人们还保留着这种习俗。

剪纸艺术具有较强的装饰性和明快的审美趣味。因此，一直受到各地人们的喜爱，剪纸艺术起源于我国，具有悠久的历史。

老师又教我们用红色背胶尼绒布剪出许多如：老鼠嫁女、金鱼、荷花、蝴蝶等栩栩如生的作品。然后把这些精美的作品贴在灯笼、挂件、手机包、背包等物品上，让这些物品从美中不足到十全十美。精美的作品吸引了众多师生的喜爱与赞赏，全班的作品还获了市区大奖呢！

——张皓然

幸福花田

剪纸文创课程纲要

韩 杨

【课程开发前言】

剪纸文创课程的开设,得益于济南市非遗传承进校园项目与我校教师专属课程的启动。剪纸文创课程重点突出剪纸文化的传承与创新,在课程的传授中使剪纸文化通过学生的创作进行不断的传承,并使剪纸文化在符合现代审美、生活方式方面进行大胆创新。剪纸艺术极具中国特色和文化内涵,中国传统的民族元素的应用,一直是现代设计中不可或缺的灵感和素材,剪纸作为一项优秀的传统文化,其设计灵感不仅要来自于生活,更需要让优秀的作品来美化与服务于我们的生活。我尝试在传承的基础上结合自身专业特点,带领着剪纸社团的师生进行"剪纸与生活"的专题探索,以人为本,展现人与自然的和谐共存的理念。在设计中运用传统剪纸技术不仅可以让现代包装设计的基本形式变得丰富多彩,同时,还能提升现代包装的底蕴与内涵,最终促进学生的审美与创造能力,对剪纸文化进行创新。现代包装设计旨在提高美观度,并应用于生活中。把剪纸作品利用转移纸为媒介,通过古法熨烫的方式把学生设计的作品熨烫到T恤衫上、书包上、抱枕上以及立体剪纸等,亲自示范把剪纸作品转换为生活中物品美丽的纹样。

【课程理念】

陶行知说:"要解放孩子的头脑、双手、脚、空间、时间,使他们充分得到自由的生活,从自由的生活中得到真正的教育。"依据以生为本的课程理念,来思考设定课程实施目标,在课程剪纸技法与剪纸在生活中的广泛应用相结合的课程创新结合点上,遵循学生学习的认知特点和剪纸艺术本土精神与艺术的特点,将最本质的艺术审美以及精神境界展现出来,其具体的艺术表现包含着丰富多样的平面构成元素。通过相关剪纸艺术的多种元素,促使剪纸文创的具体表达方式在生活的载体上体现出来。

【课程目标】

剪纸文创特色课程作为教师结合自身专业特长,创新研发的专属课程,本着"艺术性原则、融合性原则、创新性原则"的课程实施原则,以传承优秀非遗文化为主要目标,让学生在课程学习实践中,充分了解剪纸特点与在生活中的应用相结合的艺术特色,传承优秀文化的目标,围绕这个主要目标,确定了以下具体目标。

1. 艺术传承创新目标:非遗剪纸课程进校园项目引进,重在学习传统民间剪纸技能,更是在传承基础上的创新。社团师生进行"荷韵泉城"系列专题创作,充分体现技艺传承与创新,形成独具魅力的剪纸文创课程的创新,团花背包、T恤团花熨烫、抱枕、灯笼图案装饰以及手机包和小挂饰等熨烫等文创作品。

2. 艺术素养提升目标:在剪纸传承创新的过程中,教师传承技艺、提高自身美学修养,同时激发学生了解剪纸技能,以及剪纸包装设计相结合的艺术表现形式的兴趣,在用剪纸来美化生活的过程中提高艺术欣赏和创新传承的能力。

3. 艺术技能学习目标:在非遗传承人王涛院长专业的指导下,进行剪纸文创作品的普及,创新贴近生活的物品如背包、手机包、T恤等等文创作品。

【课程内容】

课程开设内容主要是剪纸包装设计基础知识普及学习;从而让剪纸作品更好地服务于我们的生活,美化我们的周边。在学习传统的剪纸方法的同时,学习运用熨烫技术把学生设计的优秀作品作为纹样装饰图案利用白色帆布制作熨烫荷花团花等花卉和动植物抱枕、背包等剪纸文创作品设计,激发师生对非遗剪纸艺术项目的热爱之情和积极学习传承创新的信心,从而达到提升师生艺术素养的目的。

【课程实施】

剪纸文创课程在小学义务教育阶段4—6年级开设,通过年级美术课普及与剪纸社团培优两种形式进行课程与提高指导,每周周五一个小时社团培优活动,利用白色帆布制作熨烫荷花团花等花卉和动植物抱枕、背包等创意套色剪纸作品的文创设计活动,定期进行创意作品的交流和展出,积极引导社团师生参与非遗文化传承手工技能大赛,提高师生艺术素养和技能,促进剪纸学习效果的呈现和优秀文化传承。

【课程评价】

学校课程管理委员会对教师专属课程的实施进行过程性的指导管理，实行课程三级管理机制：校长室负责对课程的开展进行统一的课程实施安排；教导处负责课程的管理与协调工作；教师个人对参与课程实践体验的学生进行具体的管理和评价。课程实施过程性评价，制定课程实施计划，严格按照时间段进行课程学习和指导，同时在课程学习的过程中采用课程学习跟踪性评价，确保孩子们安全使用剪刀以及电器，做到课堂学习纪律有保障、剪纸活动有秩序，确保师生剪纸课程的顺利实施。学生剪纸文创作品，定期交流展示并及时记录，以剪纸学习小印章获得的数量还有孩子们课程学习过程性评价，综合进行"我是优秀设计师"等形式的表彰和激励，保障课程的顺利实施和学习成效。

【课程研发价值与效能】

"荷韵泉城"系列专题剪纸文创课程，运用熨烫技术进行荷花宣卡、T恤等套色熨烫，以及利用白色帆布制作熨烫荷花团花等花卉和动植物抱枕、背包等创意套色剪纸作品设计课程创意项目，根据学生学习情况适当推出孩子们更喜欢的生活用品包装设计作品，激发孩子们参与剪纸课程学习兴趣，鼓励孩子们勇于挑战自我，紧密结合生活实际进行作品创意设计。每学期进行创意作品展览和交流活动，鼓励学生们静下心来，认真观察生活，对剪纸再设计，学会自由创编花样，并鼓励学生积极参与各级手工技能大赛，为学生搭建更广阔的艺术展示舞台，提高学生们艺术创作的积极主动性，有效促进师生艺术素养的提升。

课程悟语

我从小就喜欢剪纸，每当看到那栩栩如生的图样，我就会想：是如何灵巧的一双手才能剪出这样精致的图案呢？我多想拥有这样一双巧手。终于在期盼下，我们学校引进了非遗剪纸项目，开设了剪纸社团，我毫不犹豫地报了名，从此就开始了我和剪纸之间的不解之缘。

在剪纸社团老师的指导下，我对剪纸技艺的了解逐渐加深，我知道了毛刺怎样剪得又尖又细，怎样描绘复杂的花样，怎样修剪基本花纹，整体造型怎样更加自然……还记得老师推荐我去参加济南市手工技能大赛，我兴奋极了。随着红纸在指尖流转，我的剪纸作品"荷韵泉城"出炉了！图案上活灵活现的小小螃蟹、泉水游鱼，一枝独秀的荷花和旁边的荷叶、藕节相映成趣，一幅荷塘美景让前来欣赏的观众赞不绝口。

——杨籽萌

用剪刀剪出一幅幅美丽的画面，荷花盛开，金鱼游动，真是太有趣了，这也是吸引我加入剪纸社团的秘密。

拿起纸来，首先画稿。先画细节再画整体，我抬头看模子，葫芦似的鼻子挂在铜铃般的眼睛下，而鼻子下面则是威风的嘴巴。耳朵是一个圆弧，头很大，乍一看还挺可爱。两只小短腿上有三道花纹，胖嘟嘟的，远看可爱，近看威风，这样一只老虎我真是太喜欢啦！我迫不及待地开始画，铅笔唰唰地动起来，时不时再拿起橡皮擦两下，眼睛看会了，可手是一点不听使唤，画出来的老虎完全变了味儿。我擦了又擦，画了又画，还是直接在画上剪吧，再不剪就来不及了。花了半天工夫，我终于拿起了被我冷落许久的剪刀，"咔嚓咔嚓"，一只似虎非虎的"东西"呈现在我眼前：眼睛太大，嘴巴太小，鼻子太大，耳朵太圆润——这完完全全是一只小猫咪啊！把好好的一只老虎剪成了一只猫，一点威风的感觉都没有。看来，我要学的东西还多着呢。加油吧，为了让老虎不再变小猫！

——任珂瑶

"宝剑锋从磨砺出，梅花香自苦寒来"，刚从四年级加入剪纸社团时，我对剪纸的印象绝对是如堕云雾，根本不知道从何下手。在我十分焦虑之时，是剪纸老师耐心地给我讲解，用温柔的语言把我引上了剪纸之路，在之前的学习中，困难与快乐并存，而现在的我对基本功的掌握已经非常扎实了。不久前我和伙伴们参加了剪纸大赛，并荣获了优秀奖，期间我的作品也在市教育局展出。这让我领悟到一分耕耘，一分收获，付出总有回报。

——张鸣谨

记忆中最美妙的时光，便是在午后的时光中坐下来静静地剪纸。铺一张红纸，画喜欢的模样，用剪刀剪绘。细细的，长长的，一眉一眼，一花一叶，细腻而清澈，心情也有少许愉快，那实在是一个享受的过程。

现场剪纸对于我们来说可是一个不小的挑战。让自己的心静下来，全身心投入那剪纸，心静如水，纸随剪动。细致地将毛刺一根一根地剪好，时间已经被齐刷刷地冲走了。剪纸技术是优雅而迷人的，细心、有内涵的技法是剪纸的魅力所在，是民族传统文化的瑰宝。古老中国的艺术瑰宝正栩栩如生地展现在我们面前，让我们感受到了不一样的文化之美，感受来自指尖传承创新的自豪……如今，再一次欣赏充满民族风情的剪纸，总是会留恋。留恋什么呢？大概是那种发自内心的对剪纸的热爱和记忆中一张张鲜红的红纸

吧！记忆中的剪纸中国文化会存留在心灵深处，永不磨灭……

——张琳晨

我十分喜爱那一张张红纸的变化万千，坐在书桌前剪着各种图案，真的十分惬意。我对剪纸的喜爱随着技艺的提高而攀升，我们社团师生走进社区举办的"老幼联合剪纸"活动更是让我记忆犹新。我坐在老艺人的身旁，看着她们专注的神态：时而紧皱眉头，用剪刀小心地剪着；时而布满笑意，满意地反复斟酌。星星点点的纸屑断断续续地落到了地上，承载着长辈们对剪纸的热爱，也承载着她们对我们新生代的喜悦和指导。我细细学来，将满心的欢喜倾注在手中的金猪送福图中。一把剪刀，一张红纸，变化莫测，深深吸引了我。我或许不久后会离开学校，但我永远也忘不了剪纸的魅力和那份初心，永远也忘不了这个梦开始的地方……

——张琳婕

剪纸作为传统的民间艺术，大红的纸在剪刀"咔嚓"声中变幻着美妙的形象，表达着人们对美好生活的向往。每一剪刀下去不仅是一个痕迹，更是时光在折叠中无意间摩擦出的足迹。每一次耐心的与纸切磋磨合的时间里，我收获到了技巧也收获到了精神的滋养。看着一个个活灵活现，栩栩如生的小动物如小金鱼、小老鼠、小老虎，还有荷花、梅花之类的植物，出现在各种图案中，这些都出自我手，无比的自豪与激动涤荡着我的心房。剪纸使我的生活更加丰富多彩起来！

——刘益汝

幸福花田

非遗剪纸　荷韵泉城

幸福课程六

幸福心育课程

温暖着

葵花向阳

心灵成长的花语

幸福花田

绘本会心小剧场课程纲要

吕 品

【课程开发前言】绘本这种"小人书"的阅读已成为全世界儿童阅读的时尚，风趣活泼，符合孩子们的阅读习惯，有些绘本连成年人都非常喜欢，它们画面内容简洁质朴，却往往蕴含着一种生活哲理。这几年绘本在心理学界很流行，因为人们发现绘本不仅是讲故事、学知识，还可以帮助孩子建构精神、培养多元智能，可以让人们体察内心、共鸣感悟。

随着心理情景剧和绘本故事等引入心理辅导活动课之中，心理辅导活动课的形式得到了极大的丰富。为了实现学校心理健康教育发展性目标，开展心理辅导课程建设和形式多样的心理辅导活动，已经被实践证明是有效的途径。心理辅导课程以学生成长需求为出发点，以学生的经验为主要载体，以活动为中介，强调学生的参与、体验和感悟，使之转变为自身的一种积极经验，最终目标是培养学生的健全人格，激发学生的潜能。小学阶段是生命根部的教育，生动活泼的绘本故事蕴含着丰富的生命教育资源，深受小学生喜欢。

【课程理念】童年应该是一个色彩斑斓的梦，梦里可以有自己飞翔的影子，也可以有自己奔跑的样子。从一年级开始，每个年级都有适合阅读的绘本故事，通过绘本故事开展班级心理辅导活动，确定故事中的主要角色，进行绘本演绎，让学生们走入绘本会心小剧场，展示自我。

学生们走进绘本故事，浸润在故事里，浸润在爱与美的世界里。在故事里感受宽容、合作、感恩、信心、亲情、友情……学生参与小剧场的演绎活动，前后的心理是有变化的。在起到正面教育的小剧场效应中，绘本输出的是精彩的故事，同时输入给学生的是心灵的美好、心灵上的触动，从而让学生学会感受，借助文学的力量，促进学生的心灵成长。

【课程目标】绘本会心引领学生幸福成长特色课程本着有趣味性、适合阅读、发展思维的课程实施原则，以健全学生的人格，激发学生的潜能为主要目标,让学生在课程学习实践中,围绕这个主要目标,确定以下具体目标。

1. 阅读感知力:著名作家余秋雨先生说:"阅读的最大理由是想摆脱平庸,早一天就多一份人生的精彩;迟一天就多一天平庸的困扰。"而绘本恰恰符合孩子思维特点,最能激发孩子阅读兴趣,在绘本故事里,学生感受亲情、友情……通过阅读,使学生理解内涵,感受内在力量,从而激活学生内心的真善美。

2. 绘本会心小剧场演绎:结合绘本故事中的主要角色,让学生在小剧场中演绎出来,让学生学会表达自己的情感,宣泄自己的情绪。

3. 拓展提升素养:通过心灵寄语,以宣泄自我情绪。在聆听中,孩子们的情感受到陶冶,意志得到锻炼,精神得以引领,人格得以塑造,就在这样潜移默化中,孩子们的综合素养必将得到提升。

【课程内容】基于绘本本身的独特特点,课程开设内容主要是通过绘本故事的讲解,让孩子们亲近绘本,促进他们良好个性品质的形成。

1. 分专题阅读,理解绘本:抓好教育的切入点,在阅读中感知亲情、友情……

2. 绘本会心小剧场演绎:通过团体辅导,借助文学力量,使学生会表达,通过小剧场的演绎展示出来,提升自身能量,与同龄小伙伴之间产生共鸣。

3. 拓展:将绘本故事中的角色与自身相结合。

【课程实施】本课程在小学义务教育阶段适合1—6年级开设,通过班会课、心理辅导活动与选修课等课堂形式进行绘本阅读以及课程指导,每个年级学生根据年龄特点、认知水平也可以开展课余时间阅读绘本故事书活动作为自学提高性学习。进行小小绘本讲故事团等形式进行创新和尝试,运用课堂上视频讲故事、孩子亲自讲故事等形式引领他们幸福成长。

【课程评价】教师个人对参与课程实践体验的学生进行具体的管理和评价。课程实施过程性评价,制定课程实施计划,严格按照计划进行课程学习和指导,同时在课程学习的过程中采用课程学习跟踪性评价,对孩子们课程学习的绘本故事的确定进行安排,做到课堂学习纪律有保障,不定期开展交流活动并及时记录,纳入学生课程学习评价中。学期末制定一个主题,让孩子们完成并出相应的作品,通过评比进行表彰和激励,保障课程的顺利实施和学习成效。

幸福花田

【课程研发价值与效能】在中小学开设心理健康辅导活动课不仅是学生健康成长的需要，更是培养面向世界、面向未来人才的需要。随着年龄的增长、社会阅历的丰富和思维方式的变化，学生在学习、生活、人际交往等方面都可能遇到或产生各种心理困惑，我们通过一个个绘本故事，帮助孩子们健康成长，树立正确的人生观、价值观，也借此体现时代特点和社会发展的需要，确保培养出适应时代和社会发展需要的心理健康的人。活动课的目标要具体，不宜过多、过大。每节或是每个绘本活动目标要小而实，越具体明确越便于操作。不定期地开展相应的活动，鼓励孩子们积极参与，为更多的学生搭建更广阔的展示舞台。

一个好的绘本就是一节好课、一位好老师，可以治愈心灵上的疑惑。借助文学力量，促其心灵成长。绘本会心课程的实施带给孩子们的惊喜将是层出不穷的，因为它能告诉孩子们的很多很多……孩子们收获的不仅仅是一个个有趣的故事，最重要的是孩子们可以静下心来，用心看、用心想，只有用上心了，才能称得上教育。同时也相信绘本会心课程必将成为学校富有特色的幸福教育课程中一道亮丽的风景线。

《一只会开枪的狮子》心理辅导活动设计

讲故事，渲染气氛。

师：同学们，喜欢听故事吗？那我就给大家讲一个故事，讲的是一只非常特别的狮子，说实在的，这只狮子可是最特别的。它和同伴们一起住在森林里，有一天，一个猎人闯进了它们的森林中，其他的狮子都跑了，只有这只特别的狮子留下来了。

师：你们猜猜小狮子留下会做什么呢？后来小狮子拿着猎枪回来了，一天又一天，它学会了用尾巴开枪、用两只爪子开枪；一周又一周，它开枪打大山、打瀑布；一月又一月，它开枪打悬崖、打果子、打树枝、打苍蝇耳朵、打灰尘上的阳光，最终它打败了所有的猎人，成为了一位神枪手。森林里也开始安静了。

师：后来马戏团老板亲自来邀请小狮子神枪手，小狮子跟着马戏团老板也来到了城市里，那么小狮子会有哪些改变呢？

师：经过了一番打扮，小狮子已经改头换面了，并且有了一个新名字：拉夫卡迪奥大王。在马戏团里，小狮子很快就凭借精彩的表演成了明星。从此，小狮子学会了许多它以前不会的东西：它学会了签名；学会了穿西装；学会了跳舞、打高尔夫球、打网球；学会了游泳潜水、溜冰、骑自行车；学会了画画、弹琴唱歌、打保龄球。从此，它变成了一只社交狮子，认识的人很多；变成了一只文学狮子，写自传出书；变成了一只时装狮子，它做衣服。

师：小狮子经过自己不断的学习，学会很多的本领，那么同学们，你们在生活中学会了什么技能呢？在学习技能时有没有遇到什么困难呢？又有怎样的收获呢？

师：其他同学们呢，谁也来说一说自己的经历？

师：同学们说得都很好，绘本中的小狮子是一只勤奋的小狮子，其实在我们的生活中，会遇到很多的困难，可是遇到困难并不可怕，只要大家勤奋努力地想办法解决，就一定会有幸福的收获。勤奋会让你怎样？

师：后来小狮子怎样了呢？（课件出示：小狮子哭了图片）

它怎么了？为什么呀？在马戏团老板的建议下，小狮子和老板以及一群猎人出发去了非洲打猎，它遇到了什么？最终它孤零零地走向山谷。不管小狮子最终的结局怎样，我们都希望它能找回自己，最真实的自己。亲爱的孩子们，你们有着金色的童年，老师希望你们在这美好的世界里健康成长，勤奋上进，掌握多种本领。接下来我们就一起唱首歌吧。

绘本会心故事汇

我们这次演的是《一只会开枪的狮子》，这是一本经典的绘本故事，讲的是从前有只小狮子，在一次偶然的机会中获得了一把猎枪，经过一番练习后成了一个百发百中的神枪手。后来，它去了马戏团，从事各种行业，过上了人的生活。然而，它并没有幸福，而是独自走向深山——它已经迷失了自我，不知自己是人还是狮子了！

接到这个任务后，我欣喜若狂，但到了排练时，我才发现根本没有我想象的那么简单。首先，我们必须要克服紧张，因为一紧张，就容易忘词。还有，动作不可以太僵硬、太假。要显出轻松，眼神表情要变化丰富……要求比较高，

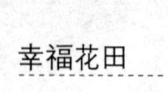
幸福花田

问题比较多,我们感觉有一定的压力。但我们知道,只要功夫深,铁杵磨成针!

在我们排练时,我除了出演狮子神枪手又接到了另一任务——当记者,也就是采访其他"狮子",这无疑是在已有的困难程度上火上浇油!于是,我们练啊练,终于练得胸有成竹了!在台下,我的心怦怦直跳,心里像有一块大石头悬着,总是放不下来,终于到我了!我深吸一口气,登上了台,说起来。渐渐地,我竟感到不紧张了,整场演出都十分顺利。通过这场演出,我明白了:无论什么困难,只要努力,都能克服掉!通过这个故事,我明白了,我们不能被表面事物所蒙骗、诱惑,要做真正的自己!

——李昊洋

在小剧场演绎中我扮演了一只会唱歌的小狮子。刚接到这个任务时,我心里既紧张又自豪。紧张的是要在这么多人面前大声唱歌还要背台词,自豪的是吕老师在那么多的同学中能选出我来表演,我一定好好表现。

从一开始的小声背台词到最后大胆自信地把台词说给大家听;从歌词在嗓子眼里哼哼唧唧地挤出来,到面带微笑加上动作把歌曲演唱出来。这中间除了自己一遍遍的努力练习之外,离不开吕老师的鼓励和悉心指导,当然还有和其他小演员们的配合和一次次排练的磨合与默契。

通过参加这次活动,我明白了"台上一分钟,台下十年功"的道理。通过自己的不懈努力,展现给大家一个完美的表演,我心里别提有多高兴了!

——韩笑瞳

我们班要在绘本会心小剧场表演《一只会开枪的狮子》,班主任吕老师在全班选拔了六位小演员,我有幸成为其中的一员,演一只运动健将——会跳绳的小狮子。

我们六个小伙伴都是第一次参加小剧场的演出。因为没有经验,再加上有点小紧张,第一次排练状况百出,不是自己忘词就是接不上小伙伴的词。小剧场表演不仅有说的台词还需要配合自己的角色特点做相应的表演。

"真是太难了!"我心里想,"但是我不会放弃,努力就一定会成功的。"

放学回到家，写完作业我就开始背词、练习动作，而且把视频发给吕老师，老师不厌其烦地一遍遍纠正说词的内容、语气语调、神态表情和走位。经过不断的反复练习我们都进步神速，再一次排练时，老师脸上露出了开心的笑容，我们也很开心。

终于到了正式演出的那天，我心情很激动，台下坐着很多老师和同学们。我们六个小伙伴穿着漂亮的演出服自信地站在舞台上，一点也不紧张，配合默契地完成了演出，赢得了老师和同学们的阵阵掌声。我们开心得不得了，这次演出经历正如绘本里这只小狮子学习枪法一样，经过苦苦的练习，坚持不懈地努力终于成功了。

——李天予

一个平静的课间，我像往常一样正在准备下节课需要的学习用品，班主任吕老师急匆匆地来到教室，宣布了一个好消息：我和另外五个同学被选上参加学校的绘本小剧场活动。我又惊又喜，继而开始紧张：我能演好吗？吕老师好像看出了我的心思，安慰我说："没关系，还有其他同学跟你一起排练，多练习，用心演，你们肯定能演好。"我用力点了点头。

第二天，我们怀着又激动又忐忑的心来到了排练场——报告厅。我们这次排练的绘本是《一只会开枪的狮子》。吕老师开始分配角色了，我演的是一只会跳舞的狮子。步骤并不复杂：先上去做一番自我介绍，然后做几个舞蹈动作即可。吕老师为了让我们对自己表演的角色能更深入的了解，特地让我们自己写这篇"自我介绍"，并研究创作自己的动作。为了在演出时能把握好狮子的形象，我把绘本仔细通读了好几遍，尤其关注这只会跳舞的狮子。我根据它的性格特点，认真写了自我介绍，并想了几个动作。正式排练的时候，在吕老师的指导下，我们的整个流程变得更加完美了。

很快，正式给全校师生汇报演出的时刻来临了。我们六个人迈着自信的步伐踏上了舞台。韩笑瞳从容的自我介绍后，演唱了歌曲《春晓》，声音如同天籁，我暗暗为她点赞。接着是李昊洋，他声情并茂地告诉大家，他是怎样练成神枪手的。然后是李天予，他详细地介绍了跳绳的多种形式。然后就到我了，我被前面几个同学的情绪感染，并没有紧张，而是迈着优雅的步伐

 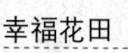

走上台去,开始了我的自我介绍:"大家好,我是……"自信的我一点也不怯场,自然大方的自我介绍后,我做了几个优美的舞蹈动作。紧跟着张雅淇和赵诗雅也都陆续上台完成了她们的表演。当我们六个人一起朝台下鞠躬谢幕时,我看见了我们班同学在使劲鼓掌,看见了吕老师微笑着冲我们竖起了大拇指。

这一天夜里,我做了一个梦,我一直笑,一直笑……

——邱若妍

我参演过很多活动,但最难忘的一次就是演出《一只会开枪的狮子》。

我们排练期,是最"艰苦"的时刻。即使是这样,老师也风雨无阻地帮我们改词儿,我们也马不停蹄地按照老师建议的,日复一日地修改,只希望表演得更完美,更生动。为此,我们每天都抽时间来排练,每天都比前一天表演得更好,老师也露出了满意的笑容。老师为了我们,牺牲了多少休息时间?而我们还给老师的,只能是一场完美、生动的演出。在此,我向各位参与这剧演的老师表示衷心的感谢!

在这场剧中,我明白了:做人要有创新精神,但请不要忘记初心。否则,你会失去自我、迷失了方向,最终将自己坠入低谷。因为你坚持初心,所以全新的世界在等待你发现。

——张雅淇

自从听吕老师说我要去参加《一只会开枪的狮子》小剧场活动,我就非常激动,内心充满了期待。

我把绘本故事读了一遍又一遍,终于等到了排练的时刻,可是演出好像没有想象中那么简单。吕老师给我们分配了角色。在剧中,我扮演演奏家狮子。吕老师手拿一把小吉他,把它递给我,对我说:"当画家走回来的时候,你就走到台中央,边走边弹吉他,还要说'我是狮子演奏家',记住了。"说完还给我演示了一遍。我自信地接过吉他,结果一上台不仅词没记住,而且表情也不到位。可是吕老师并没有批评我,而是温柔地对我说:"没关系,第一次做不好没关系,回家多加练习就好了。"

回家后,我暗自用功,细细揣摩狮子演奏家应该怎么走路,应该什么表情,如何去弹奏等细节。每天晚上我都让妈妈把练习的视频发给吕老师看,慢慢地,不管是台词还是表情都熟练多了。

正式演出的时候,我没有紧张,表现得非常好,圆满完成了这次演出任务。非常感谢吕老师对我的培养,给我提供了这次宝贵的演出机会,通过这次的活动我懂得了,想做好任何一件事都不容易,但是只要努力付出就会有回报!

——赵诗雅

小学生们的精彩演出

幸福花田

《爱心树》绘本团体心理辅导方案设计

段洪峰

【活动目标】借助绘本故事阅读,在观察、想象、游戏中,让学生感受到爱心树和小男孩朋友之间的爱,通过师生情景剧演绎以及故事的延伸使学生感悟大树的无私奉献,帮助男孩快乐自己的爱,了解爱的真谛,了解父母、亲人、朋友、伙伴、师长等在生活学习中对自己的关爱,学会感恩。

【活动过程】

一、暖身游戏:《雨点变奏曲》

同学们,上课前我们先做个热身小游戏,游戏的名字叫雨点变奏曲,一会我会给大家读一段文字,文中会出现"打雷""小雨""中雨""大雨"和"暴雨"的字样,当听到打雷——发出轰隆隆的声音,当听到小雨——敲桌子;听到中雨——拍桌子;听到大雨——用力鼓掌;听到暴雨——鼓掌加轰隆隆。

我们把这几种声音组合在一起,看能不能演奏出一曲气势恢宏的雨点变奏曲。大家准备好了吗,故事开始了:"乌云密布,一道闪电划过,轰隆的雷声响起来了,又一道闪电,又一阵雷声,小雨渐渐沥沥地落下来了,行人慌忙躲避;很快地,小雨变成了中雨,中雨变成了大雨,又是一阵雷声,狂风暴雨来啦!又是一阵雷声,大雨倾盆,雨渐渐地变小了,大雨变成中雨,中雨变成小雨。一阵又一阵雷声,大雨又降临了!但仅仅一会儿,雨过天晴啦!"

大家配合得很默契,谁来给大家分享一下你玩游戏时的感受呀!(现场采访一位)大家玩得开心,我也因此感到高兴。热身游戏到此结束,下面我们开始上课了,首先让我们用狂风暴雨般的掌声欢迎来听课的老师们。

二、导入环节:谈话导入,赏读封面

同学们,今天老师带大家去认识一颗特别的树,它是一棵什么树呢?
仔细观察,你都看到了什么?(主要是名称、内容、作者)

同学们观察得很仔细，这棵树就是一棵爱心树，是由一名叫谢尔·希尔弗斯坦的著名诗人，绘画家创作的绘本故事，他一生有很多脍炙人口的作品，其中最负盛名的就是这本爱心树。今天我们就用一节课的时间来分享这棵树的故事。

　　三、师生故事演绎

　　1. 故事开始了，"从前有一棵挺拔的大树"，它枝叶繁茂，非常粗壮。一天，大树突然弯下了腰，伸出了双臂，这是怎么了？它在拥抱一个小男孩，是因为它喜欢上一个男孩儿。

　　2. 师：男孩儿每天会跑到树下和大树玩，他们成了形影不离的好朋友

　　同学们，你能想象一下一棵大树和一个男孩，他们会玩些什么呢？我们先来猜一猜！大家猜得对不对呢，我们接着往下看（1）采集树叶；（2）爬树；（3）荡秋千；（4）吃苹果；（5）捉迷藏。

　　从图中可以看出来，他们玩得开心吗？这样，我们也来体验一下这份开心。我们选几个场景演一下，怎么样？捉迷藏、荡秋千、爬树。

　　（提示：大树和男孩在玩耍时会说些什么呢，猜一猜，一会儿也要演绎出来）体验结束了，能说说玩游戏时的感受？

　　大家玩得很开心，可以想象到大树和男孩也玩得很开心，当玩累了的时候，男孩就在树荫里睡觉。大树呢，就把树干歪向一边，替男孩遮阳，不让男孩儿被太阳晒到，男孩静静地躺在大树的怀里，舒服地睡着了。大树感到很快乐！

　　3. 故事读到这，老师有些感慨了，小男孩在大树身边可真幸福啊，无聊的时候，大树陪他玩，肚子饿的时候，大树给他果子吃；玩累了，躺在树下休息。小男孩可太幸福了，那同学们，生活中你有没有像大树这样的朋友呢？

　　有啊，那你们肯定也很幸福！你是男孩会怎么做？男孩有没有这样做呢？我们接着看故事！

　　4. 小男孩又来了，他都做了什么？大树怎么回应的？（要苹果、要房子、要条船。）一切毫无保留给男孩，无私付出。

　　付出这么多，大树依然很快乐！大树的快乐值得吗？统计，说理由分享。

　　值得不值得，似乎没有一个标准的答案，值得是源于大树自己感到快乐，不值得是没有得到回报，那同学们想一想，在我们生活中是不是有这样的一

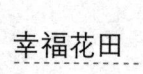

群人，他们像大树一样默默付出却不求回报呢？

生活中你有没有感受到别人带给你无私的爱呢，有没有具体的事例给大家分享。听了大家的分享，老师很感动，因为大家都是懂得感恩的人，绘本故事中的男孩又会怎么做呢，我们继续往下看！

故事结束了，带给我们很多的思考，大树快乐吗，你知道为什么吗？

四、感悟提升

男孩身边有爱心树的陪伴真的是很幸福！你的身边有爱心树吗？你觉得爱心树就像你身边的谁？你想和他们说些什么吗？把想说的话写到爱心卡上，我们一会交流。把爱心卡贴到你喜欢的位置。（自信的人，告诉所有人。老师陪着你读出来，丰富的情感；把爱心卡给班主任，大家拿回去送给你要送的人，把你的爱心和感谢告诉他，爱心传递。）

你的父母，你的同伴，你的老师，可能时时刻刻都在关心关爱着你，就像是每天照顾你生活起居，无微不至的爸爸妈妈，教给你知识，帮助你成长的老师们，还有陪伴你长大，给你帮助的小伙伴们，他们就像这颗爱心树一样一直守护着你的成长，请大家珍惜这些无私的朋友，怀揣着一颗感恩的心，善待他人，把爱心传递下去，因为帮助他人，也会快乐自己。

最后我想以一则公益广告结束今天的课，希望大家从中能有所感悟和收获。同学们，我们已经长大，我们应该以实际行动回报亲人、长辈、朋友对我们的帮助。

绘本会心故事汇

《爱心树》是美国诗人谢尔·希尔弗斯坦创作的一部轰动世界文坛的经典作品。是一部很好的家庭教育方面的教材。作者用简单的线条和充满诗意的文字，创作了一则生活寓言——这则寓言在施与受之间，也在爱与被爱之间。故事情节简洁，却给我们留出广阔的想象空间；拥有丰富的可开掘的素材。这是一个由一棵有求必应的苹果树和一个贪得无厌的孩子，共同组成的温馨，又略带哀伤的动人故事。故事的文字纯朴直白，简洁明了，讲述耐人寻味的故事，讲述一段深沉的爱，一种无私的给予和奉献，令人在百读不厌中细细体味蕴藏其中的爱的哲理，禁不住流下热泪。

  这个故事我读过很多遍，每教一个班，我都会带领孩子们学习，对于现在的孩子，感恩教育太重要了。现在的孩子似乎对爱这个词没有很好的理解，爸爸妈妈、爷爷奶奶对他们的爱，在他们看来都是理所应当的。他们对于父母和祖辈只有无止境地索取，甚至爸爸妈妈、爷爷奶奶的一时疏忽会让他们生气，发脾气，在他们的心里自己才是最重要的。

  绘本故事的重点就是让学生懂得"什么是爱""如何去爱"，从而让学生学会感恩。我在设计活动时以谈话导入，感知"爱"环节，通过让学生读作者，读封面，通过猜故事等手段来感知"爱"，孩子们的兴趣点被激活。

  我在围绕"快乐"，感受"爱"环节，发挥图画的张力让学生的想象插上翅膀，通过放大镜等多种形式来调动学生的情感，培养学生自己读懂文本的能力，课堂尊重学生的个体体验，锻炼学生的思维，就像叶圣陶先生说的那样——"期其自得"，让学生更好地感受爱。

  在回味故事，理解"爱"环节，故事的文字纯朴直白，简洁明了。它讲述了耐人寻味的故事，这种深沉的爱，是无私的给予和奉献，令人在百读不厌中细细体味蕴藏其中"爱"的哲理，以情带情，深入孩子内心世界，激发学生对家人和朋友的关爱之情、感激之情！故事中通过将男孩儿时和长大以后的表现进行对比，让孩子们能够更加深刻地感受到大树和男孩不同的"爱"，对长大以后的男孩每次来向大树索取的时候进行层层递进的提问，让故事的寓意能够更好地被挖掘。在感情迁移，升华"爱"环节，通过讨论比较男孩和大树不同的"爱"，更是孩子们相互之间的一种思维的碰撞，培养学生批判性阅读的能力。特别是微视频《Family》感染了每一个学生，在爱心卡上写一写在今后的生活中如何爱父母，每个孩子都写得感人至深，也是这节课最高潮的部分，这就是对"爱"的最好诠释。

  其实，这个绘本故事并不仅仅适合学生，同时它也适合不同年龄层次的我们，包括自己以及身边的朋友们。无意中我看到过这样一句话：爱是无私的，如果爱心是花，那么感恩就是这花结的果。但愿所有爱心之花都会结出累累感恩的果实。

——段洪峰

幸福花田

绘本创意习作特色课程纲要

孟珊珊

【课程开发前言】《新课程标准》指出:"写作教学应贴近学生实际,让学生易于动笔,乐于表达。"在低段写作教学中,学生的写作表达还处在一个刚刚起步的阶段,抓住孩子们的生活实际,特别是结合孩子们喜欢读故事、编故事的年龄特点,向孩子们推介切合他们生活学习的绘本故事,帮助孩子们逐步培养起写作素材积累和创编故事的能力。2017年下半年,我刚接手入学的一年级小朋友,为帮助孩子们快速地步入小学,和孩子们一起共读绘本故事课《大卫上学去》,抓住孩子们新入学的种种囧事,通过看大卫联想自己的入学经历,找寻教育点教会孩子们入学小妙招,打开孩子们的交流分享通道,培养孩子们口语交际的能力,积累了生活素材。心理月,学校低、中、高段各选择一个绘本故事,我和全班同学共读绘本故事《故障鸟》,还有四位学生进行了绘本会心小剧场的表演,孩子们精彩的演出引发全班共鸣,一下子打开了孩子们如何正确认识自我,如何交友等方面的探讨和分享,随后孩子们纷纷在日记和周记中写出了自己的相同遭遇或者感悟等,绘本故事就像一束光,照亮了孩子们思维联动的路,创编的绘本故事、感悟作文让孩子们有了更丰富的积累。这个课题同时参加了学校市级135课题的绘本会心小剧场的演出。2018年12月,我作为学校的兼职心理教师参加市中区组织的二、三期的心理教师培训,受益颇多。在作文写作方面,我坚持利用绘本故事为切入点,开设绘本创意习作特色课程,充分利用绘本故事是通过识图会意,抓住教育点,帮助学生在人际交往、学习生活习惯上达到自我认知目的的特点,引导孩子们共读绘本、感悟绘本、创编绘本。启发孩子们由故事中的问题思考自己身边的问题,谈到自己的问题,最终为自己的习作积累素材,分析体会人生感悟。

【课程理念】绘本,是一种独立的图书形式,是用图文结合的形式,以图片和简单的文字叙述,给人以视觉冲击,投射社会现象,引发故事情感感悟。将绘本引入作文教学的课堂,借助绘本帮助学生获取写作素材,链接生活体验,唤醒写作话题,激发学生写作兴趣,提高学生写作水平,是绘本创意习作特色课程开设的现实意义所在。以绘本为载体,将绘本引进课堂,提高孩子们读图能力和表达能力,提高孩子们感悟绘本故事中的道理,从而实现链接自身生活体验,打通写作交流分享的渠道,积累写作素材,学会创编故事,最终切实提高学生的写作兴趣和写作能力。

【课程目标】

1. 绘本识图会意目标:通过共读绘本故事,抓住绘本中的故事,引发学生的思考,启发一定的教育意义,比如学会感恩,学习如何与朋友相处,学会勇敢面对一切,等等。

2. 绘本创意习作目标:通过共读绘本,感悟绘本,链接学生生活体验、学习,让学生深入思考,教会学生如何学习,如何与人相处,学会交友学会分享。进而创编绘本,提高他们的理解能力、语言表达能力,以及创编能力。

【课程内容】

1. 选择书目阶段:选择适合这个年龄段孩子的合适绘本书目。引导阅读,引发思考。

2. 识图会意阶段:通过读绘本,分析绘本,学生有了一定的感悟,这时利用绘本会心小剧场,来演绎绘本中的故事,达到心灵的共鸣。

3. 绘本创意习作阶段:这时根据学生的所想、所得,进行系列创编,将学生的读与创意习作联系起来。

【课程实施】课程实施,实行分阶段推进。具体推进过程如下。

1. 收集经典的绘本,进行主题单元的分类整理,为今后的绘本习作教学做好准备。绘本中的图画具有鲜明的视觉图像,象征的、典型的形态,隐藏的"想象力"等特质,绘本中的"图画"这一媒介的参与,致使眼睛这一视觉成像活动就发挥着重要作用。聚焦特定画面,引导孩子在观察图画的过程中进行艺术性的"补白""仿写",丰富画面内外的无限空间。

2. 识图会意,共读绘本为下一步绘本指导阅读及绘本习作教学,提供理论依据及指导方向。绘本中的画面和文字都能完整地讲述一个故事。绘本中的文字简洁、凝练、隐喻、美妙的韵律等特质,都和儿童的生活经验相吻合,

幸福花田

在体味语言魅力的同时结合画面进行联想，还能极大帮助儿童扩展理解力、想象力、思考力。如《母鸡萝丝去散步》，用文字叙述母鸡萝丝去散步的一个故事，而由画面叙述一只狐狸尾随着母鸡却一路遭遇各种"不幸"的故事。利用这一绘本的独特设计，引导孩子挖掘文字中所缺少的内容，把文字中没有提到的"狐狸的遭遇"描述出来。将绘本的图文融合起来，进行联想，就产生出一个较为精彩的故事。

3. 绘本会心，小剧场演绎，引发身心的共鸣。

4. 仿写绘本，打开学生思路，由绘本中的故事，引发自己内心的触动。仿写是学生积累语言的好方法。绘本的语言往往非常简练，蕴含着一定的语言规律。经典语言范式，简单有趣的语言，不同的叙事结构都是孩子们仿写的好媒介，三年级从仿写片段走向仿写完整故事。

5. 创编绘本。经过前四个阶段后，这时已经激活了孩子的阅读兴趣，展现儿童情趣、儿童生活，符合"儿童口味"的绘本共读后，从基本的"起因—经过—结局"构篇形式训练，进行绘本故事的续编、创编，是中年级绘本习作教学的较为重要的教学策略。

【课程评价】学校课程管理委员会对教师专属课程的实施进行过程性的指导管理，实行课程三级管理机制：校长室负责对课程的开展进行统一的课程实施安排；教导处负责课程的管理与协调工作；教师个人对参与课程实践体验的学生进行具体的管理和评价。在绘本教学中实现识图会意、绘本演绎、创编绘本三个步骤，朗读绘本，演绎绘本后，指导学生进行绘本创作。有选择地对绘本习作进行指导后，学生完成写作，教师对学生的绘本进行修改，分不同层次做出评价盖章。其中写得好的在班级文化墙进行展示，最终每个月评出一篇最佳绘本，年级进行演绎。

【课程研发价值与效能】绘本是一种特殊的图书，不同的人能读出不同的味道，大量的空白是学生习作的好场所。绘本是灵动的，它能激活学生思维，激发写作兴趣，它确实为小学的习作教学打开了另一扇窗。

绘本中有许多语文元素，而绘本作文，就是充分挖掘绘本中"写"的因子，利用绘本引导学生仔细读图，展开想象，给画面补白、续写、改写，或依据绘画写感悟，写生活实际，或自己创作绘本，可能会收获别样的精彩。绘本画面的静止性，绘本情节预留想象空间的广阔性，绘本内容的生活性，都给我们的作文训练提供了许多便利条件。融思维训练、写作训练为一体，激发学生兴趣，培养学生的想象力。为小学生作文提供丰富的素材。因此，我们试图根据小学生的心理特点，将绘本的特点引进作文教学中，科学有步骤地进行写作训练，读写联动，使之成为作文教学的趣味补充。从而有效地激发学生的写作灵感与热情，提高写作的能力，达到作文教学的高效减负。

《故障鸟》心理辅导活动设计

孟珊珊

【活动背景】在现实生活中的我们，每个人都会有缺点与不足，并可能因此而备受他人的异样眼光。其实正是这份与众不同才让你变得独一无二，从而有机会去努力成为一个更勇敢更自信的自己。在每个孩子的成长过程中，都会遇到与故障鸟和胆小鸟这样类似的问题。

【活动目标】

1. 通过学习，让学生明白生活中难有一百分的完美，学会正视自己的缺点和不足。

2. 通过学习，教育孩子当遇到问题时，我们应该要以"故障鸟"的乐观心态去面对所有的缺陷与挫折，积极面对，努力寻找克服和提升自己的办法。

3. 初步学会按照画面提示，预测后续情节，练习有逻辑的交流、讨论。

【活动重难点】结合故障鸟和胆小鸟的故事，让学生明白要积极面对生活学习中的小挫折。

【活动过程】

一、老师讲述故事导入，激发学生阅读兴趣

师：同学们你们喜欢小鸟吗？（生答：喜欢）

师：今天孟老师带大家认识一位新的朋友，它的名字叫作故障鸟。

故障鸟是一只与众不同的小小鸟，出生时因为只有一只翅膀，从此受尽嘲笑。为了改变被嘲笑的命运，它试着用叶子为自己做出另一只翅膀，尝试飞翔。然而，所有的努力都失败了。一天，它突然想通了，不再执着于翅膀和飞翔，而是勇敢地爬下大树，试着像其他没有翅膀的动物一样，用走路的

方式寻找新的生活。后来它来到了城市，在车水马龙的城市里，遇到了谁？又发生了什么故事呢？（老师边简单引起故事，边播放课件）

二、学生小剧场表演

胆小鸟首先上场。胆小鸟：这么好的天气没有人陪我玩。

故障鸟上场。故障鸟：唱《母鸡母鸡叫咯咯》。（胆小鸟赶紧钻进附近的纸箱子里）

胆小鸟：真好听！（胆小鸟听得陶醉了，不禁用嘴巴啄了啄纸箱子，发了声音）

故障鸟：呀，这里还有声音啊！里面是谁呀？

胆小鸟：我叫胆小鸟，你叫什么名字啊？

故障鸟：我叫故障鸟，你为什么藏在盒子里啊？

胆小鸟：因为我只有一只翅膀。我姐姐说我会吓到别人的。

故障鸟：我也只有一只翅膀啊，我保证不会吓到我的。你出来吧！

胆小鸟：好吧。（胆小鸟害羞地出来了）

故障鸟：你是我见过的最好看的小鸟。（故障鸟看呆了）

胆小鸟高兴地笑了。两只小鸟都哈哈大笑起来。

故障鸟：我们一起去玩吧！（两只小鸟一起哼着歌）胆小鸟：好呀！两只小鸟一蹦一跳地拉起手玩了起来。

故障鸟：呀！这只流浪的小狗真可怜啊，我们给他搭个窝吧。

胆小鸟：好啊！你看这有一些棉花和纸盒。

故障鸟：我们给他做个温暖的窝吧。这样小狗冬天就不怕冷了。

胆小鸟：我们开始动手吧。

故障鸟：小狗的房子终于做好了。

胆小鸟：小狗终于有家了！（两只小鸟开心地击掌，说："耶！"）

老爷爷出场。表演：哎，我一个老头子，都没人陪我说说话……

胆小鸟：你看这位老爷爷看起来很不开心，我们去看看怎么回事啊？

故障鸟：好啊！老爷爷你为什么唉声叹气啊？（两只小鸟蹲下来问）

老爷爷：家里只有我一个人，我也没有朋友，哎！

胆小鸟：老爷爷我给你跳段舞吧。老爷爷您看我跳得好吧？胆小鸟跳舞。

老爷爷：好，跳得太好了。

老爷爷问故障鸟：孩子，你为什么只有一只翅膀啊？

故障鸟：我出生的时候就只有一只翅膀，我那时还不知道我只有一只翅膀，哥哥姐姐们都笑话我是一只故障鸟。我在蛋壳里找了一圈，没有，鸟窝里找了一圈还是没有。（故障鸟表演找翅膀的动作）

老爷爷：那你后来找到了吗？

故障鸟：没有。（不高兴）

老爷爷：没关系，我们一起帮你去找。

胆小鸟：让我们一起加油！加油！

三、全班讨论环节

师小结语：故障鸟与胆小鸟在城市里遇到后，他们成为了彼此的好朋友，还帮助了别人。他们在城市里还会说些什么？做些什么呢？台上同学一起讨论交流。

四、大家一起玩游戏

师（过渡语）此时的故障鸟和胆小鸟多么开心啊！我们也跟着他俩一起玩开心的游戏吧！全班一起做游戏。（两只小鸟带头玩拍手的游戏，大家一起玩拍手游戏，两人为一组，玩《拍手歌》的游戏）

五、师继续讲故事

后来啊，故障鸟和胆小鸟一起回到了森林，找到了以前住的那棵大树，他们一起建造了自己的窝，相爱了，还生了4只健康的鸟宝宝。他们每天都练习飞翔，在共同努力下，拥有了一对翅膀，最终以"人字形"的姿态飞上了蓝天。故障鸟与胆小鸟表演练习飞翔的场景。（他俩的对话：我们终于会飞了！太开心啦！）（故障鸟与胆小鸟练习步调，节奏一致，配合越来越默契）

六、老师引导升华感情

同学们，在我们的学习生活中，也会经常遇到故障鸟这样的挫折和苦恼，谁能来说一说呢？（生讨论交流）

七、师生一起想小妙招解决这些难题

过渡语：学习生活中当我们遇到这样或者那样的小挫折，小烦恼时，该怎么办呢？谁又能帮帮他呢？生交流。

师：老师这里为大家总结了几个小妙招：

1. 寻求朋友、家人、老师的帮助。

2. 求助网络信息。

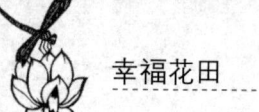

3. 到大自然中放松。

4、折纸飞机、纸船或者小花放飞烦恼……

八、感悟提升

最后游戏环节。（全场同学手拉手，边跳边唱儿歌《找朋友》）

总结语：生活中，我们不可能是完美的，总有这样或那样的不足。面对身体以及精神上的不足乃至缺陷，我们要做的必须是勇敢而积极地对待。像故障鸟和胆小鸟一样，寻求朋友的帮助，说不定问题就会解决掉。让我们一起拉起手来，在《找朋友》这首优美的儿歌中感受友情吧！（播放找朋友的音乐，全班一起唱起来）

绘本会心故事汇

我参加了班里绘本会心小剧场演出，是根据绘本故事《故障鸟》改编的绘本剧。时间过得真快，回想之前的演出经历，我真的是受益匪浅，不仅丰富了课余生活，也让我从中学到一些道理，对自己充满了信心。

特别是彩排阶段，我们都是在挤时间，连课间我们几个都会聚在一起，讨论动作，改写台词。特别是在上舞台表演之前，我、温卓霏和王子亓最后一次彩排了：温卓霏的角色是故障鸟；王子亓演的是胆小鸟；而我只是演一个小角色——老爷爷。别看我只是演没几句台词的老爷爷，我还是非常认真地对待，自己经常看看街上一些老爷爷的动作，还学着他们蹒跚走路的样子，总是怕自己的动作不到位，演不出老爷爷的状态。开始彩排了，故障鸟先上台，我可以清楚地听到温卓霏的声音，台词很流利，声音很洪亮。随后胆小鸟王子亓上台了，她发挥得也特别好，把胆小鸟一开始的胆小不敢和别人说话的样子表现得太好啦！我也跟着上台了，开始了我的表演。记得，我弯着腰，用手自己捶着背，边走边咳嗽，走到舞台中央，坐在那里自言自语。表演到最后的时候，我们有点卡，赶紧相互用眼神提醒了，很快随机改了台词，避免了一次小失误。我们都太紧张了，但是老师鼓励我们，就应该学会随机应变，根据场景自由发挥，这样才能演活自己的角色。最终表演很成功，同学和老师都很喜欢我们的故事演绎，给我们热烈的掌声。同学们还纷纷就我们演的角色，进行了讨论分享，学会和他人共同交流，学会交朋友的小妙招，正视自己的缺点，克服一切困难。通过参加这次演出，让我知道努力是没有白费的，同学之间也要互相帮助，我们是一个集体，只有团结一致才能成功。

——赵子豪

听说我们班绘本会心小剧场要选演员啦，这可是个好消息，我跃跃欲试！

终于，经过试演筛选，我被老师选上了演胆小鸟的角色，真是太开心啦！我终于可以当小演员啦，啦啦啦……我的心情好到爆！排练的时候既紧张又期待，每天都抽出时间排练，我们最开始的排练，是根据绘本故事《故障鸟》的情节，自己编台词加动作，老师再帮着调整。后来，每一遍练习都要把动作做标准，节奏要到位，还要有感情地一遍一遍练习，我们自己找时间练习，连晚上回到家都会演给爸爸妈妈看。练习虽然辛苦，老师和家长的鼓励成了我们的动力，我们一直在努力着。通过这次的表演，我感受到了一只鸟儿的坚强、阳光、积极向上，就像一个人的成长历程一样，在他成长中有跟别人不同的地方，被别人笑话，自己很难过；还有故障鸟的不认输，自己做了一个翅膀，虽然没有成功，但是勇于去尝试，即使失败了，也不要放弃。我喜欢故障鸟的个性，他有一颗友爱的阳光般的心，也遇到了和他一样的胆小鸟儿，他鼓励她从自己的小天地里出来，两个人变成了知己，互相陪伴，互相帮助，终于学会了用各自的一只翅膀飞了起来。

——王子亓

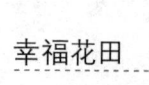

幸福花田

绘本会心　健康成长

幸福课程七

幸福微课程

幸福花田

百科知识课程　花式主播范儿

疫情就是课程，经历就是成长。

在这特殊的居家战疫期间，我校魏凯玓、马凯燕、王莉莉、姜晓芳、胡艳荣、李雪凤、刘小月、翟甜、朱琪申、任敏等十位年轻教师，心系居家网上学习的孩子们，倾情关注孩子们身心健康，精心录制了暖心的百科知识课程，教会孩子们积极行动起来，了解新型冠状病毒的相关知识科学防疫。了解战"疫"一线的英雄故事，学会与亲人相伴相互鼓励，学会科学有效的心理疏导小妙招，温暖了居家生活，照亮了孩子们心灵成长之旅，让孩子们居家生活学习也变得精彩起来！别样的花式主播超级有范儿，吸引着孩子们一起学习、一起成长！

最先闪亮登场的是"童心姐姐"范儿的英语老师魏凯玓《抗击新冠病毒，我能行！》（Fight Virus, I can！），在跟学英文绘本的同时，让学生不仅了解了什么是新型冠状病毒，还学会如何防疫的妙招！英文绘本故事与防疫战必胜的信心，风靡学生圈！

第一讲　Fight Virus, I can！

主讲人：魏凯玓（英语学科）

镜头一：
小朋友们，大家早上好！

今年冬天，我们一起度过了一个不平凡的寒假——新型冠状病毒闯入了我们的生活。这是一类主要引起呼吸道、肠道疾病的病原体。这类病毒颗粒的表面有许多规则排列的突起，整个病毒颗粒就像一顶帝王的皇冠，因此得名"冠状病毒"。

冠状病毒是一个大型病毒家族，已知可引起感冒以及中东呼吸综合征（MERS）和严重畸形呼吸综合征（SARS）等较严重的疾病。新型冠状病毒是以前从未在人体中发现的冠状病毒新毒株。当人的身体难以抵抗这种病毒的感染生病的时候，会出现发烧、咳嗽、呼吸困难等现象。部分患者症状轻微，无发热现象。多数患者为中轻症，愈后良好，少数患者病情危重，甚至死亡。

咱们济南市阳光100中学小学部苑老师为同学们制作了一份关于抗击新型冠状病毒的英语绘本，现在就请大家与魏老师一起来学习吧！

镜头二：（绘本）

Fight Virus, I can!

2019新型冠状病毒会通过飞沫、接触及空气等途径传播，所以，目前为止对于我们来讲，最好的预防方式就是远离传染源，不去人群聚集、通风不良的公共场所，注意卫生，增强免疫，科学战"疫"！（展示PPT）

Just like you! 就像是同学们一样，在家里：（展示学生假期生活新闻照片）丰富假期生活，用知识的提升致敬保护我们的人，用强健的体魄回馈关爱我们的人，用成为更好的自己致敬未来。

心系武汉，关注疫情，通过关注时事新闻，了解当前疫情防控的进展情况。

践行防疫宣传，把学习到的防疫知识制作成短视频，手抄报，宣传语等，与小伙伴们共同交流学习。

致敬先锋，为中国加油！同学们在关注疫情发展的同时，更被"最美逆行者"的无私与奉献感动着，被社会上默默付出的劳动者感动着，由衷地表达着心中的敬意！

同学们，新型冠状病毒疫情地图上的每一个地名，每一个数字每时每刻都在牵动着人们的心绪。老师们尤其挂念在家的你们，让我们击掌相约：学校老师尽全力做好等你们健康、平安归来的准备，你们没有荒废寒假和延期开学的时间，在家里科学规划，合理作息，自主学习！

冬将尽，春可期！

当我们与你在学校门口再相见，发现：归来时，你已成长！

再来看看第二天的主播是啥范儿？"故事大王"范儿的数学老师马凯燕，百科知识课程《国士无双——钟南山》的故事，带大家一起了解这位民族脊

梁国士无双的战疫英雄！新晋国民男神，抗疫战神的国士，还是健身达人，运动健身增强免疫力，学起来，故事大王范儿魅力十足！

第二讲　国士无双——钟南山

主讲人：马凯燕（数学学科）

今天马老师带大家认识一位新晋国民男神，最近全国人民都在为他点赞，大家知道他是谁吗？首先我们一起来听听这首歌。是的，这位男神就是钟南山院士。同学们对钟南山院士有多少了解呢？今天，马老师就给你们讲讲钟南山院士的故事！

钟南山，中国工程院院士，著名呼吸病学专家。他出生于医学世家，24岁于北京医学院毕业，大三时还曾打破400米全国纪录。他热爱运动，坚持锻炼，84岁高龄的他，还像年轻人一样有活力。钟院士曾经说过，"运动和吃饭一样，同样是体能需要，同等重要"。在此马老师也提醒同学们在家多多运动，增强自身免疫力哦！

钟南山40多岁时还去了英国进修，更值得一提的是2003年全国"非典"爆发，67岁的钟南山带领医护工作者全力抗击非典，在最恐慌的时候，他的一句话，给了人定心的力量："把重症患者都送到我这里来。"混乱和恐惧之中，人们记住了钟南山的名字。

而今2020年武汉疫情爆发，我们开始慌张，家家户户大门紧闭，街道变得冷冷清清，人们期盼着医术高超的救星出现来消灭病毒。此时84岁的钟南山一边告诉公众尽量不要去武汉，一边自己登上去武汉的高铁，赶到武汉，与"冠状病毒"战斗，着实令人佩服。

孩子们，为什么要读书、学习？钟南山教授的此行此举给了我们最好的答案。

我们可以坚定地说：因为我要做一个像钟教授那样有知识的人。知识不仅能改变我们的生活，还能救人于水火。当危险来临的时候，我们不是害怕，而是像钟教授那样用自己的知识去战胜危险，用自己的勇敢和担当去化解灾难，成为国家和人民的中流砥柱！成为钟南山那样的人，才是读书的终极目的。

同学们，虽然我们现在在家不能出门，但是我们同样可以科学规划，自主学习，加强体育锻炼，努力成为像钟南山院士那样博学多识、敢于冲锋、无私担当、胸怀家国的人。孩子们，希望你们能从钟南山院士的故事中感受到风骨，汲取到力量！

最后让我们一起为在前线冲锋的战士加油！为武汉加油！为中国加油！

"优雅知性"范儿的王莉莉老师，在第三天上线啦！百科知识《蔬菜之乡抗疫情》，将数学计算巧妙与救灾蔬菜结合，讲述战疫故事中学会数学知识。这些知识来源于生活，助力防疫，更是获得点赞无数！

第三讲　蔬菜之乡抗疫情

主讲人：王莉莉（数学学科）

这个春节因为一场突如其来的疫情有点不一样，对于不少小朋友来说2020年虽然才刚开始，但是给我们留下了深刻的印象，想必大家今后也很难忘记2020年寒假所发生的事吧！小朋友们说得不错，2020年最受关注的就是中国人民对新型冠状病毒疫情的阻击战，目前确诊病例还在持续增多，疫情时时刻刻牵动着14亿中国人的心。

下面我们一起了解一下新型冠状病毒（视频）。

病毒无情人有情，一方有难八方支援，战"疫"期间，涌现了一批最美"逆行者"、最无私奉献的人。说到无私奉献大家会想到哪些动人的故事呢？今天王老师也想和小朋友们分享一个关于抗"疫"期间中国人民团结一致抗击疫情的故事。讲故事之前王老师想问大家一个问题：大家知道蔬菜之乡是哪个城市的代名词吗？小朋友们说得不错，蔬菜之乡是我们山东省的寿光市，接下来我们一起看个小视频，看看寿光为战"疫"做了哪些贡献？

（播放视频2分22秒）

视频看完了，小朋友们有没有什么想说的？或者是视频中有没有令你感触最深的画面？

我相信每个小朋友感触都很深刻吧！现在我们可以一起来想象一下，饭

幸福花田

桌上如果一天没有我们喜欢吃的蔬菜你会是什么感受？一个星期呢？一个月呢？是的，没有蔬菜我们的食欲会无法满足。武汉至今已经封城近20天，蔬菜瓜果十分紧缺，"蔬菜之乡"的菜农们为保障疫情期间的蔬菜供应，连夜抢摘新鲜蔬菜，并连夜现场质量检测，第二天一早350吨新鲜蔬菜准时发往武汉。听到连夜采摘350吨蔬菜，这个数据，大家会不会感到惊讶？大家知道1吨是多少千克吗？是的，1吨等于1000千克。小朋友们你知道正常生活中每人每天需要补充多少蔬菜吗？我们每人每天必须的蔬菜量大约是0.3—0.5千克，假如每人每天需要0.5千克，每个家庭每天大约需要2千克蔬菜。那每个家庭一个星期会需要多少呢？一年会需要多少呢？我们一起来算算吧！每个家庭一年大约需要720千克蔬菜，那350吨蔬菜一个家庭多长时间能吃完呢？答案是350吨蔬菜一个家庭大约需要486年才能吃完！

由此可见寿光市人民连夜采摘的蔬菜数量有多大，而且还保证每天支援武汉600吨质优价廉的新鲜蔬菜，保障武汉人民的日常生活所需。难以想象"疫"情期间，勤劳勇敢的寿光人会有多少天夜不能寐，会流下多少滴辛勤的汗水。对他们来说为疫区供应蔬菜是一种使命，是应尽的责任，没有任何怨言。孩子们，这就是我们勤劳善良、无私奉献的劳动者，这就是值得我们学习的民族精神。一方有难八方支援，众志成城，团结一致。

孩子们，在我们的生活和学习中，每个人都会遇到难以解决的困难，如果身边的人能给予帮助，团结一致，问题就能很快得到解决。

俗话说："一根筷子易折断，十根紧紧抱着团。"只要我们人与人之间团结的桥梁不断，未来，将是我们人人所希望的美好生活！

温柔美女范儿主播姜晓芳老师录制的《抗击疫情 我们在一起》来啦！战疫中感人故事，让人潸然泪下！童声诵读致敬逆行天使的诗歌也为这场无硝烟的战疫助力加油！相互陪伴，相互鼓励，抗击疫情，我们在一起就是力量的源泉，就是战疫必胜的信心！

第四讲　抗击疫情　我们在一起

主讲人：姜晓芳（语文学科）

亲爱的同学们：

大家好，很高兴百科知识课堂又跟大家见面了。

今年的春节和以往不太一样，突然爆发的新冠病毒肺炎疫情打破了节日的祥和。每天上升的数据背后是一个个因为病毒而忧心忡忡的家庭，而在这场硬仗的背后，有很多人挺身而出，下面跟着姜老师一起走进他们的故事吧。

这是武汉最大的专科传染病医院，他叫张定宇，是这家医院的院长。在抗疫情最前线的30多天里，他每天几乎只睡2个小时，即便是休息时间，也不停地接电话、翻看病历。作为一个渐冻症患者，他很清楚自己的身体在一点点地消逝，而在和时间赛跑，和命运叫板时，必须争分夺秒。

河南扶沟县人民医院门前，一线护士刘海燕，与前来送饺子的9岁女儿隔空拥抱。她对女儿说："乖，妈妈是个共产党员，妈妈什么都不能怕，战胜病毒，妈妈就能回去了……"

为避免交叉感染、节约穿防护服时间，90后护士单霞将一头长发剃成光头。她说，头发没有了还可以再长，现在首要的是保护好自己，尽力量去救更多的人。

随陆军军医大学医疗队出征到达武汉后，护士长蒋小娟因长时间超负荷工作，脸被口罩和护目镜压得伤痕累累。她却说，皮外伤而已，贴上"创可贴"再冲锋。

这样的感人事迹实在太多，在这场没有硝烟的战争中，奋战在一线的医务人员，是我们心中最美的英雄，值得我们所有同学去赞美和学习。而与此同时，我们身边又怎能少了一个个闪闪发亮的普通人，他们做的事，算不上惊天动地，但值得我们记住。（播放视频）

感谢所有的医务人员，最危险的地方，有你们义无反顾。感谢每一个普普通通的人，默默付出，全力支援。这是我们所有中国人共同的战"疫"，抗击疫情，我们始终在一起！同学们，我们中国人是团结的，是充满力量的，现在我们举国上下，万众一心，在习总书记的领导下，有条不紊地防控疫情，

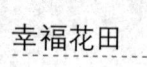

我们一定可以取得最后的胜利。

所以我们作为小学生，只需要安心待在家中，合理安排时间，做一些有意义的事情。有的小同学坚持练字，认真誊抄致敬医护人员的诗歌，有的小同学为医护人员精心制作宣传画报，还有的小同学响应学校老师的号召，练习朗诵，用诗歌给我们带来信心。

（分别播放刘明澈的诗朗诵视频1分钟，祝允暄的诗朗诵视频1分钟）

同学们，这个寒假的独特经历，让我们更加热爱中国这个温暖的大家庭，抗击疫情，我们在一起。（张嘉祺、吕熠宸）

（播放幻灯片）冬将尽，春可期！同学们，居家防疫时期，请你做好规划，合理作息，自主学习，准备起飞。谢谢大家的观看，再见。

甜美声线范儿女主播胡艳荣老师录制的《科学自我排查，保持健康心态》，教会孩子们如何认清辨别新型冠状病毒真面目，如何正确面对宅在家里的负面情绪，学会蝴蝶抱，来个深呼吸……跟着做起来哟！保持健康心态，开心快乐每一天！

第五讲　科学自我排查，保持健康心态

主讲人：胡艳荣（语文学科）

亲爱的同学们：

大家好！我是胡老师。今天胡老师跟大家分享的百科知识主题是"科学自我排查，保持健康心态"。

现在同学们都已经认识到新型冠状病毒感染肺炎的严重性，也都能够做到在家隔离，及时上报，积极配合前线的医务人员打赢这场仗。由于我们有较长一段时间不能出门，一些同学甚至爸爸妈妈出现了焦虑心理。

出现焦虑的表现主要有两种。

一、特别关注身体的各种感觉。一旦出现打喷嚏、咳嗽、流鼻涕或者口罩漏了一条小缝，就怀疑自己是不是感染了新型冠状病毒啊？

到底如何来区分感冒、流感和新型冠状病毒肺炎呢？我们先通过下面的

小短片来了解一下。

　　普通感冒一般是由于着凉或者劳累引起的，会出现鼻塞、流鼻涕、打喷嚏的症状，但通常不会发烧，也不会有头痛、关节痛和全身不舒服的感觉。这时，只要保证充足的休息和健康的饮食，一般来说是不会有危险的。

　　流感是由流感病毒感染引起的，往往起病特别急，会发热，一两天内体温就会上升到39℃、40℃，还会有头痛、肌肉乏力、食欲下降等症状，严重的也会引起肺炎。

　　新冠肺炎起病相对比较缓慢，会有一个逐步加重的过程，前三天会出现低烧、咳嗽、畏寒等比较轻的症状，一周左右病情会逐渐加重，而流感引起的症状在一周左右的时候一般就会好转甚至消失。

　　所以，对于新型冠状病毒，我们正确认识它，合理防范它，理性面对它，但不必过度恐慌，也不必盲从盲信。当我们的身体出现不适症状的时候，应首先向所在社区和班主任进行报备，并科学理性地对身体症状进行判别，避免盲目地直接去医院——那样占用宝贵的医疗资源的同时也容易出现交叉感染。当然，我们也不能抱持侥幸心理，一定要认认真真在家做好隔离防护，一旦出现较为疑似的症状，要及时上报，及时就医，相信白衣战士，他们会给我们最专业的保护。

　　二、焦虑主要表现为长时间无法出门引起的不良情绪。针对这种情况，胡老师也给大家提供了几个简单的建议。

　　1. 正确认识自己的心境反映。要知道，传染病暴发给我们带来压力，产生一定的消极情绪是十分正常的。我们无法出门玩耍，无法如期开学，无法见到小伙伴，甚至原本计划好的出行也被取消了，爸爸妈妈也可能因为种种原因情绪不佳。接纳这些情绪有助于我们更好地生活、应对疫情。但这并不意味着我们要沉浸在这种情绪中无法自拔，而是要将自己的状况调整到最有利于抗击疫情的模式。

　　2. 恰当心态对待疫情信息。在这样的关头，我们要对疫情做到"心中有数"，不良的心绪往往来自于对未知事物的恐惧。认真观看政府公开的信息和学校推送的内容，对防疫工作保持足够的信心，不轻信传言，化恐慌为认真、科学、适度的个人防护。

　　3. 积极和他人展开沟通。在我们闭门不出时，可能会感到无聊、孤独，

这时候，我们可以通过电话、网络多与亲人、朋友交流，互相鼓励、沟通感情，加强心理上的互相支持。此外，我们也可以充分利用这一段空闲时间享受亲子陪伴和深度交流，把日常没有时间和父母说的话聊一聊，回忆生活中的欢乐时光，也可以畅想疫情过去以后的计划和安排，计划一件令人向往的事情总是会让人心情愉快。

4. 保持稳定健康的生活方式。虽然活动范围受到限制，我们仍然要积极地看待生活，按时起床，在家学习，按时休息，让自己的生活回到正常轨迹。规律、掌控感是应对焦虑恐慌的良药。除此之外，还要注意良好的饮食和睡眠，建立良好的生活和卫生习惯。

5. 正常宣泄情绪。压抑不良情绪会损害健康，我们可以采用正确的途径和方式宣泄情绪。首先，表达对于疏解情绪有重要作用，我们可以写日记，将近期的事件和感受通过文字记录下来。也可以通过绘画的方式表达自己的情绪。听听舒缓的音乐、练习书法、做运动、看一本书都是不错的选择。其次，可以通过亲朋好友的沟通获得心理支持。最后，在情况严重时，可以寻求专业人士的帮助。

当你感到情绪无法控制时，可以跟着尤悠然同学做两个简单的小动作来帮你缓解，跟着他学起来吧！

同学们，无数逆行的英雄战斗在抗疫第一线，我们认真做好防护就是对祖国和社会最大的贡献。阴霾掩盖不了月光白衣，疫情抵挡不了华夏共力。没有一个冬天不会过去，没有一个春天不会到来。让我们共同期待一个樱花盛开的春天，为武汉加油！为中国加油！

美丽优雅范儿的主播李雪凤老师录制的《暖暖春日，莫负韶光》，带着春日的温暖，带着疫情宅在家的心理疏导的小妙招，带着居家学习健身温馨提示，带着一份美好的期盼和鼓励，迎面而来，就让我们一起愉快地学起来吧！

第六讲　暖暖春日，莫负韶光！

主讲人：李雪凤（语文学科）

亲爱的同学们：

　　大家好。我是你们的李老师，今天百科知识课堂的主题是："暖暖春日，莫负韶光。"

　　这个春节过得出乎意料，格外不同。我们正一同经历着新型冠状病毒带来的危机。大家戴上了口罩，减少出门，开学延期，同学们的春节都宅在家里。我看到了你们在家憋坏的样子，也看到了你们在这次疫情中写下的日记、诗歌，各种图文并茂关于病毒的知识，还有抗击病毒的各种数据的收集……真是一群有心的孩子。

　　面对这个加长版的假期，很多同学手足无措，不知如何是好。李老师想嘱托你们的是：暖暖春日，莫负韶光。

　　接下来我们一起去看看，下面这位小朋友，是怎样度过这些特殊时光的吧！（播放学生视频）

　　李昊洋：各位小朋友们，大家好，我是四年级一班的李昊洋。在这个特殊的假期里，我可没闲着，我每天都按计划自主学习，除了完成寒假作业外，我每天还会坚持练习书法，你瞧，我为武汉人民加油的书法作品！（展示书法作品）当然，我最喜欢做的就是练琴了，每当听到自己弹奏的曲目，我都感到身心愉悦。此外，我还经常画画，每天坚持运动，我还经常帮妈妈做家务呢。这个假期，我过得可充实了！

　　看到这位小朋友丰富多彩的假期生活，你们是不是很羡慕呢？是不是也想让自己的生活更加充实？李老师给你们几点小建议：

　　1. 舒缓情绪，调整心态。

　　2. 看些有意义的电影。

　　3. 学做几道菜。

　　4. 珍惜与亲人共处的时光。

　　5. 讲究卫生，坚持体育锻炼，增强免疫力。

　　6. 舒缓情绪，调整心态。

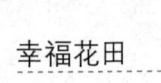

那么如何舒缓情绪，调整心态呢，老师知道，你们年龄尚小，没有真正经历过大的风浪，面对第一个不能走亲访友的春节，面对街市上到处都是戴口罩的行人，面对扑面而来的各种新闻，你们的内心可能会感到恐惧和焦虑。但是孩子不要怕，当你担心什么时，就说给父母听，说给亲友听，你会从他们丰富的人生阅历里得到抚慰。你还可以通过读书、听音乐等方式来舒缓自己的情绪。当然，适当地运动也是舒缓情绪、调整心态的好方法呢。我们可以选择可行的室内运动，比如下面这位小朋友做的运动就比较适合在室内做。（播放学生视频）相信同学们坚持这样做的话，一定会以一个积极乐观的心态来迎接新学期的生活。

多读几本书。你们知道吗，多读书可以知道光在哪里。

一本书，不过几寸见方，却可以为你打开一扇窗。有道是"凡有所学，皆成性格"，书籍是活着的声音，读书，让自己知道"光"在哪里。

需要提醒的是，读书后要有自己的思考，思考得多了，更能培养自己的独立精神。这次的疫情，各种信息扑面而来，纷繁复杂，拥有独立精神就不会人云亦云盲目跟风，而是会去冷静分析，对比甄别，做出自己的判断。你瞧，咱们学校就有许多"小书虫"，这个假期他们可读了不少的书呢。（展示PPT）

看些有意义的电影。

我们都知道，电影既是艺术，也是生活。看电影，也是一种经历不同人生的过程，既可以作为一个局外人去观看他人的生活，也可以站在另一个角度审视自己的生活，从而活得清醒、深刻。

观看了电影，可以试着写写影评，并学习一下他人的优秀影评，这可以增加自己的理解力和思考深度。如果有兴趣，还可以为一些经典片段配配音，这也是有趣的事。

学做几道菜。

趁着这段时间，不妨向爸爸妈妈学习做几道菜吧，既满足了自己的表现欲和成就感，又增进了自己的生活技能，真是两全其美的事。

烧制过程中，让爸爸妈妈拍下照片或视频，既可以作为作品进行展示，也可以用于回放观照以提升技艺。

当你烧制出一道道舌尖上的美味时，你会发现，柴米油盐中，不只有生活的烟火味，更有人世间的情味。

多与家长互动，珍惜与亲人共处的时光。

这个特殊的假期，可以陪父母聊聊天，近期新闻非常多，这些都是聊天素材；可以帮忙做做家务，搞搞卫生，洗洗衣服，理理房间，让妈妈做回"自由女神"；可以为家人拍些照片和视频，或是一起拍张全家福，留下光影里的温馨和记忆。你会发现，有你参与的时光，家的味道才会更醇，亲情的味道才会更浓。你会发现，因为付出，所以爱；因为爱，所以更愿付出。

讲究卫生，养成良好的卫生习惯。

关于这次疫情，我们知道，新型冠状病毒存在接触传播的风险，所以注重佩戴口罩的同时，也要注意勤洗手。可以说，对抗眼下的疫情，戴口罩、勤洗手、勤消毒是最简单也最有效的自我保护，同时也是对别人的保护。

良好的卫生习惯和生活方式，可以让我们离灾病远一些。

坚持体育锻炼，增强免疫力。

对抗疾病最好的办法，是长期锻炼，增强免疫力，须知免疫力是人体最好的护卫和医生。所以，每天要坚持锻炼。体育锻炼作为一种健康的生活方式，会让你收获一个更强健的自己。

同学们，春天已经如期而至，疫情终将过去，愿你似花，不断努力，暖暖春日，莫负韶光。今天的百科知识到这里就结束了，感谢同学们的观看，再见。

贴心姐姐范儿主播刘小月老师录制的《小口罩大作用！》来啦！面对疫情，我们要做好预防措施。口罩成为大家防范新型冠状病毒传播的第一道防线。你认识各类口罩吗？用过的口罩又该如何处理？让我们一起跟随刘老师涨知识啦！病毒无情，爱有意！从我做起，认真做好预防工作。让我们一起祝福武汉！祝福我们的祖国！

幸福花田

第七讲　小口罩大作用！

主讲人：刘小月（数学学科）

同学们，大家早上好。

今年是特殊的一年，有一个坏家伙闯入了我们的生活，它就是新型冠状病毒。面对疫情，我们要做好预防措施。

一、疫情下，口罩成为大家防范新型冠状病毒传播的第一道防线。面对口罩短缺，我们国家在口罩供应方面正全力以赴地增产扩能。目前，据工信部消费品工业司副司长曹学军2月2日介绍，根据掌握的情况，以总产能计算，每天口罩产量超过1000万只，截至2月3日全国口罩产量已达到1480.6万只，比前一日环比增长3.1%。其他医用口罩998万只，环比增长36%，"其中N95口罩已达到11.6万只，环比增长48%，普通口罩471万只。通过数据可以看出武汉市民和医护人员对口罩的用量在不断地增加。

下面我们就一起来认识几位朋友。

大家好，我是普通棉布口罩。我的材质可能为棉布、纱布、毛线等。

我是一次性口罩（如医用外科口罩）能在一定程度上预防呼吸道感染，无法防霾。我有三层，从外到内分别是防水层、过滤层、舒适层。

我是N95型口罩，能有效预防呼吸道感染，可以防霾。我最大特点就是可以预防由患者体液或血液飞溅引起的飞沫传染。

二、别以为戴口罩就行，做好这六点才有效。（播放张医生视频）

三、用过的口罩该如何处理？

网上有人提出一些处理方法，我们一起看一下。

1. 开水烫一下。用开水烫口罩，需要将口罩放置在容器里避免不了污染容器，消毒需要持续高温的条件，开水烫一下无法满足需要，仅能杀死部分病原体。因此，不建议用开水烫。

2. 燃烧。燃烧的原理也是高温消毒。但燃烧会污染环境，造成安全隐患。因此，不建议进行个人燃烧处理。

3. 把它切碎扔掉。虽然这是防止别有用心的人循环利用的一个很好的起点，但感染的风险非常高，因此也不建议切割。

那该如何处理，下面我们看看医生的建议。（播放视频）

病毒无情，爱有意！从我做起，认真做好预防工作。让我们一起祝福武汉，祝福中国！

困难只是暂时的，胜利终将属于我们！谢谢观看！

甜美可爱范儿的女主播翟甜老师，告诉我们在家学习、娱乐时如何做到科学用眼。一些实用、有效的方法确实对我们大有裨益。让我们一起跟着做起来吧！

第八讲　百科知识——爱眼护目学起来

主讲人：翟甜（数学学科）

同学们，大家好！早上好！

一场突如其来的疫情，一种新型冠状病毒的入侵，让我们度过了一个与众不同的寒假。当下，正值抗击疫情的关键时刻，全国大中小学校也纷纷延迟了开学时间。许多线上学习的方式也为广大学生所采用。那么，我们在家学习时如何做到科学用眼呢？今天我就告诉大家一些实用、有效的方法，快来了解一下吧！

一、眼保健操

我们每天在家学习一段时间后，不妨利用中间休息的时间做一下眼保健操，一方面，可以调节紧张的学习状态，另一方面也能有效地缓解用眼压力。（温馨提示：大家做眼操之前一定要记得洗手！）

二、坚持室内运动

在当前非常时期，不宜出门，这个时候可以在家做一些简单的室内运动，既能增强体质，又能缓解学习压力。广播体操就是一个不错的选择！

三、注意补充适当营养

青少年在电脑屏幕前工作时间如果太长，视网膜上的视紫红质会被消耗掉，而视紫红质主要由维生素A合成。所以，饮食上可多补充胡萝卜、白菜、豆腐、橘子、红枣以及牛奶、鸡蛋、动物肝脏、瘦肉等食物。补充维生素A

和蛋白质。

四、严格遵守用眼规范

在使用电子产品时，要格外注意用眼规范。首先，建议屏幕越大越好。其次，注意眼睛的休息，上完一节课后要注意休息，包括向窗外远处眺望，闭目休息都可以。再次，注意用电脑时，屏幕与眼睛距离不少于50厘米。使用台灯时，灯距离桌面33厘米，同时开启室内照明灯，学习时保持正确的坐姿：头正、身直、肩平、臂开、足安。

五、及时进行科学治疗

如有视力障碍，一旦发现，要到专业视力预防机构进行检查以及接受相应的治疗。

同学们，目前疫情形势依然严峻，而且病毒可能会通过眼结膜渠道传播，因此医护人员都要进行二级防护，佩戴护目镜、防护口罩、一次性使用帽子、手套、鞋套、穿一次性防护服等。其中护目镜正是为了防止病毒通过眼睛结膜传播而佩戴的。那么疫情期间，我们应该怎样做好眼部防护呢？

在这场战役中，最美逆行者给我们留下了很多精彩的瞬间：本打算去外地看女儿的医生，在机场已经过了安检，却被紧急召回；"妈妈是军人，有需要就要上，不能陪我看雪，那你答应我一定要平安归来"；与病毒厮杀了一天，医护人员的睡姿是这样的；摘下手套后男护士的手干瘪僵硬；得知同行好友感染病危，他泣不成声；几天连轴转的高强度工作后女护士的脸上布满勒痕；这些瞬间既让我们心疼又令我们感动！在这里让我们一起向他们致敬，给她们加油！

最后希望同学们在家科学规划、合理作息、自主学习。没有冬天不可逾越，没有春天不会来临，老师们期待你们健康归来。感谢大家观看，再见！

还有两位韵律健身范儿主播，引领运动风潮！

向病毒发起挑战！直率可爱范儿的帅哥朱琪申《向病毒发起挑战》新鲜推出，积极运动健身，提高自身免疫力，向病毒发起挑战！跟着视频运动起来！

第九讲　向病毒发起挑战

主讲人：朱琪申（体育学科）

同学们：

大家好！

欢迎来到百科知识课堂，本节课我们学习的主题为"向病毒发起挑战"。

前几期课程，我们已经了解到新型冠状病毒是什么样子，有什么危害，应该怎样预防。几乎每一节课老师们都会强调我们要通过积极的锻炼身体，来抵御病毒的侵害。那接下来，我将结合病毒侵入人体后对人体的作用机制，再次来说明我们平时的活动和锻炼到底有多重要。

病毒不可能独立生存，它也需要营养物质，当病毒侵入人体后会有一定的潜伏期。恰好，人体环境能为病毒提供良好的生存环境和营养物质。潜伏期过后，它会大肆消耗我们身体的养分。而此时，我们体内的免疫细胞会勇敢地站出来试图将病毒打败并将它们吞噬，来守护我们的身体。

但是同学们体内的免疫细胞是有差异的。经常参加体育锻炼的同学身体内的免疫细胞非常强壮，会非常高效和迅速地将病毒打败，而平时缺乏锻炼的同学体内的免疫细胞也会如同他本人一样，要么营养不良，要么身体臃肿，在与病毒的战斗当中必然会失败而归。这样，病毒会轻而易举地占领他们的身体，迅速繁殖和扩散，消耗他们体内的营养物质。而他们也会因此出现高烧不退，卧床不起，甚至会在这场失败的战斗中失去自己宝贵的生命。

据统计，在这场长达一个月甚至更久的战斗中失去宝贵生命的，多数是免疫力低下并且伴有基础病的老年人，能够治愈出院的大多数是免疫系统强大，拥有健康体魄和锻炼习惯的人。面对新型冠状病毒，至今还没有特效药物可以针对治疗，主要依靠的还是自身免疫系统。

新型冠状病毒非常狡猾，科学家正在一步步地揭露它神秘的面纱。从潜伏期的7-14天，到20天，直到最新发现的潜伏期长达24天。从开始的飞沫传播和接触传播，到刚刚验证的气溶胶传播。它似乎无处不在也无孔不入。但同学们也不必因此而恐慌，只要我们提高警惕，做好防护，拥有一个健康的体魄，一定会战胜病毒！

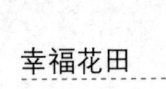
幸福花田

讲完以上病毒与体育锻炼的关系,大家会不会因以前大课间不认真活动而后悔?因体育课上叫苦叫累甚至偷懒而惭愧?同学们,与其追忆和悔恨过往,不如把握现在和将来,从现在做起仍然不晚。体育锻炼贵在坚持和自律,从今天开始,相信不管有没有人在监督你,你都能自觉地去锻炼。我也相信,开学后,大家会无比珍惜在大课间和体育课上活动和锻炼的机会。让我们向病毒发起挑战,去迎接新的一天吧!

运动达人范儿的美女主播任敏老师,推出《抗击疫情,身体力行》的百科知识课堂。跟着任老师居家健身学起来,神奇椅子健身操做起来,太棒啦!让我们一起身体力行,抗击疫情!归来时,你已强壮!

第十讲　抗击疫情,身体力行

主讲人:任敏(体育学科)

亲爱的同学们,大家早上好。

一场突如其来的疫情,将热闹和欢聚隔离在新春到来的前夜,我们也开学延迟,开启了空中课堂模式。在抗击疫情的过程中千千万万看似平凡的人,总是给我们不经意的温暖。在这一场没有硝烟的战场上,医务人员无疑是冲在最前线的战士,他们不分昼夜地奋战,是为了拉起生命防线,是用生命守护着我们的明天,接下来我们来看一个小视频。

同学们视频观看结束啦,正是有这些可爱无私奉献的白衣天使,我们不再恐惧,不再害怕,怀着感恩的心,向每一位敬爱的工作者致敬。视频最后我们看到了84岁依然坚持健身的钟南山院士,疫情当前,他的思路、身体状态丝毫不逊色于年轻人,在采访时他说道:"我觉得没有我所谓的年纪大和记忆力差,我想还是跟喜欢运动、喜欢活动有关系。"是啊,喜欢运动,强身健体。所以在疫情结束开学前,除了要调整好自己的心态,在合理安排自己生活与学习外,也要做到锻炼身体,提高身体免疫力,做一个抵抗病毒的小卫士。根据现在的居家情况任老师给大家分享几个锻炼的动作,需要用到的器材非常简单,一把椅子足够啦!接下来一起学习吧!

1. 端坐在椅子上，双手侧平举，屈手肘，大小臂90度，大臂与地面平行，双手臂向身体中间靠拢，然后向两侧打开，重复练习。作用：锻炼胸肌。

2. 端坐在椅子上，双手侧平举，与身体成"T"字型，胸腔打开，肩胛骨向中间靠拢，手臂延展，掌心朝前，手臂做内旋，然后掌心朝后，手臂做外旋，这样重复练习。作用：锻炼到双肩，改善坐姿。

3. 坐在椅子边缘，双手放在身体的两侧，掌心放在椅子的边缘，指尖朝下，双脚打开与肩同宽，臀部离开椅子向下，然后返回到椅子上，如此重复练习。作用：锻炼到双肩和手臂力量。

4. 坐在椅子边缘，双手放在身体两侧，身体立直，抬右腿向上，伸直膝盖，脚尖回勾，然后还原，换另一条腿，如此重复练习。作用：锻炼大腿肌肉。

5. 双手放在头部后侧，手臂向外打开，坐在椅子上，用右手肘去触碰左膝盖，身体前屈的时候感觉到腹部肌肉的收紧，然后还原，接着左手肘碰右膝盖，重复练习。作用：锻炼腹部肌肉。

6. 臀部坐在椅子的前半部分，双手抓住椅子边缘，身体向后倾斜虚靠在椅背上，收紧腹部，屈右膝靠近胸腔，然后慢慢向下伸直，向下的同时，左腿向上靠近胸腔，换另一边。如果这样对你来说比较容易，试着同时抬起双腿向上，如此重复练习。作用：锻炼全身肌肉。

同学们，这些动作学会了吗？大家在做动作时一定要注意安全，接下来跟着任老师一起动起来吧！

同学们，疫情虽阻碍了我们开学的脚步，但无法阻碍我们学习健身的进步，希望疫情过，归来时，你更强大，谢谢大家的观看。

幸福花田

Songbirds Phonics 英语绘本故事课程纲要

孙鲁雁

【课程开发前言】《英语课程标准》强调培养学生用英语做事情的能力。它指出："英语课程要求合理利用和积极开发课程资源，给学生提供贴近学生实际、贴近生活、贴近时代的内容健康和丰富的课程资源。"为了开拓学生的眼界，让所有的学生都有更多的机会接触原汁原味的英语文本，感受到更多纯正地道的英语文化，我开始用行动来增强学生的阅读能力，激发学生的学习兴趣，打好学习英语的基础。经过大家的进一步研讨，我发现英语绘本是一项不可或缺的阅读资源。它具有画面优美、情节简单、句型反复、语言押韵、寓意丰富等优点，这些都是很吸引学生的特性。同时我认为学生在阅读绘本的过程中，不单单是在认知学习、语言发展上，在生活能力、人格涵养、美感与创造力的开展等方面，都应该能有所成长。因此，结合教学实际及个人专长，我把《Songbirds Phonics 英语绘本故事课程》作为专属课程，并展开研究。

【课程理念】英语绘本故事课程以故事为主线，通过生动的故事情节，引人入胜的故事图画及有趣的故事配音，让孩子们去感知、学习英语故事，激发学生的学习兴趣。很多优质的绘本来自英语国家，学生在纯正的英语语言世界里聆听和使用英语，探索英语世界的奥秘，学生通过学习不同类型的英语绘本故事，可以接触原汁原味的英语文本，感受到更多纯正地道的英语文化，进一步打好学习英语的基础。

【课程目标】围绕课程理念，确立本课程的总目标为：
1. 选取贴近学生生活的绘本故事，逐步培养学生英语阅读的兴趣与习惯。
2. 提升学生英语的听、说、读、写的基本能力。
3. 增加学生对绘本中多元文化的认识与尊重，扩展国际视野。
4. 反思积累教育教学策略，提升教学质量。

三、四年级作为英语学习的起始年级，学生接触英语的时间较短，英语词汇量积累较少，孩子的年龄也偏小等特点，本课程的具体目标设定为：

1. 激发和培养学生的学习英语的兴趣。

2. 能在绘本图片的提示下听懂、读懂简单的小故事。

3. 能对绘本中的内容做简单的角色表演。

4. 完成与绘本学习相关的活动。

5. 在了解熟练26个字母的基础上，对绘本中所出现的一些语音规则有一定了解，形成一定的语感。

6. 能根据要求编创简单的英语绘本。

【课程内容】课程开设内容主要以Songbirds Phonics为载体，让学生通过学习不同类型的英语绘本故事，学会欣赏英语故事，表演英语故事，创编英语故事，讲英语故事，续写英语故事，进而提高学生的欣赏水平，表演技巧，英语口语水平及思维能力。首先建立分级标准，之后将事前挑选出的绘本分为低、中、高三个等级，每一等级之中的绘本也依分级标准再做难易程度上的区别，依据学生的语言能力，以及Songbirds Phonics教材的编排和节日风俗等安排课程的内容。

【课程实施】

一、时间安排

1. 每周社团活动时间作为绘本故事学习时间，由英语教师指导完成。

2. 利用一周两节早自习20分钟时间进行英语绘本的朗读训练，并播放相应的电子绘本、歌曲。

二、课堂教学的实施

1. 绘本教学前的准备：

绘本教学前的充分准备，可以有效提升教学效果，同时提升学生英语阅读的学习成效。选择合适的媒体辅助教学，如图卡、玩偶、flash动画、网络等，可增加故事的效果和学习的乐趣。

2. 具体的课堂教学实施

根据教学目标的不同，所选的绘本不同，各年段的教学具体实施环节也不同。

经过不断的教学反思，英语绘本教学包含的基本活动流程如下：

教学活动流程	教学内容
准备活动 （引起动机）	为了引起学生学习动机而设计的教学活动。以绘本为例，以学生本身的经验切入。
发展活动	1. 介绍绘本内容。（包含用电子有声绘本、PPT、绘本大书与绘本小书等不同方式介绍绘本） 2. 单字教学。（以实物或图片搭配单字卡，结合 word box 进行教学） 3. 句型教学。（以句型条建构学生句型应用的概念） 4. 韵文教学。（将绘本中重要句型自编成韵文，让学生能透过相同句型不断重复，而能将句型朗朗上口）
综合活动	1. 角色扮演。（让学生扮演绘本故事中的人物，以戏剧的表演方式来呈献学生学习英语绘本的成果） 2. 故事大王。（让学生用自己的语言对绘本的主要内容进行讲述） 3. 读者剧场。（将绘本故事改编为剧本，并让学生在适当的假想情境中，以有感情的语调重复演练对话） 4. 学生作品分享。（能以绘本故事内容制作出富有创意的作品或自制小书）

三、关于英语绘本的课外活动的开展

1. 读书推荐卡的设计：在每一篇绘本学习之后要求学生设计绘本读书推荐卡。在卡上体现出：书名、作者、绘图者这些基本信息，以及最喜欢的角色和你最喜欢的句子等。

2. 开展绘本故事诵读比赛。

3. 开展自编绘本创作大赛。评选出的优秀的绘本小书订在学校的英语墙报上，让大家都可以来翻阅，激发了同学的创作积极性。

4. 同时，定期针对每一本读物，制作彩色海报展示于学校英语墙报上，其中内容包括有故事内容的大纲、作者的照片、生平简介以及相关网站链接。另外在学校的网站上，我们把所学的一些英语绘本的相关内容上传，以便学生回家及时复习、自学。

【课程评价】学校课程管理委员会对教师专属课程的实施进行过程性的

指导管理，实行课程三级管理机制，校长室负责对课程的开展进行统一的课程实施安排；教导处负责课程的管理与协调工作，教师个人对参与课程实践体验的学生进行具体的管理和评价。课程实施过程性评价，制定课程实施计划，严格按照时间段进行课程学习和指导，同时在课程学习的过程中采用课程学习跟踪性评价，根据各年段所指定的目标不同，评价标准也不同。教师对学生绘本学习的评价主要采取将口试、学习单的完成以及参加的延伸活动中的表现三个方面相结合的评价方式。每一篇绘本，教师根据要求考察学生，同时根据完成情况，给出星级评分，并记录在学生的绘本小书上，学期结束时，汇总评估。最后，凡是在学校的故事大王、故事创编、读者剧场等中有表演和参与的同学，也要给与相应的加星。力求通过多方面的评价，让学生感受到成就感，真正做到"享受阅读"。

【课程研发价值与效能】通过绘本教学的开展，我们相信学生们在英语学习上一定会有一些进步和成绩。绘本教学的进行将进一步激发孩子们的表达能力和表现能力。我们希望能够给孩子们更多的途径接触英语绘本，形成学校—家庭、课内—课外、书本—网络相结合的绘本学习平台。同时，我们英语教师也会在课程的开展和研究中共同参与、共同研究、共同感受、共同体验，收获成长。

我们希望透过英语绘本教学，让学生感受不同的学习氛围与情境，提升学生英语水平及学习兴趣，让学生享受阅读，享受英语！

The rabbit and the two carrots

Ⅰ.Teaching aims

1. To grasp the new words of the story.
2. To understand the story and try to retell the story.
3. Can use the new words and sentences to communicate.
4. Can improve the students spoken English.

Ⅱ. Teaching material analysizes

1. To learn the words and new sentences. There are two carrots.
2. How to pronounce the words: hungry/give it to…/nice/

delicious.

Ⅲ. Teaching preparations

Tape recorder, computer, some pictures and several word cards, PPT, Picture books

Ⅳ. Teaching Steps

Step 1: Organization. Sing a song: Old Macdonald Had A Farm (PPT) S sing the song together.

（设计意图：课前齐唱英语歌曲，希望能够为学生营造一个良好的英语氛围，为学习新课打下良好的心理基础）

Step 2. Greetings and lead-in

1. Greetings: Good afternoon, boys and girls. How are you today?Ss: Fine, thank you. And you?

2. Lead-in: T: Let's play a game. Guess! Who is his/her friend? He/She is…   He/She has…

What's his/her name?   His/Her name is…

Ss Listen and try to answer the questions. His/Her name is…

（设计意图：通过游戏引出新知，可以充分调动学生的感官和积极性，起到热身的效果）

Step 3. New Knowledges

1.(1)T:(PPT) (watch a video and drill)(2) What animals do you see? Ss look and say. I see a rabbit.(3) Who likes carrots?Drill the new words.

Rabbit and donkey.

（设计意图：通过课件引出绘本故事，比较直观形象，可以充分调动学生的感官。对单词句型进行操练时，要做到由整体到部分，再到个人，争取让每个学生都能听懂会说）

2.(1) T: (PPT) Look at the picture. How does the rabbit feel?The rabbit is hungry.Drill the sentence: I'm so hungry.(2) T:Look! What are these?They're carrots.Drill the words: carrot/carrots. Drill: Wow, there are twocarrots.(3)T: The rabbit is so hungy. Does he want to eat the carrots?(4)Show the picture and read the sentences.Donkey likes carrots, too.One for me! One for donkey. Ss look at the picture and read.(5) What do you want to say to the rabbit?The rabbit is lovely/friendly/…

（设计意图：通过观察图引导学生思考故事的发展，逐步培养学生的思维和表达能力。在故事情境中学习新词汇和新句式，自然而又有效果。）

3.(1) T: (PPT) What about the donkey？ The donkey sees the carrot, Does he eat the carrot?(2) Show the picture and read the sentences.

Ss look at the picture and read.

Oh, it's a carrot! Where is it from? I'm not hungry.

I'll give it to sheep!

（设计意图：通过对故事情节的思考和表达，能够充分调动学生的积极性，并巩固所学的新句型。同时也拓展了句型，增大语言的输入量。）

4. Task time——Read and think.

Groupwork.

A. Read the story.

B. Think and ordr the ictures.

5. Show time

6. (1) (PPT show the pictures) T: What does rooster want to do? Teaching the new words: nice/deliciousRead and drill the sentences: It looks delicious. (2)Why does rabbit say that?(I love my friends.)

Rabbit must be hungry. I'll put it here.

7. Task time——Read and give the story a name.

8. Watch and act the story.

9. Chant.

10. Homework Blackboard design.

（设计意图：克鲁姆说过，成功的外语课堂教学应在课内创设更多的情景，让学生应用学到的语言材料。因此，我通过课件配着音乐给学生介绍，渲染气氛，同

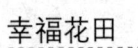
幸福花田

时引导学生感受朋友之间的友爱。另外要注意及时评价,并且评价的方式要多样,如小组评价、学生评价、自我评价和教师评价相结合。)

本节课是一节英语绘本课,主要以兔子和胡萝卜的故事为主线,通过生动的故事情节,引人入胜的故事图画及有趣的故事配音,让孩子们去感知,学习英语故事,激发学生的学习兴趣。根据学生的年龄特点,我将本课的教学目标设定为:激发和培养学生的学习英语的兴趣;能在绘本图片的提示下听懂、读懂简单的小故事;能对绘本中的内容做简单的角色表演;完成与绘本学习相关的活动。我通过直观形象的多媒体课件来教学,较好地突出了重点,突破了难点。通过猜想、表演等方式来展开故事的学习,充分地调动了学生的感官和积极性,从最后学生的学习效果来看,许多同学能够复述并且自编自演小故事,语言的输出量比较大,我还是感到比较欣慰的。

通过绘本教学的开展,相信学生们在英语学习上一定会有一些提升。希望透过英语绘本教学,让学生感受不同的学习氛围与情境,提升学生英语水平及学习兴趣,让学生享受阅读,享受英语!同时,我们英语教师也会在课程的开展和研究中不断体验,收获成长。

课程故事汇 幸福的种子

一直认为生命最质朴的感受,就是从心底最深处涌出强烈的、跃动的、无法压抑的喜悦。在英语绘本故事教学的实践中,我逐渐体会到了绘本故事教学带给学生的不仅仅是丰富的语言学习,更重要的是每个故事都能从思维能力、语言能力以及人文情怀方面给予教师和孩子们提升和感悟的空间。我越来越觉得绘本就是一颗种子,一颗带给孩子快乐,播撒幸福的种子。

记得在《丽声拼读故事会》一级读本中有个"Bob Bug"的故事,故事很简单,主要讲的是一只名叫Bob的小虫,身边拥有各种各样可爱的玩具、舒适温暖的小床、带盖子的水杯和有趣的户外活动等,而这些均来自于爸爸妈妈平时精心的安排,正是在爱的关怀下,小虫Bob才可以快乐健康地成长。阅读时,我不禁被这样的一份简单而纯粹的爱感动,我想孩子们在阅读时也一定也会有同感。于是在故事的总结提炼阶段,我在黑板上利用思维导图出示了主人公的图片,让学生回忆故事里的小虫Bob都有什么?说"He has___."总结出 toy bus、cot、T-shirt、mum、dad、cup、rug、hug。我让学生看着黑板上的思维导图进一步总结思考。"Class, Bob Bug has so many things and he has his mum and dad, too. Can you circle the the pictures which is important to Bob?"孩子们的答案不一致,有的圈出了物品,有的圈出了父母。我进一步提问:"Who gives these things to Bob?"学生:"His mum and dad."我适时地给出 because 这个词汇让学生完成句子。"Because his mum and dad love Bob."Bob 这只在爱的氛围下幸福成长的小虫子,成功地将一节绘本语音拼读课变得有了情感,更有了温度。

课后孩子们围着我,有的说:"Miss Sun,我觉得 Bob 好幸福哦!就像我一样幸福!"话语间,那种发自内心的幸福感溢于言表。有的孩子说:"Bob 好幸运,我也好幸运,有那么爱自己的爸爸妈妈,我一定不会再惹他们生气了。"还有的孩子说:"Miss Sun,你什么时候再给我们讲绘本故事呀,真好玩!"在孩子们的意犹未尽中,我惊喜地发现,孩子们的眼神和专注性有了很大的变化,他们的小眼睛慢慢地亮了起来,两只小耳朵会仔细地倾听了,嘴角挂着笑,小脑瓜快速地运转着。我想,这就是绘本故事文本背后带给孩子们的温暖吧!真心希望在孩子们快乐的童年时光里,能够为他们播下更多幸福、善良、快乐的种子,然后静待花开……

——孙鲁雁

幸福花田

中华文化英语颂特色课程纲要

陈 峰

【课程开发前言】中华文化英语颂特色课程的开设，得益于两个方面：2011年山东省级重点课题"济南市小学英语文化资源开发与教学中跨文化交际能力的培养策略"课题立项，我校参与其中并承担了"中国经典文化元素资源"子课题的探讨研究；本着"为学生幸福奠基"的教育理念，我校的教师专属课程于同期开始启动，为教师们明确教学定位、彰显特色发展提供了广阔有力的平台，同时也迎合了国家教育改革对全国中小学各学科教学改革提出的新要求——语言与文化并重，两者不可分割。在学校领导的重视、关心和大力支持下，我们积极投身于教学资源的开发和研究，本着"为跨文化交际教学服务"的原则，经过近五年的研究、探索和不断尝试，我最终编撰出《中华文化双语读本》。该读本涵盖了京剧、文化名人名著、泥塑、刺绣、山川河流、风筝、印染、名胜古迹、剪纸等中华经典文化元素，每个元素为一个主题，单独形成chapter（章节），分别由dialogue（对话）、passage reading（篇章阅读）、culture links（文化大观）三个版块组成。做为编者，我以五、六年级学生的认知能力和学习水平为参照标准，参考了大量的文献资料，尽量使用浅显简单的词汇和句型，配有大量生动、精美的插图，生动描述了博大精深的中国传统文化。《中华文化双语读本》就是我校《中华文化英语颂》特色课程指导蓝本。

【课程理念】就英语教学而言，我们国家的总体目标已经悄然发生了变化。从单纯的语言学习，到综合领略异国文化，从简单的日常交流，到高端的信息共享，国家迫切需要的是高素质、拥有深厚文化素养的复合型外语人才，同时这也是我致力于开发《中华文化英语颂》特色课程的初衷。国家主席习近平就是一位中华传统文化的积极倡导者，他指出"民族文化基因是中国梦的根与魂"。在谈文化强国建设中，习主席多次强调指出，一个国家、民族的强盛，是以文化兴盛为支撑的。中国传统文化是我们国家最深厚的文化软实力。中华民族在人类历史的长河中，曾经创造了源远流长、博大精深的古代文明，对人类文明作出了伟大的贡献。所以说，中国文化是人类文明的重要组成部分，更是人类文明宝库中的瑰宝。英国历史学家汤因比曾经说过，"在近六千年的人类历史上，出现过 26 种文化形态，但在这些文化形态中，只有一种文化体系是长期延续发展而从未中断过的文化，这就是中国传统文化"做为华夏子孙，我们必须认真学习中华经典传统文化，并且有责任把她发扬光大。

这几年，通过学习中国传统经典文化，师生们都被博大精深的中国传统文化震撼与折服，内心激发起了更为强烈的爱国主义情结，极大地增强了文化自信与民族自豪感。传承弘扬中华文化，让世界更好地了解中国，是每一个中国公民应尽的义务与职责。作为当代教师，我们更加义不容辞。同时我明白了一个道理，学生在跨文化意识和能力方面获得提升，很大程度上来源于教师丰厚的人文底色与渊博的知识储备。教学相长，互辅互成。

【课程目标】围绕这个主要目标，确定了以下具体目标。

1. 培养学生的文化意识与能力。在国际交流日益频繁的今天，就外语学习而言，跨文化交际意识和能力已经占据了举足轻重的地位，教师需要把跨文化知识渗透到日常英语教学中，培养学生的民族文化认同感、优越感、自豪感，同时还要对异国文化具备包容性、敏感性，要认识到，语言只是工具，中外之间的信息传播、交流、共享才是更重要的。

2. 提升学生的跨文化综合素养。在包罗万象的文化世界里，面对来自东西方的各种文化信息与现象相互碰撞激荡，良莠不齐。教师要时刻提醒学生，学会观察，做到留其精华、去其糟粕，不要把优秀传统文化与封建思想混为一谈。

3. 增强学生的中英双语表达能力。我们的《中华文化双语读本》，编写目的在于帮助学生了解、学习中国优秀传统文化，引导他们树立和坚持正确的历史观、民族观、国家观和文化观，同时激发学习兴趣。把学生们培养成能够用中英双语宣传弘扬中国传统经典文化的小使者是《中华文化英语颂》特色课程的终极目标。

【课程内容】《中华文化英语颂》特色课程的学习内容，秉承"由点及面、

幸福花田

层层推进"的原则,遵循学生们的认知规律,结合他们的心理特征,从认知单词开始,到学说单句,再扩展成段落,然后填充内容、整理成篇章,最后实现掌握口语与书面交流的综合语言能力。

1. 中国传统节日的来历专题系列:五年级教材中出现了很多中国传统节日,诸如 Spring Festival(春节),Dragon-Boat Festival(端午节),Double-Ninth Festival(重阳节),Mid-Autumn Day(中秋节)等等。老师们可以借这个机会做适当的拓展,给同学们讲解一下中国传统节日的来历——从中国古代历法讲起,古时以 5 日为一候,一年共得 72 候;三候为一个节气,共得 24 节气;二节气为一月,共得 12 月;三月为一季,共得春夏秋冬四(时)季。在 24 节气中,有 8 个最早确立、也是最重要的节气——"二至、二分、四立"。它们是夏至、冬至、春分、秋分、立春、立夏、立秋、立冬。同时教育学生,抵制"文化侵略"。当今许多年轻人的头脑已经被圣诞老爷爷、情人节巧克力、复活节兔子充斥占据,却慢慢淡忘了中华民族传承千年的节日文化,这是非常可悲、可怕的。振兴、弘扬中华优秀传统文化,我们责无旁贷。

2. 中国湖泊专题系列:在五年级课本中出现 lake 这个单词,教师可以给学生做适当的拓展——中国湖泊众多,按照成因,大致可以分成这样几类:(1)构造湖(tectonic lake):地壳变化形成断陷、褶皱,积水而成的湖泊,比如洞庭湖、鄱阳湖,云南滇池。(2)海迹湖(lagoon lake):沿岸沙洲不断伸展最终封闭海湾而形成的湖泊,比如西湖。(3)高山堰塞湖(weir-block lake):由古代冰川泥石流堵塞河道而成的湖泊,如天山天池。关于天池有这样一段描述:天池在中国古籍中又被称为 Jasper Lake"瑶池"。在古典名著《西游记》中,天山天池正是西王母娘娘举行蟠桃盛会、宴请众仙的地方。如此这般,结合单词教学,融入中华文化元素,巧妙有机的拓展,既增加了学生的英语词汇量,同时还开阔了他们的文化视野,丰富了知识,可谓一举多得,《中华文化英语颂》特色课程的魅力由此可见一斑。做为当代教师,我越来越强烈地感觉到,我们非常有必要认真学习中华传统文化,让英语专业从狭窄的翻译、交流"工具"升华为广博的宣传、弘扬中华经典文化"平台"。

【课程实施】课程学习时间:充分利用碎片化时间,巧妙借用课堂时间,积极推动业余时间,三者结合,把学习碎片化、生活化、兴趣化,争取做到既保证《中华文化英语颂》特色课程的学习能够顺利进行,不和国家规定课程"抢地盘"，同时也尽量不给学生增加学习负担。

课程学习方式："3+1"学习模式。3是指"教师领着走—集体手拉手—个人快步走"，即由教师首先带领学生们认读单词、句子等新知内容，做标准示范，全班集体跟读跟学，反复操练，做到课堂上人人都快速上口能读，然后学生在家利用业余时间熟练朗读、强化记忆。1是指一位组长同学负责若干名学生，督促、落实、检查学生们的学习情况，帮助老师查缺补漏。

课程学习效果监测与展示：教师首先要制定出详细可行的学习计划，并明确传达给学生，根据每学年、每学期的课程内容，分成若干个时间段落，做到一段落一总结、一段落一检查；同时由学期到学年层层递进，形成一套完整的学习体系。监测与展示可以采取班内知识竞赛、双语升旗仪式、班班有歌声等班级、校级活动等多种形式进行。

【课程评价】学校课程管理委员会对教师专属课程的实施进行过程性的指导管理，实行课程三级管理机制：校长室负责对课程的开展进行统一的课程实施安排；教导处负责课程的管理与协调工作；教师个人对参与课程实践体验的学生进行具体的管理和评价。课程实施过程性评价,制定课程实施计划，严格按照时间段进行课程学习和指导，同时在课程学习的过程中采用课程学习跟踪性评价，确保特色课程的顺利实施。一段落一展示，组织多种相关活动，每次活动教师都做好观察记录并及时总结。期末颁发"班级文化小使者"荣誉证书。

【课程研发价值与效能】《中华文化英语颂》特色课程的实施带给孩子们的变化显而易见。从前两届学生的学习情况来看：

1. 特色课程带给了他们更加开阔的文化视野，提高了民族文化自信心，知道了长城是世界上修建时间最长、工程量最大的一项古代防御工程，孔子是世界文化名人之首,京剧是世界三大古老戏剧文化之一,中国书法被称作"东方艺术的高原"……中国优秀传统文化被称作为世界文化的瑰宝，当之无愧。

2. 中英双语特色课程帮助学生在中文、英语两方面修养都得到了很大提高。因为使用的都是引经据典的文字描述、解读中华文化，并且在翻译成英语时，也运用了地道标准的高频词汇，学生们的口头、书面表达能力都有了不同程度的提升。有心的家长曾经粗略统计过，《中华文化英语颂》特色课程里出现的中、高级英语词汇达到了200多个，感慨我校的特色课程带给了

孩子们巨大的收益，这种收益对于学生产生的积极影响是长远而持久的。

3. 参加双语升旗仪式、校活动展示《中华文化英语颂》等，增强了学生们的自信心。特色课程里的英语知识水准，远远高于现在的小学英语教材。在学习特色课程时，学生们可以暂时忘却自己的考试分数和成绩，完全沉浸在中华文化的知识海洋里，流利标准的英语脱口而出，自信满满地描述中华文化元素。这种自豪感、自信心甚至是课堂传统教学所无法给予的。也正因为如此，我坚信《中华文化英语颂》将是我们学校幸福特色课程百花园中绽放的一朵鲜花。

课程故事汇

我们班的班级文化是《中华文化英语颂》，在陈老师的指导下我们了解、认识中国经典传统文化，并学习用英语对各个文化元素进行描述和解读。中国传统文化博大精深，需要我们一代代传承下去。

我们在《中华文化英语颂》中学习了，（世界第三大河）长江（the Yangtze River），（世界上修建时间最长、工程量最大的一项古代防御工程）长城（the great wall），黄河（the Yellow River），（中国五岳之尊）泰山（Mount Tai），（中国唯一的湖泊类文化遗产）西湖（West Lake），（世界十大文化名人之首）孔子（Confucious），（世界三大古老戏剧文化之一）京剧（Beijing Opera），京剧脸谱（facial make-up），天坛（Temple of Heaven）等。通过这些词汇的学习，让我们对这些经典文化有了新的认识。陈老师在课堂上为我们讲解中国经典文化元素，让我们无论是文化意识、知识储备，还是英语水平，都受益匪浅。陈老师还利用下班时间，每周五晚为我们精心准备的"英语活动"，让同学们从词汇开始，坚持不懈地学习，让我们收获颇多。

英语是目前的世界语，是向世界传播中国文化的重要工具，而能将经典的精髓正确传播，就要既了解中国文化也学习英语的背景文化，才能准确传播。我会努力认真学习《中华文化英语颂》，我为这些经典而骄傲，深深感到经典需要传承并传播。中国，China, my motherland, I love you!

——王一涵

自从我学了《中华文化英语颂》以后，知道了我们祖国的河山，伟大的建筑物和中国的传统文化用英语怎么说，现在，如果见到外国朋友的话，我可以自豪地用流利的英语向他们介绍我们的中国有多伟大。在陈老师精心组织的活动中，我了解到了在全球化的时代背景下，在英语文化传递中，颂扬中国传统文化的精华，做到中西合璧，是多么的重要。自从在我们班开展中华文化英语颂这项活动以来，作为一名小学生，我深感自豪。如果有一天我有机会，我可以大声地向全世界用英语介绍我们的祖国。在接下来的进一步的学习中，我将更加认真仔细地聆听老师的教导，争取学会更多有关传统文化的单词句子。

——韩鸿煊

现在我们学习英语已经有两年的时间了，陈老师不仅坚持每周五晚上在QQ群里给我们准备丰富多样的英语小游戏让大家竞猜，还别出心裁地把传统文化知识融入课堂，不仅增加了大家的英语词汇量，还给我们讲述相关的历史典故和有趣的故事。陈老师精心挑选出代表传统文化不同方面的知识点作为课堂的"餐前小菜"来提升同学们的英语学习兴趣，如长江（the Yangtze River），长城（the Great Wall），剪纸（Paper-cutting），春节（The Spring Festival），京剧（Beijing Opera），莫高窟（Mogao Grottos;），《诗经》（the Book of Poetr）等。当我们四（二）班在这学期的升旗仪式上整齐洪亮地把《中华文化英语颂》大声朗读出来的时候，现场的全校师生被我们感染，每个人的心中充满了对祖国无比的自豪和热爱之情！中华传统文化，播撒的是根和种子，浇灌的是心与命脉，传承的是光和力量，收获的是爱与希望！

——王禹贤

班级文化建设是校园文化的重要组成部分，也是形成班集体凝聚力和良好班风的必备条件。这个学期开学以来，我们四年级二班在班主任陈老师的

幸福花田

指导下开展了以"建班级文化，展班级风采，中华文化英语颂"为主题的班级文化建设活动。我们主动参与教室的布置，把写有英语单词的海报亲手悬挂在教室里。一学期下来，我们对单词的记诵有了明显的提高，我们班的特色能按照"简洁、实用、高雅"的原则，既保证了统一和谐，又别具一格，各有亮点。

陈老师与我们齐心协力、绞尽脑汁，聚众人智慧创设班级亮点，特别是在我们班的升旗仪式上，我们齐声朗诵《中华文化英语颂》的时候，我们是多么的骄傲，多么的自豪！我们班将是全校的亮点，富有个性的显示迎来了全校同学的羡慕的目光！随着班级文化建设开展，我们越来越清醒地认识到：班级文化建设、校园文化建设给同学们带来了无尽的激情和欢乐，给老师们带来的是感叹和惊喜，而给学校带来的是师生新的精神风貌与心灵的成长。

——颜潇一

中国是一个有着五千年历史的文明古国，是一个有传统文化底蕴的国家，像京剧、泥塑、剪纸等这些传统文化就像是一个巨大的宝藏，需要我们共同传承，需要我们发扬光大！我们学习了《中华文化英语颂》，里面有很多我们关于中国名胜古迹的英语，开始只是感觉很好玩，但是慢慢地同学们就了解了中华文化的博大精深和魅力，一种民族自豪感油然而生。还记得那次轮到我们班组织升旗仪式，同学们把学到的中华文化用流利的英语展示给全校师生的时候，台下响起了雷鸣班的掌声，那次升旗活动赢得了一致好评。

——陈梓涵

经过这次《中华文化英语颂》学习，我加深了对中华传统文化的理解。从长江 The Yangtze River 我明白了长江又称作扬子江；从长城（The Great Wall）知道了长城是一座伟大的城墙，就连外国人都赞叹不已；从颐和园（Summer Palace）知道了颐和园是北京夏天避暑的地方；从京剧（Beijing Opera）知道了京剧是北京的特色；从泥塑（Clay sculpture）知道了泥塑艺术是中国民间传统的一种古老常见的民间艺术；从剪纸（Paper-cutting）知道了剪纸也是一种民间艺术。不仅加深了对中国传统文化的理解，而且加深了英语和汉语关系的理解。从长江（The Yangtze River）、黄山（Huangshan Mountain）还有莫高窟（Mogao Grottos）知道了写英语地名和景点时，先写地名的或景点名字的拼音，再写地名或景点的类型。

——崔雅然

从进入四年级，我们班就开始学习《中华文化英语颂》，而这成了我们四年级二班的一大特色。在学校举行的许多活动上，同学们纷纷展示了这项特色课程的魅力，受到了全校师生的好评，这让我们全班同学都非常自豪。

在这以前我对中华文化并不是特别了解，自从学习了特色课程，让我知道了中华文化的博大精深和源远流长，无论历史怎样变化，中华文化始终如大河般流淌，从未停息，翻开中国上下五千年的历史，中华民族其实就是一幅宏伟的文化长卷。比如长城、颐和园、莫高窟这些伟大的建筑，我只是从电视上听到过它们的名字，但学了《中华文化英语颂》后，我又知道了它们另外的名字 the Great Wall、Summer Palace 和 Mogao Grottos，这不仅让我快速地记住了这些古老的名词，还使我了解到它们背后的历史故事，无论是绵延万里的长城，还是巧夺天工的颐和园，或是充满佛教艺术的莫高窟，无不聚集了中国古代工匠们的智慧和汗水。

——杜润雨

本学期在班主任陈老师的带领下我们开启了《中华文化英语颂》的学习，其中我们重点学习了九个文化元素单词：The Yangtze River（长江），The Great Wall（长城），Huang Shan Mountain（黄山），The Yellow River（黄河），Summer Palace（颐和园），Beijing Opera（京剧），Mogao Grottos（莫高窟），Clay sculpture（泥塑），Paper-cutting（剪纸）。这些都是中国文化代表的一部分，剪纸、泥塑是中国传统手工艺术的代表，莫高窟、京剧是中国独有文化艺术的代表，还有长江、长城、黄山、黄河等等只要外国人听到这些词汇，他们就会说那是 China（中国）。学习中华传统文化，就是以史为鉴，学习中华传统文化，就是学习中华民族五千年来老祖宗留下的经验和智慧。

幸福花田

那是古人们对宇宙大道的一种认识，是对"人与自然如何和谐相处"的深入思考。它凝聚了中华上下五千年历史的精华，古人留下了许多经典，每一部经典都是一笔宝贵的精神财富。通过《中华文化英语颂》的学习，让我明白传承和发展中华文化是每个华夏儿女的义务，更是责任，我既要学好英语因为它不单单是一种语言更是与世界交流的桥梁，更要努力学习好我们中华文化，让中华文化通过这座桥梁让更多人了解它！

——岳崎峰

在四年级的开始，班主任给我们带来了一项非常有意思的课程，叫作《中华文化英语颂》。经过了一个学期的学习，我们获得了一个又一个的惊喜。接下来，就让我介绍一下这门课程的魅力所在！在学习中，我不仅浏览了祖国的大好河山，也学习了用英语来表达。比如说长城，去年的时候我去爬了长城，长城的宏伟真的震撼到了我，原来它的英文就是 The Great Wall，就是表达了它的宏伟。还有我没去过的地方，边学习边查资料，认识了中华文化，也学会了英语表达。我想，这就是这门课程最吸引我的地方吧！同时，以后假期的时候，我们去到这些标志性的地方，也可以用英语自豪地介绍给外国朋友。中国的文化博大精深，希望我们可以学好英语，让世界了解中国，将我们的文化传播到世界各地。让我们一起加油吧！

——王瀚怡

这学期我们学了《中华文化英语颂》，通过学习，首先让我了解了祖国的历史悠久，文化博大精深，我为是中国人而骄傲！而且通过学习我学会了如长江、黄河、泰山等地名的英语单词。我的英语口语也得到了提高，词汇量也增加了。我觉得我应该多了解了解我们中国的名胜古迹，有机会给外国人讲解我们的地大物博，我还要去学习《三字经》《弟子规》《千字文》等《中华文化英语颂》上的单词，然后去弘扬我们国家的历史悠久和中国人的伟大。

——迟宏锐

通过学习《中华文化英语颂》，我更加喜欢上英语课，而且希望让外国人对中国文化有一个认识，让外国人们也来学习中国的文化。虽然学习的过程有一些困难，不过通过老师的指导，家长的鼓励，我终于取得了让人满意的成绩，在升旗时站在五星红旗下大声朗读着中华文化，英语朗诵时我感到非常的光荣与自豪，朗读完了以后全校的同学老师们都鼓起了掌，我们班的同学都十分激动。我学会了很多的知识，可以让更多的外国人了解中国文化。我相信学习任何一件东西只要有坚持、努力就一定能获得成功。我觉得《中华文化英语颂》一定会发扬光大，让更多的人知道中华文化。

Heaven and earth have great beauty without saying. 中华民族文化博大精深、源远流长，她如同耀眼的星辰，光耀了上下五千年。

——谢佳澄

 幸福花田

"声临其境"英语情景剧与配音表演特色课程纲要

郭岩培

【课程开发前言】英语情景剧与配音表演特色课程的开设，得益于市中区师生英语素养大赛的开展和我校教师专属课程启动。2015年12月市中区成功举办第一届英语素养大赛，学生在舞台上成功演绎了经典剧目《音乐之声》，将电影配音、情景剧表演与英语歌曲演唱完美结合，取得了优异的成绩。在济南市英语跨文化交际结题汇报展演中，我校学生精彩演绎了学校自编经典文化英语情景剧《愚公移山》，受到了与会领导与老师们的一致好评。在课堂和课余时间，组织学生参与表演、配音活动，并连续8年成功举办了校英语小达人大赛，学生们参与其中，提高了英语学习的热情，调动了英语学习的积极性，树立了英语学习的信心，开拓了英语文化的视野、提升了团队合作的精神。在课程体验中促使孩子更全面的发展，践行"为人生幸福奠基"的办学理念。我在组织演出和大赛活动中不仅锻炼了组织和协调能力，也提高了自己的口语表达能力，开始尝试着和学生探寻更新更前沿的影视配音作品，力求将歌曲表演配音等形式更好地结合，更完美地演绎，以达到真正意义上的"声临其境"为目标。语言与文化有密切的联系，语言是文化的重要载体。情景剧表演和配音表演很好地将二者联系在一起，通过观赏和表演，努力使学生在学习英语的过程中了解外国文化，特别是英语国家文化；帮助他们提高理解和恰当运用英语的能力，不断拓展文化视野，加深对本民族文化的理解，发展跨文化交际的意识和能力。

【课程理念】课标中提出"采用活动途径，倡导体验参与"的理念。小学生好奇心强、好动、好表现，模仿性强，乐于参加活动，集中注意力的时间不易持久，且无意注意优于有意注意，因此采取丰富的参与活动，创设英语学习氛围，提高学生的兴趣，加强英语的实用性，让英语走进学生们的实际生活显得尤为重要。开展英语情景剧与配音表演，正是以儿童为中心，以

活动为主线，坚持"学以致用，在学中用，在用中学"，以学生的主体性、能动性、创造性为导向，在课堂教学活动中，把交互式、多样化、个性化的学习融合在一起，创设一种宽松和谐的学习环境，真正激发学生在教学活动中学习语言的积极性和独立性，使他们的思维处于活跃状态，养成自觉学习的良好习惯。情景剧的表演和配音并不是简单地朗读，而是在真实的场景中所展开的交流活动，可以让学生进入特定的角色，特定的场景来运用不同的语气、语调等来展现人物的性格。对于能力强的同学可以让他们来选材当小导演，老师加以引导协助，亦或让他们自主来创编剧本，将英语学习与现实生活结合起来，让学生根据生活经验自主地组织语言，实现学生用英语展开交流。这样的活动更具创造性，更能给予学生展现自我的舞台，更能实现学生的个性化发展。

【课程目标】总体目标：通过学习和表演，能够激发和培养学生学习英语的兴趣，使学生树立自信心，形成一定的综合语言运用能力；培养学生的观察、记忆、思维、想象能力和创新精神；帮助学生了解世界和中西方文化的差异，拓展视野，形成健康的人生观，为他们的终身学习和发展打下良好的基础。

具体目标：

一、知识与技能

1. 能够掌握简单英语情景剧和配音的表演形式，在学生已有基础上拓展其词汇量，学习地道的英语语言，提高英语口语表达能力。

2. 能够更好地激发学生学习英语的兴趣，帮助他们建立学习的成就感和自信心，使他们在学习过程中发展综合语言运用能力。

3. 能够增强学生实践能力，培养他们的创新精神，激发学生的想象力和兴趣，启迪学生的智慧和发散思维的能力。

4. 让学生了解西方文化，从生活体验、艺术享受、文化熏陶等方面培养其跨文化交际能力。

二、过程与方法

1. 观看相关影视、视频资料，观察人物表情、动作语言，揣摩人物心理，了解相关文化背景。

2. 听这些电影、视频的原声是如何说英语的，包括音调的升降、单词如

何发音、如何断句等。

3. 确定角色，表演情景剧或为影片配音。

三、情感、态度、价值观

1. 激发和保持学生的英语学习兴趣，将兴趣转化为稳定的学习动机，形成克服困难的意志，在不断的实践中提高英语学习的自信心。

2. 让学生在实践中明白团结协作的重要性，乐于与他人合作，养成和谐与健康向上的品格。

3. 能了解并尊重异国文化，有较强的国际视野。

【课程内容】课程开设内容主要以情景剧表演和电影片段配音为主。欣赏和讲解简单英语情景剧和配音的表演形式，让学生对配音、表演形式有进一步的了解。在学生已有基础上拓展其词汇量，学习地道的英语语言，提高英语口语表达能力。通过欣赏，分析角色的语言、表达的心理和神情动作等，帮助学生扫除语言理解上的障碍，认识中西方文化背景上的差异，学习真正地道的英文。结合动作和神态，体会人物的心理活动，模仿语音语调和语速，力求发音准确，真正融入角色之中。为学生提供可供参考的剧本或电影片段，大家讨论进行剧本确认和角色确认。或学生们自主推荐剧本和电影片段，大家进行讨论、确定。分小组进行排练、表演。能力强的小组也可以让他们来选材当小导演，老师加以引导协助，亦或让他们自主来创编剧本，将英语学习与现实生活结合起来，让学生根据生活经验自主地组织语言，实现学生用英语展开交流。这样的活动更具创造性，更能给予学生展现自我的舞台，更能实现学生的个性化发展。

【课程实施】"声临其境"英语情景剧与配音表演课程在小学义务教育阶段五六年级开设，通过年级英语课普及与英语社团培优两种形式进行课程与提高指导，每周周五一个半小时社团培优活动，对年级学生和参加培优的学生进行英语综合语言运用的提高性学习。定期进行汇报表演，积极引导社团学生参与区级、校级英语素养大赛，拓展学生的词汇量，提高英语口语表达能力。更好地激发学生学习英语的兴趣，帮助他们建立学习的成就感和自信心，使他们在学习过程中发展综合语言运用能力。通过活动增强学生实践能力，培养他们的创新精神，激发学生的想象力和兴趣，启迪学生的智慧和发散思维的能力。从而更了解西方文化，从生活体验、艺术享受、文化熏陶等方面培养其跨文化交际能力。

【课程评价】学校课程管理委员会对教师专属课程的实施进行过程性的指导管理，实行课程三级管理机制：校长室负责对课程的开展进行统一的课程实施安排；教导处负责课程的管理与协调工作；教师个人对参与课程实践体验的学生进行具体的管理和评价。课程实施过程性评价，制定课程实施计划，严格按照时间段进行课程学习和指导，同时在课程学习的过程中采用课程学习跟踪性评价，做到课堂学习纪律有保障、表演活动有秩序，确保课程的顺利实施。学生表演和配音作品，定期进行交流展示并及时记录，纳入学生课程学习评价中，学期末根据孩子们课堂表现、参与的积极性、展示作品和参赛的情况进行分析汇总，以英语之星小印章获得的数量，以及孩子们课程学习过程性评价综合进行，以最佳表演奖、最佳导演奖、最佳剧本奖、最佳道具奖、英语口语达人等，进行奖品、奖状的表彰和激励，保障课程的顺利实施和学习成效。

【课程研发价值与效能】英语小达人大赛、声临其境配音秀、经典情景剧表演、英语趣配音等活动的开展，让学生在真实的场景中展开交流活动，进入特定的角色、特定的场景，来运用不同的语气、语调等来展现人物的性格。初步尝试让学生自主来创编剧本，激发孩子们参与积极性，将英语学习与现实生活结合起来，鼓励孩子们根据生活经验自主地组织语言，实现用英语自主交流。这样的活动更具创造性，更能给予学生展现自我的舞台，更能实现学生的个性化发展，是提高学生英语语言素养最好的途径之一。定期进行汇报表演，积极引导社团学生参与区级、校级英语素养大赛，拓展学生的词汇量，提高英语口语表达能力。更好地激发学生学习英语的兴趣，帮助他们建立学习的成就感和自信心，使他们在学习过程中发展综合语言运用能力。通过活动增强学生实践能力，培养他们的创新精神，激发学生的想象力和兴趣，启迪学生的智慧和发散思维的能力。从而更了解西方文化，从生活体验、艺术享受、文化熏陶等方面培养其跨文化交际能力。为学生提供更多更大的展示舞台，提高学生们英语运用的积极主动性，有效促进师生英语语言和文化素养的提升。

通过课程的实施，在济南市现场会，我校学生精彩演绎了学校自编经典文化英语情景剧《愚公移山》，受到了与会领导与老师们的一致好评。学

幸福花田

生们参与其中，提高了英语学习的热情，调动了英语学习的积极性，树立了英语学习的信心，开拓了英语文化的视野、提升了团队合作的精神。社团师生在区英语素养大赛和市英语跨文化交际结题汇报展演中表现出色。在学校135课题中期课程展示中，汇报精彩。这些无一不在印证着师生英语综合素养不断进步的幸福。通过一系列的活动，孩子们更加自信、快乐，相信必将成为学校富有特色的幸福教育课程之一。

课程故事汇 英语趣配音

随着我们年龄的增长与年级的递增，学校为我们提供的活动越来越多，可参与的机会也越来越大。"音乐之声"刚刚落下帷幕，"英语配音大赛"又闪亮登场。

经过多次探讨、认真对比，最终，我们确定影片《头脑特工队》为本次的配音内容。接下来定角色、去音效、增减镜头、准备道具、打印台词。一项项的准备工作有条不紊地进行着，充实而有序。

重头戏——"排练"终于到来了。看着手中捧着的一摞厚厚的台词，上面白纸黑字印着工工整整的英文。看一眼这些美丽的字符：有些很熟悉，有些又很陌生。我们围成一圈，依据角色顺序"念"着属于自己的台词。拗口的单词、生涩的诵读、可笑的发音，读着读着，我们自己就忍不住笑出了声。郭老师见状，建议我们多听一下原声，模仿发音，找找语感。于是，每天晚上我们开始认真地听原声，仔细模仿。找准单词的重音、浊化。果然，很快我们的发音就标准了，朗诵流利了。英语配音活动给我们带来的收获是巨大的。它增加了我们英语交流的机会，更好地激发了我们学习英语的热情，锻炼了我们的口语能力，使我们能更好地融入到英语的学习氛围中去。它还给我们带来了自信、勇气、友谊，让我们可以更阳光、更积极地对待以后的学习与生活，它是一道行走在校园里的最美丽的风景。

——岳满儿

《冰雪奇缘》是一部家喻户晓的英语影片，我以前了解过这部影片，但没有深层了解，通过这次机会，让我更加了解这部影片了。和同学们配的这一段，虽然难度不大，但人物却不少，这可全看同学们的默契了。不仅如此，还有一段音乐，难度是不大，可是要让同学们用上将近六年的默契时，就有点儿难了。我们前前后后将近排练了十几次，我原来在"声临其境"这个节目上听韩雪配过，这部片子的难度我深知，不是轻而易举练成的。我当时认真地听她们配音，稿子有三四张纸，她们说得非常流利，她们还有演示，有意思，也很厉害。我相信，她们一定练了不少遍，才得到了如此令人震撼的效果。而我们呢？"声音小""放不开""词不熟"……不少条缺点，怪谁呢？怪词不熟？怪配合不好？唉，还是怪我们没好好排练。

虽然我们排练得不好，但是我们也在一次一次的排练中有了进步、懂得了"世上无难事，只怕有心人"的道理，也让我们懂了要有责任心的道理。

——张雅琪

起初，我将班上有意愿参加的同学，组成一支队伍。经过不断测试，我又在这支队伍里选出了学习好，配音配得好的同学，组成一支更优秀的队伍。为了做好我们的第一个视频，队伍里的剪辑高手刘宇涵同学常常熬夜到凌晨，为我们的节目奠定了一块坚硬的垫脚石。但是，在我们看似顺利的排练过程中也出现了小小的失误——分工不明确。我们的配音片段是《冰雪奇缘》，在主人公爱莎和安娜扮演者的决定中总是犹豫不决，导致后面的排练和准备工作经常拖延，这无疑是一件非常麻烦的事。当我下定决心要放弃的时候，心底却有另一个声音在回响："你要坚持下去，不能辜负了老师和同学的期望，不能白费之前所有的努力！"于是，我站了起来，集合了队伍，克服了种种困难，终于把角色分配好，把节目排好了。

经过紧张的训练，节目效果越来越好。我们热情高涨，配音的时候似乎不再是学校里的学生，不再是配音大赛的参赛者，而是动画里的人物。他们大笑，我们就大笑；他们悲伤，我们就悲伤。配音结束，我们虽酣畅淋漓，却还意犹未尽，便移动鼠标又配了一遍。就这样，我们一遍一遍地练习，真正投入到角色中，节目也变得越来越精彩。我深深地体会到了老师的辛苦，更能感受到郭老师的良苦用心！她放手，让我们自己排练，自己解决困难，

幸福花田

是因为想培养我们应对困难和解决困难的能力，让我们在以后的人生路中能够勇敢地面对挫折并完美地解决挫折。在这个过程中，我的英语口语水平也有了很大提高。当然，参加英语配音大赛本身就是一种经历，每一次经历都是生活给予的宝贵经验，是成长的必然。

"唯有不断地学习才能成长。"这句话说得很对，但还需要加上一个词，"尝试。"唯有不断地学习与尝试才能成长，这便是我参加配音大赛的初衷。

——赵英彤

这次活动使我们认识了更多的同学，获得了友谊，更深刻地理解了一分耕耘一分收获的道理。明白了努力刻苦学习的必要性，我们现在最主要的任务就是要努力学习，只有努力刻苦学习，才能学好知识，才能为以后更好的学业深造打好基础，长大以后才能有知识报效祖国。

这次活动也增强了我的自信心，在与同学们的沟通交流中，我能很快地与之前不认识的同学成为朋友，使我更加活泼开朗。

这样的活动给我们整个班级的同学一个很好的互相交流的平台与机会，大家在一起团结协作，增强了我们整个班级的凝聚力，让我们受益无穷。

古人云："三人行，必有我师焉。"在这次活动中我也深刻感受到，有许多优秀的同学，我要向他们学习，争取更好的成绩，加油！

——丁继盛

在过去，我对"配音"这个词毫无概念，认为只是几个人站在屏幕旁边，说着和屏幕里人物一样的台词，代替了人物的声音。半年前，我加入了英语配音大赛的队伍，我这才知道，配音不是件容易事。不仅要准确地说出人物的台词，还要形象地表演出人物的动作。虽然这不是件容易的事，但是我从中学到了很多。

第一，我的发音标准了许多。虽然我只有一句词，而且没有一个生单词，但我从其他同学的表演当中听出了自己不标准的地方，并改正它。这对我来说，帮助真不小。第二，就是我的演技提高了不少。过去我从没参加过类似的比赛，这次比赛给了我很好的机会让我展现自己。

我很高兴参加了这次活动，它提升了我，展现了我，我会更加努力的。

——刘畅

我们的英语配音小组刚刚成立，经过多轮筛选，我们最终决定配《小猪佩奇》。一开始，我们都愁眉苦脸，因为我们虽然都属于英语学霸，但是里面的大多数单词我们都不会读，因此我们产生了放弃的念头。就在这时，我们的"团队主力"袁朕熙同学挺身而出，把他从手机上查找的单词读法，一一教给我们，很快，我组成员都能十分流利地把全篇稿词读下来。又经过老师的不断指导与我们全体成员的共同努力，这个片段我们已经配得八九不离十了，但是我们还是觉得表演得不够生动形象，因此，我们更注意语气、声音以及动作。经过一个多学期的努力，我们已经是"万事俱备，只欠东风"了。

我的总体感受是：做事一开始永远是最困难的，只有克服了它，往后才会越来越轻松、简单。只有团队合作，共同努力，才会成功。

——颜子彤

这次的配音活动的确是让人深有感触的。也许这就是声音的独特魅力？大家都是第一次配音，所以作为组长，我便肩负了主要任务：寻找配音片段、分配任务等，但我本人还是乐在其中的！毕竟能增长见识，多了解别的事情也是不错的呀！到第一次集体排练，我简直是惊讶极了。啊，原来这是我们小组的第一次排练，却不知是别的小组第多少次排练了。那时我才羞愧地意识到，作为组长的自己对这事太不上心。我一心想达到最好，所以在网页里浏览着那些有关配音的资料。"如果是动漫人物，配音首先要了解这个角色，要把自己带入情景中……"看到帖子上这句话，我不由得有了些许惊讶，原来我们以为的配音，和它的本质是不一样的！

配音还要贴合角色，当我看见这个角色时，如果能从他的配音揣测出他的性格，那才是真正的"代入"。听了角色的配音，觉得已经很贴合了，但

当看到真人发出这个声音时,还是会有隐隐的吃惊。"天籁之音"并不只形容声音好听吧,我觉得如果放在这里也很合适。他们配音时,戴上耳机那一刻,眼神立马严肃起来,敬业程度令人咋舌。我曾一度认为动漫人物的配音都是后期的工作,从未想过是有行业专为此诞生的。是机缘巧合让我意外了解了这件事,这算是新天地吧?我喜欢这件事——正如我所说,我是喜欢这件事的本质,毕竟如果不发自内心地喜欢这件事,如何做好它呢?

——袁朕熙

我们着手准备用英语为卡通电影《冰雪奇缘》配音,我们按照电影中的角色进行分工,我的角色是影片中的拉雪橇的小男孩。为了能出色完成这个配音任务,我首先熟记台词,从熟读到背诵,然后反复观看影片,体会人物性格,身临其境,经过1个星期的反复摸索训练,我已能熟练地演绎这个可爱的小男孩了。我非常喜欢这种新颖的训练方法,因为通过这个活动,我不仅学到了知识还获得了快乐:比如,让我英语单词的知识面更广泛了,让我的主持表演能力有所提高,让我的英语拼读水平更上一层楼,同时我的背诵能力也得到了提升。最重要的是通过这次英语配音,增进了同学之间友谊,让我们"六一"更加团结,更加有爱。这对于即将毕业的我们显得更加弥足珍贵。

——丁一凡

"I have a pig. This is my mother. " 随着一声声的英语配音,我不禁又想起了小组一起配音时发生的有趣的事儿。

记得那一次我们小组又准备再排练一次《小猪佩奇》的英语配音,我要配的是小猪妈妈,因为台词比较少自然就很轻松,和我形成对比的是配猪爸爸的同学,他一边紧张地复习台词,一边不停抖动着双腿——不知道的还以为要参加什么大节目呢。接着配音你一句我一句地开始了,很快,就轮到了猪爸爸说话了,只见猪爸爸死盯着大屏幕,硬生生地把"pig in the mud"读成了"mud in the pig"。一下子猪在泥坑里变成了泥坑在猪里,引得大家哈哈大笑,就连旁边别班的同学也不禁偷笑了几声。和同学一起配音的时光虽然不长，但是我每天都开心着，快乐着。

——田若涵

我参加了英语配音大赛，可真是收获满满，它让我仿佛看到了另外一个自己。那是一个自信、大方的女孩。在排练的过程中历经千辛万苦，先是选材、后是背稿，最后排练动作。课间我们到走廊练习，听到铃声快速进班调整状态准备上课。下午大课间，我们还在排练，跟着视频一遍又一遍地练着，不知疲倦。每一个神情每一个动作都要模仿得一样。通过这次比赛，使我们提高了英语水平，尤其是口语能力，给了我们在台上展现自己能力的机会。无论最后的结果如何，我们都在成功中得到了喜悦，在失败中得到了教训。我也相信，每个人都会有在台上闪亮登场的机会。只要你走上了舞台，那么就请记住：不要紧张，相信自己，你是最棒的。

——周潇楠

老师以动画配音的方式调动了我们的积极性，在玩中学，在学中玩，体验丰富，收获多多。通过一学期的配音练习，提高了能力，学到了知识。小组配音，最重要的就是分工合作，看似简单，其实也没有想象中的那么容易。好不容易定下了电影，但角色的语速较快，且句子较长。由于是英文，句子中还夹带着难念的生词，只好一点一点地学习。把电影来回放几遍，了解剧情内容，熟悉角色特点，这样才能声音与角色吻合。努力记下台词，掌握好语音语调、表情、动作及上场位置，制作好道具，这样才算是准备充足。

温暖阳光的午后，大家在一起练习，激烈地讨论，会产生分歧，也会意见不统一，但汗水与努力之后，是一段精彩至极的表演，是一阵无比热烈的掌声，温馨美妙的片段，也会永远留在记忆深处。

——张琳晨

经过这一学期的努力排练，让我知道了原来英语配音并不是那么简单的。

要先熟悉词句发音,再反复观看配音片段学习人物的说话的语音、语调。学习完这些之后,最关键的就是人物的动作与神态,你要揣摩每个动作的作用,如果你把这几样都做好了,你就可以称霸全校配音界了。有一次彩排时,我们班、二班、三班一起彩排。先是三班的《小猪佩奇》,十分可爱,二班是《头脑特工队》,发音准确,到了我们班的《冰雪奇缘》,我便有点紧张,因为我们的动作幅度很大,所以不好把握。看到同学们顺利完成,我也便放心了。老师点评说:"说话不能背对观众,表情要夸张,要给自己做一个任务小帽。"所以说这次英语配音让我受益匪浅!英语配音让我在枯燥的英语学习中产生乐趣,让我学习了很多。也许你和你配音的那个人物一样享受英语带来的快乐呢。

——殷钰晴

　　一转眼,两个学期过去了,不断学习和积累的过程中,我也渐渐成长起来。在英语配音练习时的一次次纠正一次次推敲和领悟中我同时学会了许多。第一次练习配音,我并没有掌握任何技巧。只是简单一味地朗读台词,连该有的情绪都没有做到,我却天真得有些沾沾自喜。后来,同学们逐渐都有了起色,而我只是原地踏步走。环顾四周,再看不到一人陪我同行。我又只好加快脚步,急忙追赶,可是别人同样在迈着前进的步伐啊!

　　怎么办呢?此路无捷径可走便奋力练习,努力融入角色,深入到情境之中。快了,马上就要追上了!不,我要超越他们,成为领头羊!走在队伍的最前方……

——刘益汝

　　令我期待的英语配音大赛开始了,我参加了英语配音小组。我们七个小伙伴挑选了一个多角色的英语配音片段,它来自动画电影《头脑特工队》。刚开始,我们并不是很熟练,配合也不默契,配出来的效果也不好。但是,我们并没有气馁,并没有放弃,我们分工明确,有查阅单词的,有打印稿件的,有专门纠正发音的,每个人都很认真投入。经过老师耐心指导,我们努力团结合作，终于，完整的配音出来了，我们都欢呼雀跃起来。配音比赛让我懂得了友谊，懂得了坚持，也懂得了谦让，更重要的是我喜欢上了英语。

——王宇晨

英语郭老师告诉我们一个消息：她要选几名同学参加英语配音活动。这可把我们兴奋坏了，我积极报名，等待分配角色。配音片段是《头脑特工队》。我之前看过这部电影，里面的人物特色鲜明，每一个都很可爱，我一时间不知道该选哪个了。最终，我们几个报名的小配音员决定抽签定角色。另一个难关便是稿子中有许多生单词，我一手拿稿子，一手拿手机查词，两边忙得不可开交。每天坚持读读稿子，和生词们见见面，一周下来，再生的词也熟透了。

"I can't belive mom and dad moved us here!"

一转眼，到了彩排的时候，台词我们已经背得滚瓜烂熟，台上走位郭老师也给我们纠正过了，我们几个人拿着稿子，搬上道具。即使不是正式演出，我们也有些紧张，毕竟外班的人还在台下看着，可不能丢我们班的脸！大屏幕开始播放配音视频，我特地压了压声线，使声音更粗，脑中回放着那种怒气冲冲的感觉，准备就绪！根据各自的性格特色，反驳着乐乐……英语配音，穿越进剧本，体会另一个人物的生活，同时还能提高英语水平，这真是一场奇妙的体验。期待正式表演！

——任珂瑶

参加了英语趣配音这个活动，让我自身的英语水平有所提高，我便深深地感受到了团体共同协作的魅力所在。在排练过程中，既有同学之间的倾力策划，也有老师们的尽心指导，从而同学们完成一场更加完美的英语配音表演。在配音的排练中，多少会有意见不合的地方，比如上台位置不整齐，台词分配不适中，道具处理不统一，这些都是阻碍排练的大问题，但令我惊奇的是，这些困难并没有阻碍同学们彼此的团结协作。一场好的英语配音离不开老师的专业指导，在比赛来临之际，英语郭老师会抽出大课间的时间给我们尽心尽力地指导整体的排练，帮助大家准备演出道具，解决细节问题。而同学们

 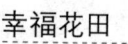

也会尽力给这个小小的演出团体做出自己的贡献,比如主动准备道具,打印台词……大家都能体会到同学们和老师们对此次活动的重视。

—— 刘宇涵

为了培养同学们的英语兴趣,学校里组织了英语配音比赛,而我就是众多选手中的一员。起初参加是因为觉得有趣,也顺便提高一下自己的英语水平,本以为简简单单的一件事,办起来却相当不易。

在本次比赛中,我们小团队的每个人都拼尽全力,我们的队长为了效果更佳,曾数次熬夜到两三点才睡觉。就这样日复一日,不断地磨炼,接轨,终于有所成。尽管还有缺点与不足,但大家都在同努力共进步。

英语配音对于我们团体中的每个人都是一段难忘的经历与挑战。因为我们是第一次接触这方面的比赛,在练习中不断摸索,不断纠错,只为拿出最好的作品呈现给大家。而在练习过程中,我发现了自己的不足,汲取别人的优点与经验,这让我更加努力地去改进自己。正所谓"宝剑锋从磨砺出,梅花香自苦寒来",最后我们取得了自己满意的成绩。

无论结果如何,这次配音让我受益匪浅。

——姜姝辰

English Drama Club 特色课程纲要

魏凯玓

【课程开发前言】小学英语教学的核心内容之一对话教学，旨在将单元的核心句型和词汇融入一个有一定意义的对话语境中，让学生整体体验词汇和句型的语用环境。让学生在进行语言表达初步体验的同时，使抽象的知识形象化、具体化的同时完成语言交流的活动，把语言知识转化为语言能力。起初，致力于课本剧的表演，创设教学情境，引导学生在真实的生活情境中习得语言。因此在对话教学中，我会在学生初步理解对话意义的基础上提供不同层次、形式多样的操练活动，分层设计对话角色表演和对话改编表演活动。特别是在我校135期中课题展示活动中，英语组共同参与组织汇报的《The Sound of Music》电影片段配音表演更加激发了学生对英语剧表演的热情。我开始针对学生的不同兴趣点，开展英语音乐绘本表演课程以及电影配音表演培优课程，成立了 English Drama Club。利用每周五的社团选修课时间开展"英语音乐绘本表演课程"：带领学生广泛阅读英文绘本，学习绘本，理解故事大意并分析人物性格特点；展开想象、集思广益丰富故事情节；总结归纳，动手制作道具，改编绘本故事，排练表演。先后学习并排练出英语音乐绘本剧《Five little monkey》，自然拼读绘本故事《Dig, Dig, Dig》《Top Cat》《Sam's Pot》等。此外，学生们积极报名，利用课余时间参加"英语电影配音表演培优课程"：反复观看电影《Charlie and the Chocolate Factory》，认真学习电影台词，挑选出感兴趣且难度适中的片段，以班级为单位进行排练，并且根据故事情节展开想象，改编优化台词，更加贴近学生真实生活，真正达到了在真实的语言环境中提高学生的英语口语表达能力及英语综合运用能力的教学目标。久而久之，我发现学生在表演课本剧的过程中为了丰富对话内容使表演更加精彩、真实，会运用到之前学习过的知识，从而达到复习巩固旧识，也会主动探索未知词汇、句型，不知不觉中将英语

幸福花田

语言进行了拓展与归纳，还会积极思考，将表演与实际生活相结合，在学习语言的同时解决了生活中真实出现的小麻烦，优化了课文的语言结构，真正做到了让学生在真实的情景中用英语交流。英语绘本剧表演和英语原声电影的配音表演，不仅培养了学生学习英语的兴趣，激发了学生学习英语的热情，更能增进学生对国际文化的了解，在真实的语言环境中提高学生的英语口语表达能力及英语综合运用能力。将具体学情与学生兴趣相结合，探索小学英语课本剧、绘本音乐剧及原声电影配音表演等不同层次的英语表演对学生知识、能力、情感态度、文化意识提升及学习策略的培养。

【课程理念】语言的交流是在特定的语境中进行的，语言的表意通常依赖于语境去完成，语言习得只有在真实的语境中才能产生。所以活化教学内容，创设生活化的语言情景，才能让学生在尽量真实的语境中去理解语言、运用语言，最后达到习得语言的目的。在《英语课程标准》中明确提到小学英语的总目标就是通过学习，能够激发和培养学生学习英语的兴趣，使学生树立自信心，形成一定的综合语言运用能力。具体目标中的一、二级目标中也明确提到学生应能在图片的帮助下听懂和读懂简单的小故事并能做简单的角色表演。心理学研究表明：小学生处于活泼好动，模仿能力强，表演欲强的时期，他们的思维主要是依靠形象的、直观的、具体的内容。依据以生为本的课程理念，根据课程标准来思考设定课程实施目标，在对课文、绘本及电影台词的理解与学习的基础上，依据学生自身特点及实际生活情境加以改编表演，能调动学生的学习积极性，有效地排除学生怕开口说英语的心理障碍，充分挖掘学生的学习潜能。另外，因为学生的生活环境和活动范围相对狭小，他们有比成人更强烈的探索和认识世界的愿望。英语剧表演的过程提供的虚拟世界突破了平淡而狭隘的现实世界，从而满足学生强烈的探索和认识世界的愿望，跨越时空的界限，不仅为学生的想象提供了空间和机会，也为其合作精神的培养与健康人格的形成提供了有利条件。

【课程目标】课程旨在帮助学生通过学习，深入了解文本，与作品进行深层次的交流，进行体验式学习，全面提升学生的英语语感和语言的综合能力，提高学生的审美能力；进一步培养学生主动学习、主动参与、主动思考、主动分享的能力；培养学生的舞台表演能力，学习舞台表演知识，初步了解舞台表演艺术。具体目标如下：

1. 知识目标：将课程内容划分不同的专题系列，深层次体验学习发音、语调、韵律并自主创编表演。重在剧情的参与中调动多元感官吸收，在情节的发展中融入心灵的多重体验。

2. 能力目标：以"互动、参与"为原则，引导学生不断发现自己，培养学生学习英语的热情以及语言表达、沟通、适应群体的综合能力。通过表演练习，能根据不同的交际场合和交际目的，借助语调、语气和表情、手势，恰当地进行表达，提高口语交际的效果。在口语交际中树立自信，尊重他人，说话文明，仪态大方，善于倾听，敏捷应对。融合多种表达元素，包括语言、肢体、表情、美术、音乐等，学生从多方面体验和拓展自己的潜能，感受他人不同的特质，团队合作和情商发展自然融汇其中，增强学生的合作意识，提高学生感受美、欣赏美、表现美、创造美的能力。

3. 情感目标：学生在学习原汁原味的"本土英语"的过程中，体验西方文化，了解中西方文化差异。剧本拓展创编，培养创新意识，学生在创造改编表演的过程中致敬经典、传承经典，提升艺术欣赏品位，丰富精神生活，深化对历史、社会和人生的认识，提高自身修养。

【课程内容】小学英语剧表演特色课程主要分为三个部分：英语课本剧表演课程、英语音乐绘本表演课程以及英语电影配音表演培优课程。分别以课文对话、绘本故事和原声电影为载体，旨在引导学生在学习、理解文本内容的基础上，展开讨论，大胆想象，根据自身情况及真实生活加以改编剧本，制作布景、道具，排练成英语剧的形式。依据自身兴趣选择体裁，自主创编、排练英语剧，吸引学生们以最大的热情投入到学习活动中，从而给孩子们的英语学习活动提供一个有意义的情景舞台，达到学以致用的目的。

【课程实施】English Drama Club 特色课程在小学义务教育阶段 4—5 年级开设，利用英语课堂、社团选修课与社团培优课三种形式进行课程与提高指导。利用每周的英语课堂，在学生理解课文对话的基础上，拓展补充，鼓励学生根据生活创设语言环境，真正实现语言交流、运用教学目标。利用每周五的社团选修课时间，带领学生广泛阅读英文绘本，学习绘本，理解故事大意并分析人物性格特点；展开想象、集思广益丰富故事情节；总结归纳，动手制作道具，改编绘本故事，排练表演。利用课余时间进行英语电影配音表演培优课程，带领学生反复观看电影，认真学习电影台词，挑选出感兴趣

且难度适中的片段，以班级为单位进行排练，并且根据故事情节展开想象，改编优化台词，更加贴近真实生活，以达到在真实的语言环境中提高学生的英语口语表达能力及英语综合运用能力的教学目标。

【课程评价】学校课程管理委员会对教师专属课程的实施进行过程性的指导管理，实行课程三级管理机制：校长室负责对课程的开展进行统一的课程实施安排；教导处负责课程的管理与协调工作；教师个人对参与课程实践体验的学生进行具体的管理和评价。课程实施过程性评价，制定课程实施计划，严格按照时间段进行课程学习和指导，同时在课程学习的过程中采用课程学习跟踪性评价。评价的内容分为过程评价和结果评价：过程评价，关注学生在课程学习中的参与度，如学习兴趣、学习态度、积极性、参与程度等，依据学生表现发放积分，可以利用积分兑换奖品或角色、道具的优先选择权；结果评价，以汇报演出的形式进行展示，优秀作品录像，并利用教室多媒体播放。具体的评价方式采用学生自评、同伴互评、教师评价、观众评价的多维评价。

【课程研发价值与效能】课本剧的表演，创设了生活化的语言情景，让学生在尽量真实的语境中去理解语言、运用语言，达到习得语言的目的，有助于学生整体体验词汇和句型的语用环境，更加牢固地掌握核心词汇和句型运用，更加深刻理解其含义。英语音乐绘本表演课程以及电影配音表演培优课程，依据学生不同的兴趣点开展英语语言学习与表演的拓展课程，"以演促写，以演促评"，不仅提高了学生学习英语的兴趣，让英语活动课堂充满活力，更让学生真正成为课堂的主角，提高了戏剧鉴赏能力、活动组织能力等。

除针对每单元主题表演的课本剧外，学生们先后学习并排练出英语音乐绘本剧《Five Little Monkeys》，自然拼读绘本故事表演《Dig, Dig, Dig》《Top Cat》《Sam's Pot》，原声电影《The Sound of Music》和《Charlie and the Chocolate Factory》片段配音表演等。一系列的英语剧表演活动的综合实践，富有趣味的亲身表演，培养了学生的健全人格、团结协作的精神以及交往沟通能力。孩子们在体验成功的口语表达后，更增添了对英语学习的信心和渴望，真正让英语知识更加简单易学。

绘本表演课《Five Little Monkeys》教学设计

Topic（课题）：Five little monkeys

Lesson Type（课型）：绘本表演

Grade（年级）：4/5。 Teacher（执教教师）：魏凯玓

【Teaching Aims】（教学目标）

【Knowledge Aims】（知识目标）

1. Students can get the main idea of 《Five little monkeys》.

2. Students can listen, read and say the sentences in roles.

【Ability Aims】（技能目标）

1. Students can finish listening and reading tasks by using listening and reading skills.

2. Students can do role-playing games based on the drama sentences.

3. Students can act 《Five little monkeys》 in roles.

【Emotion Aims】（情感目标）

1. Students can retell the story.

2. Students can tell others what is dangerous.

3. Students can identify what is wrong or not.

【Teaching Contents】（教学内容）

Five little monkeys

Five little monkeys jumping on the bed,

One fell off and bumped her head.

So Mama called the doctor and the doctor said,

"No more monkeys jumping on the bed!"

Four little monkeys jumping on the bed,

One fell off and bumped his head.

So Mama called the doctor and the doctor said,

"No more monkeys jumping on the bed!"

Three little monkeys jumping on the bed,

One fell off and bumped his head.
So Mama called the doctor and the doctor said,
"No more monkeys jumping on the bed!"
Two little monkeys jumping on the bed,
One fell off and bumped his head.
So Mama called the doctor and the doctor said,
"No more monkeys jumping on the bed!"
One little monkey jumping on the bed,
One fell off and bumped her head.
So Mama called the doctor and the doctor said,
"No more monkeys jumping on the bed!"
No little monkeys jumping on the bed,
None fell off and bumped their heads.
Mama called the doctor, and the doctor said:
"Put them to sleep in the bed!"

【Key Points and Difficult Points】(重点、难点)

1. Students can understand the sentences.

2. Students can act in roles.

【Teaching Aids】(教具准备)

1. Background of the story.

2. A dress of Blue Fairy.

3. PPT and music.

【Teaching Procedure】(教学环节)

Ⅰ. Warm-up.

T: It's our Show time. Follow the video and act like the animals. (Students stand up, follow the video, and act like animals with the music.)

（设计意图：TPR 激趣，引导学生试着跟着视频模仿指定小动物。借此引出主人公 monkeys。）

Ⅱ. Presentation.

1. Watch and answer.

T: At 8 o'clock, Mother Monkey sends all her five children to sleep. The monkeys do not go to sleep. Look! (Students watch the video and answer the question.)

T: How many little monkeys?

S: Five.

T: And what are they doing?

S: They're jumping on the bed.

（设计意图：教师讲解绘本故事并提出问题，帮助学生了解故事大概。）

2. Retell the story with the pictures.

T: Great! They all jump on the bed together. (Teacher shows the picture that one monkey fell off the bed. Students listen and watch the picture and answer.)

T: Oh! What happened? Where is the monkey?

The monkey is __ the bed.

S: The monkey is __under__ the bed.

（设计意图：观看音乐绘本视频，结合绘本，学习故事中的新词。反复训练重难点。）

T: Yes. He/She fell off the bed. Now, follow me. Fell off (Students follow the teacher.)

T: They are fell off the bed, one by one. All the monkeys bumped their heads. (Students follow the teacher. And try to act it out.)

T: Mother Monkey called the doctor. The doctor told mother to put the monkeys to sleep in the bed. (Students follow the teacher.)

3. Let's act.

This poem will be fun for the children to act out.

Choose five children from the class to be the five monkeys. Give the children numbers #1, #2, #3, #4, #5.

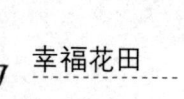

幸福花田

The children act out the lines of the poem pretending to 'jump on the bed', pretending to 'fall down', and pretending to 'bump their heads'. (Note: The children should not bump their heads for real, but can pretend to hold a sore spot on their heads).

Five little monkeys jumping on the bed, (all the children jump up and down)

One fell off (#1 sits down on the floor)

And bumped his head. (pretends to hold a sore spot on his head)

Four little monkeys jumping on the bed, (four children jump up and down)

One fell off (#2 sits down on the floor)

And bumped her head. (pretends to hold a sore spot on her head) etc.

Mama called the doctor and the doctor said,

"Put them to sleep under the bed!" (all five monkeys can pretend to go to sleep)

(设计意图：在学生理解故事大意的基础上，给出示范，表演前两个部分。教师引导学生注意表演细节，展开想象。)

Ⅲ. Show the drama.

1. Watch again. Then, arrange all the children in the class into groups of five. Repeat the above activity so that all the children have a chance to be "monkeys jumping on the bed". (Ss watch the video and act out it in groups.)

(设计意图：小组合作表演整个故事，保证每一个学生都参与其中。)

Assessment 评价等级。

语音语调：1. 无错误读音。2. 语音语调标准。

语言流畅：1. 能读出完整的句子。2. 意群划分准确。3. 连读、弱读使用熟练准确。

情感效果：1. 能读出句子。2. 能有感情的朗读。3. 感情使用恰当，舞台效果好。

小组配合：1. 角色分配明确。2. 对词流畅，无抢词现象。3. 有交流，配合默契。

舞台礼仪：1. 上下台向观众致意。2. 表演过程中注意与观众眼神交流。

其他方面：1. 熟练背诵台词。2. 道具准备。3. 创意改编，丰富剧情。4. 教学反思：

English Drama Club 特色课程针对小学义务教育阶段 4—5 年级学生开设，学生们年龄较小、兴趣广泛、思维活跃、想象力丰富、语言表达简单、英语基础薄弱以及对童话故事感兴趣，教师应涉猎广泛，阅读广博，思维开阔等特点。于是，我从课文对话、简单的拼读绘本故事、英语音乐故事和学生熟悉的迪士尼动画电影入手，选择适合学生年龄特点、心理特征、现有语言水平、英语理解力的内容作为教学资源。引导学生在学习、理解文本内容的基础上，展开讨论，大胆想象，根据自身情况及真实生活加以改编剧本，制作布景、道具，排练成英语剧的形式。除针对每单元主题表演的课本剧外，学生们先后学习并排练出英语音乐绘本剧《Five Little Monkeys》，自然拼读绘本故事表演《Dig, Dig, Dig》《Top Cat》《Sam's Pot》，原声电影《The Sound of Music》和《Charlie and the Chocolate Factory》片段配音表演等。学生们依据自身兴趣选择体裁，自主创编、排练英语剧，吸引了学生们以最大的热情投入到学习活动中，从而给孩子们的英语学习活动提供了一个有意义的情景舞台，达到学以致用的目的。一系列的英语剧表演活动的综合实践，富有趣味的亲身表演，培养了学生的健全人格、团结协作的精神以及交往沟通能力。孩子们在体验成功的口语表达后，更增添了对英语学习的信心和渴望，真正让英语知识更加简单易学。

English Drama Club 特色课程学生代表感悟

参加 English Drama Club 让我们喜欢上了英语情景剧，回想一下我们各组热火朝天的准备过程，虽然很辛苦，但又觉得好温馨好甜美啊。在学习的过程中，我们都所获甚多。首先是对剧本的深入了解，使我们对英汉翻译有进一步的认识。戏剧表演需要语言上的表达，我们又都是用英语表演的，所以不知不觉中我们的口语也得到了锻炼，加上老师和同伴对我们语音上的点评及纠正，我们的英语发音改善了很多。其次，小组的排练培养了我们团队协作的精神以及相互之间的学习交流。从选剧本、分角色、背台词，排练到最后的表演，让我感受到了戏剧更多地需要每个人之间的配合，所以团结合作在我们的排练中得到了充分体现，增进了同学们之间的友谊，也锻炼了

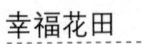

大家的合作能力。同学们之间默契的配合，互相的理解，常常利用课余时间大家聚在一起讨论、表演，每一次的排练都是我们美好的回忆。排练的过程中我们相互指导学习，我们相亲相爱，我们协同共做。特别是当我们的表演结束后老师和同学们的肯定与鼓励，让我明白我们的辛苦努力没有白费，耕耘得到了收获。参加英语剧的排练，不仅让我们学到了许多英语文化知识，提高了我们的英语水平，让我们更喜欢学习英语，也让我们学习到了许多戏剧表演的知识，锻炼了我们的表演能力，积累了舞台经验，让我们受益匪浅。

我们学校成立了English Drama Club，我通过重重选拔被选中，这是多么不容易的事情啊！我感到很荣幸。因为在这里不仅可以提升我的英语水平，还可以锻炼自信。魏老师常常带领我们到语音室排练，细心地了解每个同学的特点，再帮每个同学选择自己喜欢的角色，我们就像真的变成了电影中的角色一样。当我们在练习发音不准确时，魏老师又像一个园丁照看自己的花朵，十分细心。只是配音未免太无聊，我们又根据剧情内容，加了一些好玩又有趣的道具和动作，比如踢足球、打篮球之类，这就让整体感觉更精彩。我们与魏老师一起绞尽脑汁，只为了能呈现出更好的效果。在一次次的戏剧表演、配音活动中，我认识到口语练习的重要性，可以提高发音的准确性，可以提高口语的熟练度，对听力的提高和我们今后的口语交流有极大的帮助。我英语水平得到了提高，我的发音的准确性更加规范，听力水平也有很大的提高。希望我以后能够在English Drama Club中，多多参加这样的活动去锻炼自己。

——张轩铭

第一次，有可能是幸福的，有可能是曲折的，有可能是令人回味无穷的，也有让人难忘的，让我难忘的是第一次参加英语配音的活动！

我参加了魏老师组织的English Drama Club。记得那一天，老师通知我和几个小伙伴参加学校里的英语配音舞台剧表演活动，表演一部英语小话剧。下午放学后，我和小伙伴们聚在一起，讨论并分配角色，我的角色是绵羊老师。表演英语话剧对我来说是第一次，我心里很是紧张，回到家后，我认真地背诵台词，一遍又一遍地练习发音，仔细琢磨怎样把角色配得更加生动，不知不觉到了该睡觉的时间,此时的我已经可以把所有人物的台词都背下来了。第二天,我们在准备排练的时候,身为"戏精"的任鹏宇和岳曾川就显示出他们的表演天赋,一会儿互相背台词,一会儿商讨用什么样的道具,逗得我们哈哈大笑。在欢声笑语中我们排练很成功。过了几天我们要到报告厅去排练,其他班的同学们也在,我们几个心里都特别紧张,"戏精"小伙伴也都严肃了起来。没一会儿就到我们了,开始一切都很顺利,但是因为我们之间没配合好,导致我们说的话和屏幕播放的画面不一致,这也太尴尬了!下台后我们都闷闷不乐,老师安慰我们说:"没关系,下次会更好!"我们听着老师温柔的话语一个个都打起了精神!回去之后我们努力排练,配合默契!

——宋佳芮

我在参加 English Drama Club 的之后,接触了课本知识、课外电影、儿歌等一系列有趣的知识,特别是魏老师组织的配音表演节目。要知道,英语舞台剧表演对我来说是一个很大的挑战。

记得我第一次英语配音是在三年级的时候,有些词不认识,因为读错而意思也错了又演错。就拿 monkey 来说,那时我只知道 key,就以为是妈妈的钥匙,差点儿闹了笑话。学习剧本的过程中发现故事里面只出现了猴子并没有提到钥匙,这又让我起了疑心,monkey 到底什么意思?于是我在魏老师的启发下大胆猜测,果真,monkey 是猴子的意思。从那以后我对英语学习的兴趣更浓厚了,遇到不会的词就问老师、问爸爸妈妈,又上网查找意思及模仿读音,认识了不少有意思的词。说心里话,我背台词时是非常紧张的。经过无数次的跟读,慢慢地熟悉了,在表演的过程中跟同学们配合默契,也非常成功,这让我开始喜欢上英语,对英语剧表演产生了极大的兴趣。

在以后的每学期英语配音中,我都能参与其中,非常开心。在配音的过程中,我也学会了拼读方法,老师细心为我们讲解,同学们认真听,在以后的学习中起了决定性的作用,对学习英语也有了很大的帮助。

我喜欢学习英语,热爱配音……

——康诗洁

幸福花田

  我们English Drama Club又要参加学校举行的英语剧表演活动啦！我们兴高采烈地来到办公室挑选节目和角色。我们选了一个踢足球的节目，我的角色是一名新来的体育老师，同学在跟我一起踢足球的时候，我要表演一个帅气的踢足球的动作。老师找来班里的"足球运动员"小齐同学，教了我几个足球的专业动作，看起来简单，其实做起来难得很呢！可是这个不协调的四肢成了我的"拦路虎"，我不断地练习，终于在最终排练前学会了。

  排练开始，我轻松地走上台去，在一位同学身边站定，准备说我的台词，没想到这位同学前面的台词还没有说完，我就那么一直站着等他说完，原来是我上台早了。终于等这个同学说完了，我又突然忘了词，台词一多，脑子就乱了，它不像话剧那样可以根据剧情来编台词，搭戏的同学还把我的台词抢了，而且他还没有发现。接下来我在同学面前摆了个漂亮的动作，没想到，我竟然是后背冲着观众做的，我觉得应该对着观众表演，然后我就转了个身。第一次彩排有些混乱，下台后我有些闷闷不乐。魏老师走过来和我们一起分析，我恍然大悟，原来英语剧表演需要我们相互配合，我以后要配合别人，不能只想着自己说的。而且，上台表演对台词的熟练要求非常高。因此，我回家后每天都背，终于背过了。经过一段时间的练习，我们开始提醒对方，什么时候背台词，慢慢地，我们已经可以很好地配合对方了。

  表演那天到了，表演前，我的手心里全是汗，心"扑通、扑通"地跳着，生怕自己会说错台词。上台了，我把以前练习的内容快速地过了一遍，深呼吸让自己放松下来，最后我出色地完成了表演。

  英语剧锻炼了我学习英语的能力，增进了我与同学之间的默契，还让我学会了要坚持不懈、全神贯注地做事。

——王舜尧

翰墨书香书法课程纲要

朱 琳

【课程开发前言】中国书法历史悠久，博大精深，它是中华民族的文化瑰宝，是人类文明的宝贵财富，是基础教育的重要内容。它不但有着鲜明的艺术性和广泛的实用性，自身还蕴藏着丰富的德育因素。书法教育可以激发学生的民族自豪感和自信心，培养爱国情怀。书法将汉字的表意功能和造型艺术融为一体，有着悠久的历史和广泛的群众基础，体现了美学艺术的博大精深，所以一直以来备受国人的青睐。而小学生又是接受这种传承的主要对象。所以书法教育可以提高学生汉字书写能力，培养学生高雅的审美情趣，陶冶学生高尚情操，提高学生的文化品位，促进学生性格、气质、情怀等内在品质的提升。在达成"规范、端正、整洁"书写的基础上积极倡导学生艺术个性的形成与张扬；在注重书法实用价值和艺术价值的同时，使学生初步具备书写、欣赏书法的能力，培养他们对祖国语言文字的热爱和传承、弘扬祖国文化的责任感。

【课程理念】书法是中国文化艺术的瑰宝。正如黑格尔所言："中国是特别的东方，中国书法最鲜明地体现了中国文化的精神。" 丰子恺先生坚定地指出："中国人都应该学习书法，须知中国的民族精神，寄托在这支毛笔里头。"学生学习书法的意义，不只在于能写一手漂亮的汉字，更重要的是使孩子在书写过程中，了解中国的文字、历史、古典诗词体会汉字的美感，培养对汉字以及中华民族语言的热爱。同时，学生在练习书法的过程中，养成提笔即练字的好习惯以及一种坚持不懈的精神。促进了学生多方面的发展，继而弘扬书法艺术，提高审美情趣，丰富校园文化生活。

【课程目标】书法课程具有丰富的审美内容和很高的审美教育价值，能帮助学生形成高尚的思想情操。在教学中，我们把书写文字的形体同理解文字的内容有机结合。对学生进行人格修养的教育，依据不同年龄选择教学内

容分层落实德育目标。通过学书法增强学生的艺术素养,开发学生的智力,培养学生的注意力、提高学生的观察力、分析力、语言表达能力,提高学生的生活品味。培养学生规范、端正、整洁地书写汉字,养成良好的书写习惯,具备熟练的写字能力。

【课程内容】课程开设内容主要是掌握毛笔的执笔要领和正确的书写姿势,学会楷书基本笔画的写法,掌握起笔、行笔、收笔的基本方法;熟练掌握毛笔运笔方法,能体会提按、力度、节奏等变化;借助习字格,较好地把握笔画之间、部件之间的位置关系,逐步做到笔画规范,结构匀称,端正美观;保持正确的书写姿势和良好的书写习惯。逐步提高临摹能力。养成先动脑再动手的习惯;学习欣赏书法作品,留意书法在社会生活中的应用,通过欣赏经典碑帖,初识篆、隶、草、楷、行五种字体,了解字体的大致演变过程,初步感受不同字体的美;最后能独立完成完整的书法作品。

【课程实施】翰墨书法课程在小学义务教育阶段3—6年级开设,通过语文课的写字指导与书法社团两种形式进行课程与提高指导,每周周五一个小时的书法选修活动,对学生进行书法艺术的提高性学习,积极引导每一位教师参与指导学生书写汉字的教学中。每学期期末进行全校的书法特色成果展示和优秀书法作品展览,学校开辟学生写字作业展览专栏。定期展示学生的书法作品,对写字有进步、书写有特色的学生、班级进行鼓励和表彰,激发学生的写字热情与兴趣,以练字达到"育人"的目的。促进书法学习效果的呈现和优秀文化的传承。

【课程评价】学校课程管理委员会对教师专属课程的实施进行过程性的指导管理,实行课程三级管理机制:校长室负责对课程的开展进行统一的课程实施安排;教导处负责课程的管理与协调工作;教师个人对参与课程实践体验的学生进行具体的管理和评价。课程实施过程性评价,制定课程实施计划,严格按照时间段进行课程学习和指导,同时在课程学习的过程中采用课程学习跟踪性评价,做到课堂学习纪律有保障、活动有秩序,确保师生书法课程的顺利实施。学生定期进行作品交流展示并及时记录,纳入学生课程学习评价中,学期末根据孩子们作品以及参展交流的情况进行分析汇总,以书法学习小印章获得的数量还有孩子们课程学习过程性评价综合进行小小书法家喜报等形式的表彰和激励,保障课程的顺利实施和学习成效。

【课程研发价值与效能】翰墨书香课程的开发,激发孩子们对书法课程学习的兴趣,鼓励孩子们勇于挑战自我,紧密结合生活实际进行作品创意设计,是提高学生艺术素养最好的途径之一。正因为学校书法课程的开设,使热爱书法的学生越来越多,他们不但各科作业书写工整,而且行为习惯也更加规范,对自己各方面的要求也在不断提升。每学期进行创意作品展览和交流活动,鼓励学生们静下心来,认真书写的过程,在扎实掌握书法基本技能的同时,积极创作优秀作品,鼓励学生积极参与各级书法技能大赛,特别是在市中区每年一届的书法大赛活动,全校同学积极参与,在学校初赛的基础上,选出优秀的学生代表学校参加区级比赛,每年都能取得优异成绩。他们收获的不仅仅是荣誉证书,最重要的就是孩子们满满的自信和艺术素养的不断提升。

翰墨书香书法 横画课程设计

【教学目标】知识与技能:

1. 认识横的形态,掌握两种横的写法和用法。
2. 掌握起笔、行笔、收笔的用笔。
3. 比较长横和短横运笔过程的异同。

过程与方法:讲解法、示范法、对比法。

情感态度与价值观:领略祖国传统书法艺术之魅力,激发学生热爱祖国文字的思想感情。培养学生写字的情感兴趣和细心观察的良好习惯。

【教学重点】长横和短横的写法。

【教学难点】长横和短横的行笔方向和收笔。

【学具预备】毛笔、墨汁、练习纸等。

【教学过程】

一、导入:永字八法的讲解

历代以来,一说到汉字楷书的笔画,一般会提到永字八法。永字八法其实就是包含在"永"字里面的八种基本笔画,点、横、竖、撇、捺、钩、折、挑。

让学生仔细观察,说说这八种笔画在"永"字中的位置。

(这八种基本笔画就好比建房子的地基,只有地基打好了,上面的房子才稳当。这节课我们就来学习其中的一种基本笔画——横的写法)

幸福花田

任何笔画的书写都是有三部分组成，即逆锋起笔、中锋行笔、回锋收笔，且三个过程要连贯，一气呵成，中途不可随意停顿。同时还要注意各种笔画的各自形状、轻重、长短、曲直以及方向的不同。

1. 横画在一个字中起着桥梁的作用，能不能把字写平稳，与横画有着很大的关系，一般来说，横的形态是怎样的呢？

2. 教师出示基本笔画"一"（横），认识长横和短横。

横的写法：(1) 起笔：逆锋向左轻起后折向下轻顿；(2) 行笔：折向右铺毫，用中锋缓行；(3) 收笔：微向上昂后，折向右下重按作顿，然后回锋向左提收。

教师示范并口述横的书写要领：逆锋重起笔—中锋轻行笔—回锋重收笔。

长横长而轻；短横短而稍重。长横圆转收笔呈椭圆形；短横折回收笔呈方形。

二、练写主笔是长横的字，把握长横的写法

过渡：有人这样写长横，你当评委，你看看怎样来写好汉字当中的长横呢？

1. 书写"二""三"。(1)"二"：上横短，下横长。短横写在田字格上半格，长横写在田字格下半格，两横间隔要适当，不要靠得太近或离得太开；(2)"三"：第一横和第二横都是短横，第三横是长横，第二横的位置应在横中线上，三横之间间隔要均匀，笔顺规则是从上到下。

2. 出示规则：长而平稳、略带斜势。

3. 学生在练习本上练写"二、三"字。

教师巡视，给坐姿端正、握姿正确、字又写得好的学生加盖小印章。

4. 师生小结：横长的字，竖要短。横长的字，撇要短。

5. 教师小结：写主笔是长横的字，不但要留意写好长横，还要留意些什么？（设问）还要留意些处理好长横和相临笔画的关系，整体考虑才能把字写得端正美观。

6. 每组挑字帖中两个字写一遍。请两名学生上前板演。

7. 同桌互评后，指名评议存在哪些问题。投影展示优秀作业。

师生课程心语

  书法社团的学生是由三到六年级学生组成,不同年龄段的学生的理解能力和接受能力也不相同,学习时的情绪和态度也各不相同,这就需要我及时地调整自己的上课方式、方法和策略,甚至是教学内容、导入衔接也要做相应的调整,要求我在课前所要上的内容和知识点的掌握做到胸有成竹。如何让学生很快地投入到练习书写中,并喜欢书法这门课程,是我需要深刻思考的问题。

——朱琳

  大家好,我是四年级一班的秦一雯。学习书法四年了,其中充满了辛苦与快乐。"写好字,读好书,做好人"的信念一直激励着我。无论功课多忙,都未间断过练字。柔软的毛笔,四方的砚台,雪白的宣纸,它们成了我的老朋友!

  爸爸说写书法是一个循序渐进的过程,有一句名言叫作:一日练一日功,一日不练十日空。每天坚持练习书法,让自己闹中取静,不但提高了我写字的质量,也让我在淡淡墨香中懂得了做任何事情都不要怕困难,要不懈努力,持之以恒,就一定会有成果、有进步。正如老师所说"不付出辛勤的汗水,不持之以恒,又怎么能写出漂亮的字呢?"我会不懈地努力练习,在书法道路上一直走下去!

——秦一雯

3D打印设计特色课程纲要

郭雪姣

【课程开发前言】3D打印设计特色课程的开设,得益于学校对3D打印课程的重视。21世纪的教育,以培养具有创新精神和创新能力的新型人才,推动社会发展和进步为使命。从2015年开始,3D打印课程在全国各地中小学如雨后春笋般蓬勃发展,越来越多的基础教育阶段学校参与到了这场由3D打印课程牵引下的创新教育改革中。该课程将3D打印技术应用于时下流行的STEM课程中,以推动技术对创新教学的发展,使得技术与艺术、人文教育和工程教育融合为校园文化的一部分。

自我国实施中小学信息技术教育以来,学术界一直在讨论学科的价值和定位,近年来尤为激烈。之前课程更多地停留在软件操作层面,缺乏对学生创新思维的培养。3D打印技术更好地解决了这一问题,它可以给学生的"学习方式"带来新的思考,让抽象的教学概念更加容易理解,可以激发学生对科学、数学尤其是工程和设计创意的兴趣,带来实践与理论、知识与思维、现实与未来三方面的相互结合。

【课程理念】李克强总理曾提出"大众创业,万众创新",把创新提升到了一个前所未有的高度。3D打印技术适应时代发展的需求,以培养学生创新意识为出发点,依据以生为本的课程理念,以STEAM教学方式为基础,形成新的教学模式,将技术与工程,艺术与人文相结合。在课程3D打印技术与创新教育的结合点上,遵循学生学习的认知特点和创新思维表达呈现形式,以从学生对3D技术的理解程度出发,引导学生学会思考,学会将头脑中的抽象思维具体化。学生是课程学习的主体,教师应激发他们学习的兴趣,利用多种媒体手段,帮助孩子们掌握3D打印的技能技法,并获得创作带来的成功体验。

【课程目标】3D打印设计课程作为教师结合自身计算机技术特长,创新研发的专属课程,本着"生本性原则、艺术性原则、融合性原则、创新性原则"的课程实施原则,以培养学生创新意识为主要目标,让学生在课程学习实践中,充分发挥想象,围绕这个主要目标,确定了以下具体目标。

1. 创新目标:3D打印让学生的想象更容易变成现实,培养学生的创新意识,鼓励学生的创新实践。在学习过程中,充分发挥自己的想象力,将头脑中抽象思维具体化。

2. 艺术素养提升目标:在3D设计学习创新的过程中,教师传承技艺提高自身美学修养,同时激发学生了解3D打印技术与美学造型相结合的艺术表现形式的兴趣,在学习技术的过程中提升自己的艺术修养。

3. 技术目标:通过3D打印实体的触觉过程,建立新型的简易3D模型学习通道,快速搭建起某种类型的简易模型,最终利用3D打印机将其实体化。进行我心中的校园、我设计的学具等主题的创作定期展示,感受3D打印技术与创新思维的完美结合之美,体验创新作品的成功。

【课程内容】课程开设内容主要是以3D打印技术为主的课程,是以傻瓜型三维设计软件(Cnstu3D)为基础的课程。学生需熟练掌握3D打印笔的使用,3D软件的操作及对应3D打印机的塑形。在学习的过程中借助现实生活中丰富的资源进行探究式活动,主动完成项目的实施和完善,应用3D技术将制作的作品向他人展示,并解决其他一些相关问题。从而激发师生对3D打印项目的热爱之情和积极学习创新的信心,达到提升师生艺术素养和创新思维的目的。

【课程实施】3D打印设计课程在小学义务教育阶段4—5年级开设,通过年级信息技术课普及与计算机社团培优两种形式进行课程与提高指导,每周四一个小时社团培优活动,对年级学生和参加培优的学生进行3D技术使用的提高性学习,运用计算机软件进行创意设计并通过3D打印机得以实体化,以及利用3D打印笔绘制教具学具创意设计活动,定期进行创意作品的交流和展出,积极引导社团师生参与3D创意大赛,提高师生创新思维和技能,促进师生科技素养及数字素养的形成。

【课程评价】学校课程管理委员会对教师专属课程的实施进行过程性的指导管理,实行课程三级管理机制:校长室负责对课程的开展进行统一的课程实施安排;教导处负责课程的管理与协调工作;教师个人对参与课程实践

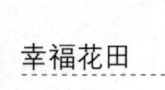
幸福花田

体验的学生进行具体的管理和评价。课程实施过程性评价,制定课程实施计划,严格按照时间段进行课程学习和指导,同时在课程学习的过程中采用课程学习跟踪性评价,对孩子们课程学习的安全使用3D打印笔,做到课堂学习纪律有保障、设计活动有秩序,确保师生3D打印课程的顺利实施。学生3D设计作品,每周学必出作品,定期进行作品交流展示并及时记录,纳入学生课程学习评价中,学期末根据孩子们作品以及参展交流的情况进行分析汇总,以孩子们课程学习过程性评价综合进行创意小能手等形式的表彰和激励,保障课程的顺利实施和学习成效。

【课程研发价值与效能】在小学阶段,信息技术课程是一门综合学科,教学内容不再局限在作品创作的具体操作步骤,而是将编写程序、科学、技术、各种软环境的分析比较、作品美感和数学问题有机融合到信息技术课程体系当中,这也正符合STEAM注重学生设计能力、批判性思维和问题解决能力的教育理念和思想。3D打印课程教学旨在培养学生的创新能力、提高学生的科学素养。在课程中,不断激发学生的想象力,让学生体验作品从无到有的产生过程,感受创意变成真实事物的设计、开发过程。与传统教育中"以知识传授为主"的课程相比,3D打印课程的教学显得格外生动形象,它让学生通过自己的感觉器官亲自接触具体的事物,"做中学",使抽象的概念具体化、形象化。由于3D打印将创意变成真实,有助于提高学生的参与能力和动手能力,激发学生的学习积极性,培养学生的创新性和创造力。将3D打印技术嵌入STEAM课程使知识可视化,催生创客式的教学新样态,培养学生的科技素养和数字素养,从而为教育科技创新提供平台,实现平面教育到立体教育的转变。

3D打印技术降低了制作作品的难度,教师借助3D打印技术,开发实物模型(教具)能够让学生更加真实地感知事物。学生利用3D打印技术,可以在实验室内亲历从想象到图纸再到实物的全过程。的确,3D打印对于艺术表现形式与科学概念的表达是一种新颖并且非常看好的方式,特别有助于科技与艺术相结合的学习,即STEAM。只有将图纸上的个性化创意作品真正"造"出来,创造性探究学习才得以落地,而不是停留在画画草图、纸上谈兵的阶段。

《3D 打印设计——智能茶具》课程设计

【教学内容】

1. 赏析茶具造型。

2. 确定茶具设计方案,并能够做出方案图纸,确定颜色、造型、功能等。

3. 使用 Cnstu3D 初步设计模型。

【教学目标】

1. 信息意识:(1)能够主动收集信息,并从中分析对自己有用的信息;(2)在合作解决问题的过程中,愿意与团队成员共享信息。

2. 计算思维:能够运用所学 Cnstu3D 知识,主动创建造型。

3. 数字化学习与创新:能够根据人们的客观需求,选择一个方面,创造创新茶具。

4. 信息社会责任:(1)具有一定的信息安全意识与能力;遵守信息法律法规,信守信息社会的道德与伦理准则;(2)自主筛选有用及垃圾信息。

【教学重难点】根据需求确定方案,确定使用软件及基本操作。能够运用所学 Cnstu3D 知识,主动创建造型。能够通过小组讨论确定最终实施方案,并着手创作。

【教学准备】教师:课件(各种各样的茶具)、电脑;学生:设计稿纸、调查问卷。

【教学过程】

环节一:导入部分。

师:在课前老师让大家了解了中国茶文化,课下同学们做了问卷调查,这节课我们一起来设计一款满足人们需求的茶具。

师:请小组先总结自己的调查问卷,看看你们要设计什么样的茶具。

小组总结调查问卷,汇总得出需求。

环节二:确定茶具草稿。

教师引导学生说说自己的设计理念。学生绘制草稿图。

环节三:茶具赏析。

在学习制作之前,老师先请同学们欣赏一组特色茶具。

学生欣赏。

环节四：茶具制作。

师：同学们，你们想不想把自己手里的草图变成现实。

师：接下来跟着老师，看看是怎么实现的。

教师边操作边讲解。

1. 茶壶制作：根据自己的需求选择形状。

2. 内部挖空：进入编辑模式，选择面，稍微挤出一点，收缩然后挤出面。

3. 茶壶嘴部分可以用球体差值的方式进行……

学生自己观察。

师：同学们可以先试一试看看自己能不能做出一个茶壶的身体。

教师巡视指导。

师：哪个小组想上来演示一下你们的操作。

根据学生情况教师可以进行再次演示。

教师给学生充足的时间，让学生根据自己的想法，给茶具进行造型。

学生小组合作试着做茶壶。

学生演示。

环节五：作品展示及评价。

师：哪个小组想展示一下你们的作品。

师：看来同学们都能成为茶壶设计师，希望有一天老师能用到咱们同学设计的茶具。

学生展示。

请展示的同学说一说自己的设计理念。

环节六：总结拓展。

师：经过两节课的学习，同学们能够把茶壶的样子做出来了，可是老师想要一个能提醒喝水的智能茶壶，怎么办呢？

让学生说说自己的办法。

师：同学们想法很好，下节课我们一起探究智能茶壶。

把校园还给孩子

杨继水

著名教育家夸美纽斯曾经说:"校园应当安排得美观,成为一个快意的场所和对学生富有吸引力的地方。"现代教育心理学也认为:在人的性格形成过程中,环境因素影响很大。学生主要活动范围是学校,校园的环境跟学生息息相关,并持久地产生影响。让校园有树林、有草坪、有池塘、有土坡,更有孩子们的追逐打闹和欢声笑语,把校园还给孩子,这样的校园才是幸福校园。

还给孩子们一个色彩缤纷的校园。各种颜色幸福信息解读着多彩的童年,低年级的淡绿色,可以促进儿童感官发展给人以安心、信赖、倾听等幸福信息;三四年级的淡蓝色,代表着理性、探索等幸福信息;五六年级的淡黄色,给孩子们带来进取心、灵感、头脑清晰等幸福信息。

还给孩子一个充满童趣的校园。荷韵园是我们学校的"有山、有水、有树林"亲近大自然的所在,松石、假山、古亭等特点外,还新装了木栈道,设置了富有童真的小动物、野花、小桥流水等景观,池中养了锦鲤、蝌蚪、小虾等水生动物,使荷韵园贴近孩子们的风格更加鲜明,在现代化教学楼当中,隐藏着古典的北方园林文化,这现代的动和古典的静在幸福校园中结合的相得益彰。

校园环境建设的重要性不只浮于表面的建设、使用和维护,而是可以深入人心、扎入骨髓的一种力量,学校服务的主体永远是学生,童乐园里的健身体验,荷韵园

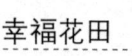

幸福花田

里的古韵诗情，都走进孩子们的心底，珍藏一份童真和天性。

百草园建成后，没有想到我们的校园逐渐成为了鸟儿的天堂，良好的生态环境也吸引了成群结队应有尽有的喜鹊、黄鹂、乌鸫鸟、野鸽子，更有时时不断飞来的麻雀等，天暖和的时候晨曦中的百草园演奏着一首首鸟儿的歌曲，十分动听，我们的校园里也第一次出现了喜鹊窝，它们喜欢这片草坪、喜欢这片树林，更和孩子们一样喜欢这个校园。

荷韵园、童乐园、百草园为代表的三个功能园区，另外加上剪纸室、美术室、舞蹈室、微机室、书法室和跳绳训练室，这三大园区和六大特色

教室组成了"幸福课堂的主阵地"，打造幸福课堂的目标就是："让老师们根据授课内容对教学环境多一份选择，让孩子们对教育创新多一份期待。"

校园的春天已经来到，我们也在筹谋着下一场幸福盛宴，相信盛宴的主角一定是我们的学生，为了孩子们的幸福成长，我们愿意把校园还给孩子。

幸福绽放

——135 市级重点课题中期论证课程展示活动

女　阳春三月芳华始，千枝绽绿醉春烟。

男　在这春光明媚的时节，我们迎来了135市级重点课题中期论证会，首先，请允许我介绍今天出席会议的专家领导们：区教科室明亮主任、区教研室赵霞主任，让我们以热烈的掌声表示热烈欢迎和衷心感谢！

经典阅读课程花语：桃花灼灼 书香袅袅

一、青年教师读书论坛

女　经典阅读课程，如三月初绽的桃花灼灼其华、书香袅袅，飘逸在师生的精神世界。青年教师读书会有约而来，让我们一起聆听课程花语最美的绽放……

男　有请青年教师读书论坛的老师们上场！

儿童立场 读书论坛

张玉　《纪伯伦》的诗《先知》中有这样一句话："不要因为走得太远而忘记为什么出发。"有时候我们忙着出发，却忘了我们为什么出发？在我们的教育中尤其如此。教育最重要的是对儿童的认识和发展，教育最愚蠢的错误也是因为缺乏"儿童立场"，今天我们就来聊一聊《儿童立场》这本书。

翟雪琴　我觉得教育的立场应有三条基准线，教育是为了谁的，教育是依靠谁来展开和进行的，教育又是从哪里出发的。

刘润琦　初为人师，我们最早接触的其实也是以学生为本。毋庸置疑，

教育是为了儿童的。说到教育要以儿童为立场，我相信大家都有自己的看法吧。

李雪凤　我觉得"儿童立场"即是指教育人所处的地位和所抱的态度应基于儿童，从儿童出发。

马凯燕　老师说得对，所谓儿童立场，我认为就是站到儿童那边去。重新做一个小孩。今天是我当班主任的第483天，在这483天里，我从心底感受到了孩子们不经意的变化：不经意间，他们的习惯变好了；不经意间，他们懂事了很多；不经意间，他们长大了很多。我作为他们的同行者，作为他们成长的见证者，最大的感受就是感动。

王莉莉　马老师走进了孩子们的世界。儿童立场，我觉得要认识到儿童的本质：儿童是活的，也就是说儿童具有强大的生命成长的力量。

郭雪娇　我想到了陶行知的一句话：人人都说小孩小，谁知人小心不小。

张玉　我想到了我的教学，往往只认为小学生他们小，不懂事，我忽略了他们心不小，我觉得儿童的伟大之处也在于他们的可能性。

莉莉　说到可能性，我想到了我教学生涯中的一个孩子。那是班里一个特别调皮患有多动症的小孩，课堂上特别随便没有规矩，后来，我偶然发现他收作业这件事干得井井有条，并鼓励他做得特别好，老师特别喜欢你。一段时间后，他的课堂习惯有了很大进步。看来每个孩子都有变优秀的可能性。作为老师我们要有一双善于发现的眼睛，寻找每个孩子的闪光点。

雪凤　大家体会得很深刻，总结看来，儿童立场就是：要正视儿童的童心世界。我们要回到儿童原来的意义上去：儿童是活的；儿童立场要回到儿童最伟大之处。

雪娇　读完这本书，我对我的身份也产生了思考。我想问问大家一个简单的问题：教师是谁？

雪娇　儿童立场中，作者把教师定义为：教师是派到儿童世界去的文化使者。我深有体会：就是做老师之前，我总觉得教师就是教授知识的人。做了老师才明白，其实教师更需要的是走近儿童，引领儿童。教师要发挥使者作用。

雪凤　我也看到了书中是这样说的，除了要引领儿童，还要注意引领方式。归结起来就是：尊重、倾听、理解和对话。

张玉　读完这本书，相信大家都对自己的教育教学工作产生了反思。只有从儿童立场出发，才能成为合格的教育者。

  润琦 是啊，我记住了成老师的话："一个心里永驻儿童的人，会更爱儿童，更理解儿童，更能发现儿童。"

  艳荣 是啊，做到儿童立场要有一颗童心，关键是要有爱心。就这个话题，我想讲讲我的故事。在我的教育生涯中，有这样一个孩子，他总是不合群，别人做什么他总要捣乱，别人玩什么他都要抢。后来，一次大课间，我发现他眼睛里望着同学们那种渴望的眼神。我弯下腰，看着他的小脸，问他："孩子，你想跟她一起玩，是吗？"小男孩用力点点头，抬起头看我，眼里闪着光，就像瞬间被点燃了一样。我当时觉得心里特别难过，这个孩子，日常生活中，该有多么不被理解，才能在听到一句被理解的话以后，眼里能发出那样的光亮。我们日常对待孩子，常常以孩子的外在行为去评判他们。当我们真正俯下身去，才能走进他的内心，这其中的关键就是一颗爱孩子的心。

  张玉 文中说到：教师手里应该拿什么呢？也许是灯，也许是梯子。但最重要的是心里有什么？正如陶行知说的：捧着一颗心来，不带半根草去。

  雪琴 我觉得做到儿童立场要懂得教育一切是为了儿童。下面我来说说我的故事吧。去年的6月份我们正在为全国跳绳锦标赛而紧张忙碌地准备着，在全校选拔比赛运动员的过程中，平常努力训练并且也略有成绩的一对六年级车轮跳运动员不幸落选，随后选上的是五年级的一对伶俐可爱的小姑娘，论实力我深知是六年级的那一对小姑娘略胜一筹，也大概是选拔那天五年级的那一对小姑娘超常发挥更博人眼球，令所有老师都觉得实力超群，把票纷纷投选给五年级那对选手。结果出来当天六年级的那一对小姑娘难过落泪，闷闷不乐。最后我和领导组长商议决定不如把机会留给快要毕业的孩子，让她们带着明天的希望和昨天的汗水去比赛，并且鼓励孩六年级那对学生：天道酬勤，是金子总会发光！同时也告诉五年级的那一对学生要学会谦让，懂得分享，还要扎实踏实努力地去训练赢得下一年的比赛机会。通过这次选拔，这两对选手对比赛和平常的训练又有了重新的认知，平常训练也更加认真了。其实在枯燥并且辛苦的体育训练中，我觉得有时候影响的是孩子们一生的品质，我告诉他们坚持努力就会有所收获！而在我的教学工作中，我也感到欣慰，从学生的实际出发，真正走进孩子的内心，也理解了教育教学的一切是为了学生！

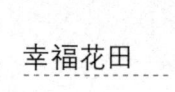

润琦　看完这本书，我也深受感染，反思我们的教育教学，我们也要努力做到儿童立场。我觉得真正做到儿童立场，要呵护儿童的自尊心。

莉莉　是的，老师是派到儿童世界的密探也是榜样。老师的一言一行会给孩子们带来很深的影响。学高为师，身正示范，我们要用爱灌溉希望之花。正如文中所说的：一切为了儿童，保护自尊心，关爱成自然，唤醒引导儿童。

凯燕　作为从事童年教育的我们，有理由使每一个孩子都享有一个幸福的童年，有理由为每一个孩子的成长搭建起一个又一个的舞台，扬帆起航，让学生幸福成长！立足儿童，为他们人生奠基！我们小组的论坛结束了，谢谢大家！

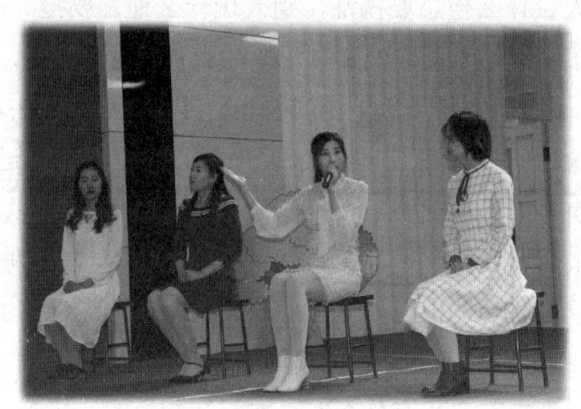

致 青 春

——青年教师读书论坛

魏凯玓　Youth is not a time of life; it is a state of mind; it is not a matter of rosy cheeks, red lips and supple knees; it is a matter of the will, a quality of the imagination, a vigor of the emotions; it is the freshness of the deep springs of life. 厄尔曼笔下的青春不是年华，而是心境；不是桃面、丹唇、柔膝，而是深沉的意志，恢宏的想象，炙热的感情；青春是生命的深泉在涌流，交织了我们的迷茫、叛逆、爱情、选择和奋斗。

段洪峰　青春是迷茫的呀！你们有没有看过刘同的一本书，叫《谁的青春不迷茫》，书中描述的很多都是发生在我们日常学习、生活、工作中的事，仿佛在书中看到了自己的影子，在大同的世界中，做小不同的自己。去看一看作者走过的路，发生过的故事以及相逢的人。然后发现，我们每个人就是这样成长的，青春不是一个年龄段，而是一种状态，你觉得孤独就对了，你觉得热泪盈眶就对了，你觉得迷茫就对了。每个人都会经历一场迷茫的青春，只不过有人在迷茫中成长，驻藏战士会说：我告别霓虹和繁华，在绿色军营戍守雪域边关，我的青春有担当，我的青春不迷茫；快递小哥会说：我告别农村与父母，在城市的街道穿梭往来，我的青春有责任，我的青春不迷茫；青年学生会说：我走进学校与课堂，在知识的海洋自由徜徉，我的青春有信仰，我的青春不迷茫。他们也曾经历过迷茫，但在迷茫中收获责任，担当与信仰，经历后便有成长！谁的青春无烦恼，谁的青春不迷茫！关键是在迷茫中认定前进的方向。

　　任敏　　哦！刚才听小段说青春迷茫，你那迷茫还是轻的呢，我这都叛逆了，在咱们这个年纪，你不做点不寻常的事，你不疯狂一把，似乎就没有青春过。《蛰伏》这本书你们看过吗？书中讲述的好多青春故事，他们有的早恋、吸烟、喝酒、打架等，那种叛逆味体现得淋漓尽致，但最终改正错误，走向成熟。张爱玲说过："人生有些路，是必不可少的弯路！"叛逆其实是青春期必不可少的弯路。我们在任性中逐渐学会了成长、在叛逆中逐渐学会为人处世、在不安分中渐渐地品尝到人生的酸甜苦辣，最终根据趋利避害的本能，逐渐改变我们的人生观、价值观、世界观……于叛逆而言，青春期的人，没有谁不叛逆，只有程度的差别，没有本质的区别。叛逆，其实不是青春的代名词，对曾经青春过的人而言，都是一笔宝贵的财富。只有认识到自我的荒诞不经、自我的丑态百出之后，才会逐渐地走进成熟、逐渐地改正错误，更好地认知自我，提高自我！叛逆之后，自会见到彩虹！

　　井杨　　灵动的青春要有爱情的陪伴。《何以笙箫默》讲述了大学里资质和长相平平的赵默笙倒追法学系才子何以琛，成功后，因种种误会而分开，而在多年后，默笙回国，两人相遇，因内心的爱从未消失，解开了重重的误会而最终在一起的故事。有时候我总在想,爱情的保质期是多久,三年？五年？还是所谓的七年之痒？身边有太多的朋友因为爱而在一起，却总是败给了异地，败给了时间。真是让人难过的故事，难过她们的爱情败给了外在的因素。从默笙出国到回国，经过了七年，七年！每每想到这里，我不由得被震惊，

是什么，能够让一个人没有希望地等待七年，或许这就是爱情，这就是青春，即使我没有你的一丝消息，但我依旧想着你。

我记得有人问何以琛，如果她永远不会回来了，你有没有想过其他人。当时他沉默片刻，说，如果曾经在你的生命中有这样的一个人出现，那么所有人都会变成将就，而我不愿将就。我多次在口中念叨，多次在脑海中回放着他的这句话，原来，真正的爱情从来都没有替代。或许会有一个更优秀的人出现，也心甘情愿做一个别人的替代品，但他从来不愿意委屈自己去将就着别人，即使你足够优秀，但你始终不会是她。

青春里的爱情是浓烈而甜蜜的。我们活在一个很轻易说分手的年代，但是请你也相信，我们也活在一个牵了手就结婚过一辈子的年代。青春，只有与积极向上的爱情相结合，才能开出美丽的繁花，结出丰硕的果实。

李晓君　爱情里不只是有美好，也有那些命运悲苦的人。萧红一生的漂泊，伴随着一路的反抗；而一生的寻爱，伴随着一世的背叛！其中对她影响最大的就是萧军。在萧军的鼓励下，萧红开始进行大量创作，那段时光，可以说是萧红创作的黄金时代。萧红有情饮水饱，她在《商业街》里这样说道："电灯照耀着满城市的人家。钞票带在我的衣袋里，就这样两个人理直气壮地走在街上，穿过电车道，穿过扰嚷着的那条破街。"但所有的故事在最开始就注定了结局。萧军打着文学采风的幌子，到处留情，倔强的萧红，对待感情火热而炽烈，隐忍而求全。曾经拯救自己的盖世英雄，此刻却成为伤害自己最深的人。在感情的世界里，老天不曾眷顾过萧红，然而在文字的世界里，却是祖师爷赏饭吃。萧红这一生，一路走来羽翼渐丰，但未曾真正成长为自己的靠山，更未曾在感情的世界里获得安全和归宿！萧红的一生，拼了命的想要抓住爱，然而事与愿违，始终没有一份爱可以长久地陪伴在旁。她对爱情全力以赴，也被爱情伤得体无完肤。

姜晓芳　爱情里的小清新，爱情里的深刻壮烈；都如此迷人，关键看你如何选择。在我看来，青春就是选择！一曲《同桌的你》，唱暖了一代人的青春。这首歌的原创，高晓松，更是一个让人温暖的人。高晓松，出生于北京一个高级知识分子家庭，19岁考入清华大学电子工程系，这完全符合家庭对他的规划。然而大三那年，高晓松却做了一个重大的举动，从清华退学。很多人对此感到不解。也许正像安妮宝贝在《蔷薇岛屿》里说的，"很多时候，一个人选择了行走，不是因为欲望，也并非诱惑，他仅仅是听到了自己内心的声音"。高晓松内心对艺术疯狂的渴望，所以他放弃清华选择进入北京电影学院导演系学习电影。1992年投考北影导演系研究生，很遗憾，落榜。然而他没有放弃，继续着他的青春梦想，一路走来，摸爬滚打。如今的高晓松在艺术的圣堂可谓如鱼得水，独树一帜。他自己的《晓说》《晓松奇谈》系列节目辗转多家视频平台，成为网络脱口秀类节目中的代表之作。如今的高晓松，身居阿里巴巴文化总监的高位，执掌阿里娱乐文化业全球布局。毋庸置疑，高晓松是成功的。青春的选择，带着他，一路高歌，奔向自己的诗和远方。特别喜欢汪国真的一首小诗，正适合高晓松的青春，也启迪着我们的青春。我不去想是否能够成功／既然选择了远方／便只顾风雨兼程／我不去想／未来是平坦还是泥泞／只要热爱生命／一切都在意料之中。青春是一条路，一条充满鲜花和掌声的路，它前途明亮，前程似锦。

　　孟珊珊　　无论怎样选择，青春都少不了奋斗。我认为"奋斗"应该是青春最大的代名词。4年前路遥的长篇小说《平凡的世界》被搬上了银幕，让我们从视听上感受到小说中所描绘的黄土高原波澜壮阔的恢弘场景。这部小说中我最喜欢的是孙少平这个角色，他上高中的时候，最基本的生活都没办法保障，他有一段时间为此有点自卑，不好意思在同学们面前吃属于自己的黑馒头，他也想像自己的同学一样吃着"乙菜"，穿着不带补丁的衣服，体体面面的，内心有过挣扎，但是在他丰富强大自己内心之后，对这种外表的物质生活就不再那么在乎了。相比而言，内心强大，自尊自信，才是真正在别人面前的体面。他的自尊心方向的转变给了我很大的启发。我记得我是在在临近高考的岁月第一次读这本书的，不得不说当时它给了我很大的鼓舞，那种鼓舞至今回忆起来仍是历历在目。本来自卑对自己没什么信心的我，重新审视自己，发现自己，改变自己。晓霞曾经对少平说过：只有永不遏制的奋斗，才能使青春之花，即便是凋谢，也是壮丽的凋谢！青春是那样的弥足珍贵，恍惚即逝，现在还拥有青春的我们是幸运的，我们要珍惜利用好青春的每一天，让这每一天都成为以后最美好的回忆。

　　魏凯钧　　青春究竟是什么？青春，究竟是什么？有人说，青春是一颗划破天宇的流星，虽然绚丽却很短暂；也有人说，青春是一棵常青树，永不凋零。

　　任、段　　青春是一首歌，一首充满朝气的歌，它奋发向上、斗志昂扬。

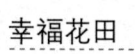

井、李　青春是一张面庞，一张充满自信与欢乐的面庞，它笑容灿烂、美丽动人。

姜、孟　青春是一条路，一条充满鲜花和掌声的路，它前途明亮、前程似锦。

韩杨　青春是一轮朝阳，一轮温暖的朝阳，它激情飞跃、如火蒸蒸日上。

魏凯钧　青春是我们深藏在心底不变的旋律，悠扬而又漫长。我们的青春……

合　未完待续……

二、师生对话自然

教师张敏　让孩子爱上写作，从学校中的小自然着眼，引导学生学会观察周围世界。要想笔下言之有物，首先要用眼去观察，发现生活中的美好，用心灵去感悟。我们学校中的景观多，为培养孩子们的探索世界提供了条件。孩子只要一有空就会来到校园，看天，看树，看叶，看风景。大家手拉手，春日看花，夏日赏荷，秋日捡拾落叶，冬日踏雪。荷韵园是孩子们最爱去的地方，里面的人偶，会叫的鸟儿，雪白的小兔，大尾巴的松鼠，饮水的鸭子，小刺猬，小猫咪，小乌龟都是他们的好朋友。

美丽的荷韵园，一年四季景致不同，自然就成了我们最佳的观察训练地点。一二年级，孩子们来这里没有压力，没有任务，只是一有时间或者季节变化，或增添了新的景致，我们就来玩，和风景对话和园中一草一木动物景观对话，孩子们在玩中积累，在玩中发现荷韵园这个微观自然的微妙变化。

三年级有了正式的习作，年龄小的孩子对童话情有独钟，园中的小动物景观在孩子们眼中鲜活了起来。于是，在孩子们心中就有了诸多关于荷韵园的童话故事。四年级再看荷韵园时，孩子们的习作由故事升级为细致的景物描写，用其中的自然景观展现荷韵园的朴素、优雅之美。四年级下学期写景物，因喜欢，很多孩子自然又选择这里，我提示孩子们，能否在景物观察的基础上再注入其他元素，比如岁寒三友，松竹梅荷韵园中都有，它们不仅是植物，更有属于自己的精神与风骨。于是小文章又有了新的变化，孩子们的观察角度不同，写作方式不同，呈现了比较多样的文字。其中最有具特点的的是薛雨儿同学，她以"韵"字为切入点，展开思路，记录下了1700余字的内容。

薛雨儿　我从"花草树木自然之韵""别具匠心设计之韵""亦动亦静勤学之韵"这三个方面写出了我眼中的荷韵园。

"韵"满校园，爱驻心田

高艺轩　你听，那琅琅书声，来自哪里？你听，那银铃般的笑声，来自哪里？那无比动人，乐曲一般的潺潺流水声，又从哪里传出？让我们顺着声音，走进七里山小学，走进荷韵园——我们心中的乐园，来领略属于我们七里山学子的魅力与韵味……

花草树木自然之韵

李雨彤　穿过学校的大厅，就能听到哗哗的流水声，时而轻柔，时而激烈，时而缓慢，时而湍急。顺着水声向里寻找，眼前的景色定会令你心旷神怡！

韩鸿霖　走进荷韵园，先映入眼帘的是清澈的小池塘，早春暖融融的阳光下，池水显得透亮，仿佛一块无瑕的、碧绿的翡翠，闪闪发光。暖风轻抚着湖面，掀起了层层微波，像无数银色的长龙，在透明的阳光中穿行着，更像花儿朵朵，盛开在水面，在池边；一瞬间，又化作点点银光，闪烁着，闪烁着，消失在水底。随着风，顽皮的水花溅在石块上，你要踩上去，准会滑倒。

林予安　盛夏的这里更美。在朦朦胧胧的六月天里，在七月流火的日子里，亭亭玉立的荷花舞蹈在池中，红白上衣，墨绿裙子，艳而不俗。这时整个园子都是清香的，深吸一口气，你一定会沉醉于这美丽的芬芳……你看那无比姣美的荷花，有刚害羞地展开两三片花瓣的，有自豪地展开所有花瓣的，也有鼓鼓囊囊的小花苞，好像马上要破裂似的；花瓣不是清一色的红，而是粉红、桃红、鲜红……荷叶也不是清一色的绿，嫩绿、墨绿、深绿……池子虽小，荷花也并不太多，却精致得让人打心眼里喜欢！

幸福花田

张原齐　站在池边，一抬头，最显眼的就是那棵苍翠欲滴的大松树。它并不光彩夺目，却浑身散发着朴素之美。深绿的松针密密麻麻，透着点点阳光，像一把大伞，为小草遮风挡雨。粗壮的树干上，布满了粗糙的纹路。它像一位挺拔的哨兵，静静地屹立在那里，守护着这里的一花一木，令人肃然起敬……

别具匠心设计之韵

薛雨儿　荷韵园的花草树木，有自然之美，而这些别具匠心的设计，却别有一番韵味。你看池塘前的喷泉，涓涓细流缓缓涌入水中，激起一个个"小珍珠"，又在扑哧一笑中消失在水面。虽然它没有"飞流直下三千尺，疑是银河落九天"的壮观，却有着"清泉石上流"的淡雅与柔美。

薛诚君　喷泉两边是美丽的小木桥，水花拍打在木板上，散发出阵阵清香，和着木桥两旁的花草香，真是沁人心脾。顺着桥尾的长廊往里走，你定会流连在古色古香的凉亭中。凉亭尖尖的顶儿、微翘的檐儿，活像神话中的宝塔！凉亭四周都有舒适的木质长椅，坐在亭中，你可以捧着书静静欣赏，听着缓缓的水声，享受宁静的时光……

韩鸿霖　只有美景是不够的，充满童真的校园中，怎能不注入一点可爱的小元素呢？瞧，假山上，小鸭一家在嬉戏！它们有的跳进池中戏水，有的浮在水面上洗澡，还有伸长脖子喝水的，蹲在石头上吃食的……真是个热闹的大家庭！草坪上的兔子白白胖胖，萝卜白菜吃得正香；蹿上蹿下的小松鼠爱上了这个地方；蘑菇上扑着翅膀的小鸟听懂了我们的倾诉衷肠……静止的雕塑，在我们眼中变得鲜活可爱。同它们一样，我们也在这片沃土上自由地畅想、快乐地成长！

亦动亦静勤学之韵

王妙言　每当金黄的太阳从山坡，从楼顶升起；每当灿烂的阳光揭开漆黑一团的幕布，取走一片片群星璀璨，带回一缕缕明月如霜，布下缤纷的朝霞，洒下一片温暖；每当整个世界都醒来时，荷韵园就立刻从深夜的寂静变得热闹起来，到处都充满了孩子的欢笑声，读书声……

李雨彤　你听，那水声中有了银铃般的笑声，显得更加清脆，有活力，同学们在木桥边，大树下说笑着，给荷韵园增加了无限生机！再看凉亭中，几个同学正在读着书，眼中透着对知识的无限渴望，有的哈哈大笑，有的若有所思……

杨继凯　静若处子，动若脱兔，我们时而愉快玩耍，时而安静读书，可爱的我们，更为荷韵园增添了几分灵气……

陆苧萱　漫步荷韵园，你会与一些风景不期而遇，或是一株不知名的艳丽小花，或是一棵风雨中昂首挺胸的翠绿小草……

张原齐　就是它们，告诉我有一种坚韧叫作"千磨万击还坚韧，任尔东西南北风"，教会了我有一种真理叫作"墙角数枝梅，凌寒独自开"，激励了我又一种信念叫作"长风破浪会有时，直挂云帆济沧海"！这片风景，与众不同。

杨继凯　花草树木自然之韵，别具匠心设计之韵，亦动亦静勤学之韵。

薛雨儿　小小的荷韵园，别具匠心。饱含着学校和老师对我们的期望和祝愿！它好像一幅画，一幅活的画，让我不禁去走进其中，去触摸它，去玩赏它。

薛诚君、高艺轩、陆苧萱、李雨彤　我多想沉浸于其中，沉浸于这别具一格的小小世界里，品味这专属于七里山小学的独特韵味……

全体　在荷韵园里，我们慢慢成长。它，是我们心中永远的乐园！

经过几年的学习与练习，孩子们将习作集结成册，童话系列、风景景物系列、游记系列、人物系列、叙事系列等应运而出。今年孩子们还拥有了属于自己的《星星海童话集》。习作，对于中年级的孩子才刚刚起步，以后他们要走的路还很长很长，我想大家既然已经喜欢上了用观察抒写内心，就让我和我的孩子们一起，在品味文字，抒发情感，写作成文的路上继续前行。

幸福花田

最好玩的课程都在这里

——济南市七里山小学打造特色教师专属课程

生活日报记者 刘晓旭

"白日不到处，青春恰自来。苔花如米小，也学牡丹开。"走进济南市七里山小学，就传来学生的阵阵吟诵声，古色古韵的声调，专业范儿十足。"孩子从音律走调到现在能够融入其中，完美展示，进步真的可以看到。"七里山小学吟诵课程老师井杨告诉记者，自从学校精心准备了教师专属课程供学生"挑选"，学生的气度和韵格都变得不一样了。

据了解，这些教师专属课程包罗万象，内容涉及海量阅读、益智游戏、剪纸、跳绳、诗社等，每周五选修课时段，学生们可以根据自己的选择，去享受知识的盛宴，而这些丰富的课程也为七里山学子搭建起更为广阔的发展平台和空间。

在传承中创新教学方式，英语也能和传统文化相结合。

在七里山小学的剪纸教室里，学生的作品一改往日传统红色样式，色彩纷呈，绿色的荷叶、橙色的锦鲤还有蓝色的水纹便构成了一幅荷韵泉城套色剪纸。剪纸课程指导老师何晓萌告诉记者，剪纸课程最大的特色，就是在传承的基础上，结合自身国画特长进行套色剪纸的创新作品。T恤上熨烫着独一无二的团花剪纸、白色帆布制作剪纸手机包、香囊，剪纸课程团队的韩杨、王剑老师表示，剪纸创意活动都让学生对非遗剪纸艺术产生了兴趣，提高了学生的艺术素养。

与剪纸相同，书法作为中国传统文化不可或缺的一部分，朱琳老师已经与书法课程相伴四五年的时间。朱琳告诉记者，自己从小就练习书法，将书法知识带给学生，不仅能让学生写一手漂亮的汉字，更重要的是使孩子了解中国的文字、历史、古典诗词体会汉字的美感，培养对汉字以及中华民族语言的热爱，"有个女孩在每周一都会给我看她周末的书法练习，她曾经写字歪歪扭扭的，但她一直坚持写，后来她不仅学习了毛笔书法，钢笔字进步也很大"。

传统文化和英语看似一"东"一"西"，毫无关系，但在七里山小学，陈峰老师却把传统文化融进了英语里，开设了中华文化英语颂特色课程。"我编撰了《中华文化双语读本》，借助这本书，利用零碎时间，教给学生古今文化名人、节日风俗、山川名胜等不同文化元素的英文读写，学生很感兴趣。"陈峰告诉记者，他让每个学生认领一个文化元素，自己画画做单词卡，再介绍给全班同学，"有一次我带学生参观省会大剧院，看到长江、京剧的图片，学生们都能把英语说出来，当时我觉得特别自豪"。

激发学生想象力和创造力，每门课程都是"精心打磨"。

"随曦望山处，骇浪数峦间。琼浆渲寒树，浮峰胜蓬莱。欲泛层涟去，恐惊鱼水闲。疑有天河阵，神兵踏云来。"这是五年级薛雨儿在游览阿里山时，即兴写下的小诗。"随性而发"就是张敏老师作文写生课程特点。她觉得写作就是要基于兴趣爱好，没有规定，学生可以随意发挥。

"从一年级起，我就带着孩子们在户外玩，孩子们可以看云、看雕塑，想象着它们都会说话。"在这种氛围下，孩子们的创造力就打开了，"孩子们写出来的东西很灵动，我们就给学生出了《星星海童话集》和《星星海文集》，孩子们特别高兴"。

张敬老师说起儿童诗特色课程，主要是让学生通过朗读、背诵、积累，学会多种方法赏析和创作儿童诗。"听着'写诗'很困难，其实每个人都能随性赋诗。"张敬笑言，"有一次济南的天特别蓝，飞机飞过在天空打了个白色的'叉'，我就拍下照片给同学们看，他们有的说是天做错题了，还有的说是星星做错题了，天在批改作业。这就是诗，在不知不觉中作品就出现了。"

"绘本会心小剧场开演啦！"吕品老师说每当站上舞台的孩子们，演绎着会开枪的小狮子、大卫等角色，那份专注和自豪让孩子们成了发光的小星星，绘本会心引领学生幸福成长特色课程就是这样满足着师生幸福的愿望。

"这些教师专属课程没有一门是速成的，都是老师们精心打磨出来的。"胡涛校长告诉记者，从教师专属课程内容选择，到课程实施纲要的撰写，再到课程申报实施，都倾注着老师们的执着和热情。

"绳王"王广凯老师的花式跳绳课程、奶奶级的陈学莲老师"快乐读书吧"特色课程，杨继水老师的环境课程、吴小洁老师的海量阅读课程、孙鲁雁老师的英语绘本故事课程、魏凯玓老师的英语剧表演课程、刘帆老师的益智游戏课程、段洪峰老师的幸福心育课程、吴文君老师的歌声嘹亮课程、郭雪姣老师的3D课程、任敏老师的体育赛事小常识特色课程等系列教师专属课程，为学生提供了一场知识的盛宴。老师们表示"未来课程将继续秉承'为人生幸福奠基'的办学理念，强化特色，让每一位学生都绽放精彩"。